金融

专业知识与实务

（中级）

历年真题分章解析与考题预测
附赠模拟上机考试光盘

全国经济专业技术资格考试研究院　编著

清华大学出版社

北　京

内容简介

本书以人力资源和社会保障部人事考试中心编写的全国经济专业技术资格考试教材为依据，在多年研究考试命题特点及解题方法的基础上编写而成。针对每一章，都分为"重要考点分析"、"近三年题型及分值总结"、"思维导图"、"知识点测试"、"考题预测及强化训练"几部分，帮助考生在考前加深记忆，顺利通过考试。

本书结构清晰，知识点全面，语言通俗易懂，是考生参加经济师考试的必备复习材料，也是相关专业技术人员提高业务知识水平、查找相关专业知识信息的有效资料。

图书在版编目 (CIP) 数据

金融专业知识与实务（中级）历年真题分章解析与考题预测　附赠模拟上机考试光盘 / 全国经济专业技术资格考试研究院　编著 . — 北京：清华大学出版社，2014

(2014 年经济专业技术资格考试辅导教材)

ISBN 978-7-302-35691-2

Ⅰ . ①金… Ⅱ . ①全… Ⅲ . ①金融－资格考试－题解 Ⅳ . ① F83-44

中国版本图书馆 CIP 数据核字 (2014) 第 056714 号

责任编辑：张　颖　高晓晴
封面设计：颜国森
版式设计：方加青
责任校对：曹　阳
责任印制：何　芊

出版发行：清华大学出版社
　　　网　　址：http://www.tup.com.cn，http://www.wqbook.com
　　　地　　址：北京清华大学学研大厦 A 座　　　邮　　编：100084
　　　社 总 机：010-62770175　　　　　　　　　邮　　购：010-62786544
　　　投稿与读者服务：010-62776969，c-service@tup.tsinghua.edu.cn
　　　质 量 反 馈：010-62772015，zhiliang@tup.tsinghua.edu.cn
印 刷 者：北京富博印刷有限公司
装 订 者：北京市密云县京文制本装订厂
经　　销：全国新华书店
开　　本：185mm×260mm　　　印　张：11　　　字　　数：372 千字
　　　　　（附光盘 1 张）
版　　次：2014 年 5 月第 1 版　　　　　　　印　　次：2014 年 5 月第 1 次印刷
印　　数：1～6000
定　　价：29.80 元

产品编号：057604-01

丛书编委会

主　　编：索晓辉

编 委 会：晁 楠　　吴金艳　　雷 凤　　张 燕

方文彬　　李 蓉　　林金松　　刘春云

张增强　　刘晓翠　　路利娜　　邵永为

邢铭强　　张剑锋　　赵桂芹　　张 昆

孟春燕　　杜友丽

前　言

经济社会的发展对各行各业的人才提出了新的要求，为了顺应这一发展趋势，经济行业对经济师的要求也逐步提高，审核制度也逐步完善。

为了满足广大考生的迫切需要，我们严格依据人力资源和社会保障部人事考试中心组织编写的《全国经济专业资格考试用书》(内含大纲)，结合我们多年来对命题规律的准确把握，精心编写了这套"2014年经济专业技术资格考试辅导教材"丛书。

本着助考生一臂之力的初衷，并依据"读书、做题、分析"分段学习法的一贯思路，本套丛书在编写过程中力图体现如下几个特点。

紧扣大纲，突出重点

本套丛书严格按照人力资源和社会保障部最新考试大纲编写，充分体现了教材的最新变化与要求。所选习题的题型、内容也均以此为依据。在为考生梳理基础知识的同时，结合历年考题深度讲解考点、难点，使考生能够"把握重点，迅速突破"。

同步演练，科学备考

本套丛书按照"读书、做题、模考"分段学习法的一贯思路，相应设置了"大纲解读"、"考点精讲"、"同步自测"和"同步自测解析"几个栏目，以全程辅导的形式帮助考生按照正确的方法复习备考。

命题规范，贴近实战

众所周知，历年真题是最好的练习题，本套丛书在例题的选取上，以历年真题为主，让考生充分了解考试重点、难点，有的放矢，提高命中率。同时还配备了高保真模拟题，让考生以最接近真题的模拟自测题检验学习效果，提高自己的实战能力和应变能力。

解析详尽，便于自学

考虑到大部分考生是在职人士，主要依靠业余时间进行自学。本套丛书对每道习题都进行了详尽、严谨的解析，有问有答，帮助考生快速掌握解题技巧，方便考生自学。

思维导图，加深记忆

在学习了基础知识以后，就要进行强化练习了。本系列的习题集分册，都配有思维导图，在每章的开始帮助考生梳理重点，然后进行有针对性的训练，使复习效率更高。

总而言之，通过凸显重点、辨析真题、同步自测、深度解析，希望能够使考生朋友们对考点烂熟于心，对考试游刃有余，对成绩胸有成竹。

本书由索晓辉组织编写，同时参与编写的还有晁楠、吴金艳、雷凤、张燕、方文彬、李蓉、林金松、刘春云、张增强、刘晓翠、路利娜、邵永为、邢铭强、张剑锋、赵桂芹、张昆、孟春燕、杜友丽，在此一并表示感谢。

最后，预祝广大考生顺利通过经济专业技术资格考试，在新的人生道路上续写辉煌。

目　录

第一章　金融市场与金融工具

　　本章主要考查金融市场与金融工具，属于金融基本知识，以记忆为主。要求在牢记金融知识基本概念的同时，掌握分析不同金融市场和金融工具的特性的能力。在有关金融市场上运用相应的金融工具进行投资。

　　从近几年的考题情况来看，本章主要考查金融市场和金融工具的基本概念，货币市场、金融衍生品市场，以单选题和多选题为主，单选题一般3～5道，多选题1道，案例分析题1道，平均分值是10分。

本章重要考点分析

　　本章涉及7个重要考点，几乎每个考点在历年真题中都有出现，其中金融市场功能、金融工具性质、证券回购概念、套期保值者概念、看涨期权等知识点是考查重点，在往年的真题中以单选题和多选题的形式多次出现，需要重点掌握。本章重要考点如图1-1所示。

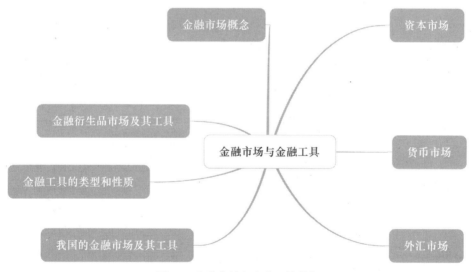

图1-1　金融市场与金融工具考点

本章近三年题型及分值总结

　　由于本章知识点多以概念、定义、性质等为主，因此近三年出现的题型以单项选择题和多项选择题为主，其中2010年出现1道案例分析题，如表1-1所示。

表1-1　金融市场与金融工具题型及分值

年　份	单项选择题	多项选择题	实例分析题
2013年	4题	2题	0题
2012年	6题	2题	0题
2011年	6题	2题	0题

第一节　金融市场与金融工具概述

金融市场是指有关主体，按照市场机制，从事货币资金融通、交易的场所或营运网络。它是由不同市场要素构成的相互联系、相互作用的有机整体，是各种金融交易及资金融通关系的总和。

金融工具是指金融市场上的交易对象或交易标的物。

 思维导图

本节涉及多个知识点和概念，如图1-2所示。

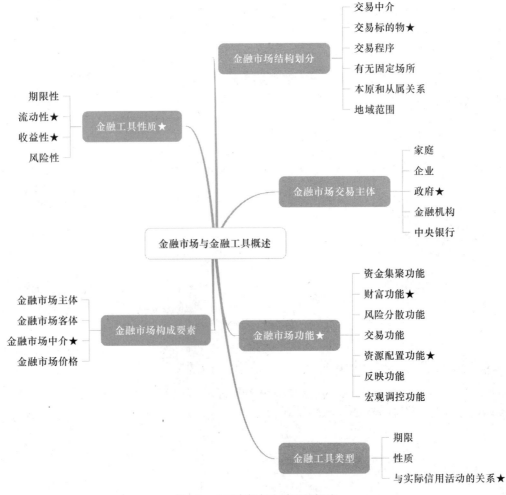

图1-2　金融市场与金融工具概述

知识点测试

【2009年多选题】在金融市场构成要素中，( )是最基本的构成要素，是形成金融市场的基础。

A. 金融市场主体　　B. 金融市场客体
C. 金融市场中介　　D. 金融市场价格
E. 金融监管机构

【答案】AB

【解析】此题考查金融市场构成要素，金融市场主体和金融市场客体是构成金融市场最基本的要素，是金融市场形成的基础。因此答案选择AB。

【2012年单选题】直接金融市场与间接金融市场的差别在于( )。

A. 是否有中介机构参与
B. 中介机构的交易规模
C. 中介机构在交易中的活跃程度
D. 中介机构在交易中的地位和性质

【答案】D

【解析】此题较难，也是对金融市场的结构知识点的直接考查，但是与2011年对该知识点的考查不同，该题是深入考查了金融市场分类之间的差别。按中介机构在交易中的地位和性质不同，金融市场可以分为直接金融市场和间接金融市场。因此答案应该为D。

【2011年单选题】金融市场为投资者提供购买力的储存工具，这是指金融市场的( )功能。

A. 资金积聚　　　　B. 资源配置
C. 风险分散　　　　D. 财富

【答案】D

【解析】此题是对金融市场功能的考查，金融市场为投资者提供购买力的储存工具，是对金融市场财富功能的解析。因此答案为D。

【2012年单选题】金融市场最基本的功能是( )。

A. 资金积聚　　　　B. 风险分散
C. 资源配置　　　　D. 宏观调控

【答案】A

【解析】此题是对金融市场功能分类的考查，两年真题中皆出现该题目，是需要掌握的重点。要求考生在掌握金融市场基本分类的基础上，了解不同功能的基本含义。金融市场最基本的功能就是将众多分散的小额资金汇聚成能供社会再生产使用的大额资金的集合。因此金融市场最基本的功能是资金积聚功能。

【2009年单选题】在金融市场中，既是重要的资金需求者和供给者，又是金融衍生品市场上重要的套期保值主体的是( )。

A. 家庭　　　　　　B. 企业
C. 中央银行　　　　D. 政府

【答案】B

【解析】本题考查金融市场的主体。企业是金融市场运行的基础，是重要的资金需求者和供给者。此外，企业还是金融衍生品市场上重要的套期保值主体。因此答案为B。

【2011年单选题】( )是金融市场上最活跃的交易者，在金融市场上扮演着资金需求者和资金供给者的双重身份。

A. 家庭　　B. 企业　　C. 金融机构　　D. 政府

【答案】C

【解析】此题考查金融市场的交易主体。金融机构是金融市场上最活跃的交易者，在金融市场上扮演着资金需求者和资金供给者的双重身份。

【例题　单选题】金融市场上主要的资金供应者是( )。

A. 企业　　B. 家庭　　C. 政府　　D. 中央银行

【答案】B

【解析】此题考查金融市场的交易主体。家庭是金融市场上主要的资金供应者；要与企业区分开，企业是金融市场运行的基础，是重要的资金需求者和供给者。

【2009年单选题】金融工具在金融市场上能够迅速地转化为现金而不致遭受损失的能力是指金融工具的( )。

A. 期限性　　　　　B. 流动性
C. 收益性　　　　　D. 风险性

【答案】B

【解析】本题考查金融工具流动性的概念，流动性是指金融工具在金融市场上能够迅速地转化为现金而不致遭受损失的能力。答案为B。

【2010年单选题】在金融工具的性质中，成反比关系的是( )。

A. 期限性与收益性　　B. 风险性与期限性
C. 期限性与流动性　　D. 风险性与收益性

【答案】C

【解析】该题与2011年真题相似，考查金融工具的性质，金融工具具有期限性、流动性、收益性和风险性的特征。存在反比关系的是期限性与流动性。因此答案选择C。

【2011年多选题】在金融工具四个性质之

间，存在反比关系的是(   )。

A. 期限性与收益性　　B. 期限性与风险性

C. 流动性与收益性　　D. 期限性与流动性

E. 收益性与风险性

【答案】CD

【解析】金融工具具有期限性、流动性、收益性和风险性的特征。金融工具中的债权凭证一般有约定的偿还期，即规定发行人到期必须履行还本付息义务，即金融工具具有期限性。在金融市场上，金融工具能够迅速地转化为现金而不致遭受损失的能力是其流动性的体现。金融工具的持有者可以获得一定的报酬和价值增值，这是指金融工具的收益性。金融工具的持有人面临着预定收益甚至本金遭受损失的可能性。存在反比关系的是流动性与收益性，期限性与流动性。因此答案选择CD。

【例题 多选题】按照期限不同划分，金融可以分为(   )。

A. 货币市场工具　　B. 资本市场工具

C. 原生金融工具　　D. 衍生金融工具

E. 债权工具

【答案】AB

【解析】此题考查金融工具类型的不同划分标准。按照期限不同划分，分为货币市场工具、资本市场工具。按性质不同划分，可以分为债权凭证、所有权凭证。按与实际信用活动的关系划分，可以分为原生金融工具、衍生金融工具。因此答案选AB。

第二节　传统的金融市场及其工具

传统的金融市场及其工具包含了货币市场、资本市场和外汇市场三个基本考点。讲述了货币市场的概念和工具，资本市场的交易对象及分类，外汇市场的外汇交易基本类型等概念。

思维导图

本节涉及多个重要考点，如图1-3所示。

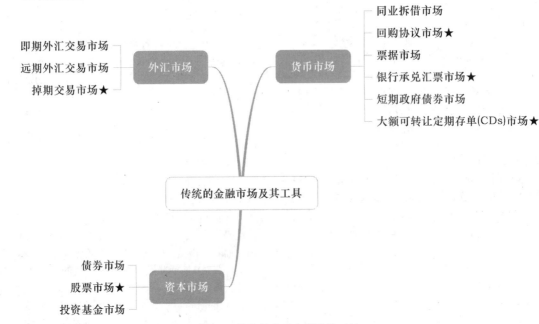

图1-3　传统的金融市场及其工具

知识点测试

【2011年单选题】货币市场中的金融工具一般具有期限短、流动性强、对利率敏感等特点，具有(   )特性。

A. 货币　　　　　　B. 准货币

C. 基础货币　　　　D. 有价证券

【答案】B

【解析】该题是对货币市场中的金融工具具有准货币的特点这一知识点的考查。金融工具一般具有期限短、流动性强、对利率敏感等特点，具有准货币特性。因此答案为B。

【2010年单选题】具有"准货币"特性的金融工具是（　　）。

　　A.货币市场工具　　　B.资本市场工具

　　C.金融衍生品　　　　D.外汇市场工具

【答案】A

【解析】本题考查货币市场工具的特点。货币市场中交易的金融工具一般都具有期限短、流动性高、对利率敏感等特点，具有"准货币"特性。因此答案为A。

【2012年多选题】在传统的金融市场中，交易的金融工具具有"准货币"特征的市场有（　　）。

　　A.同业拆借市场　　　B.回购协议市场

　　C.股票市场　　　　　D.债券市场

　　E.银行承兑汇票市场

【答案】ABE

【解析】该题是对货币市场概念的考查。货币市场具有准货币的特性，而货币市场主要包括同业拆借市场、回购协议市场、票据市场、银行承兑汇票市场、短期政府债券市场和大额可转让定期存单市场等，选项中ABE属于货币市场的范畴，因此答案为ABE。

【2008年单选题】同业拆借活动都是在金融机构之间进行的，对参与者要求比较严格，因此，其拆借活动基本上都是（　　）。

　　A.质押拆借　　　　　B.抵押拆借

　　C.担保拆借　　　　　D.信用拆借

【答案】D

【解析】信用拆借是同业拆借市场的特点之一。同业拆借活动都是在金融机构之间进行的，市场准入条件比较严格，因此金融机构主要以其信誉参与拆借活动，也就是说，同业拆借市场基本上都是信用拆借。

【2010年单选题】证券回购是以证券为质押品而进行的短期资金融通，借的利息等于（　　）之差。

　　A.购回价格与买入价格

　　B.购回价格与卖出价格

　　C.证券面值与买入价格

　　D.证券面值与卖出价格

【答案】B

【解析】证券回购是一种证券买卖，但实际上它是一笔以证券为质押品而进行的短期资金融通。证券的卖方以一定数量的证券为抵押进行短期借款，条件是在规定期限内再购回证券，且购回价格高于卖出价格，两者的差额即为借款的利息。

【2011年单选题】如果某金融机构希望通过持有的债券来获得一笔短期资金融通，则它可以参加（　　）市场。

　　A.同业拆借　　　　　B.商业票据

　　C.回购协议　　　　　D.大额可转让定期存单

【答案】C

【解析】该题考查回购协议市场的概念，从表面上看，证券回购是一种证券买卖，但实际上它是一笔以证券为质押品而进行的短期资金融通，题目中，某金融机构希望通过持有的债券来获得短期资金融通，这一行为属于回购协议市场的范畴。因此答案为C。

【2011年单选题】公司以贴现方式出售给投资者的短期无担保的信用凭证是（　　）。

　　A.公司债券

　　B.银行承兑汇票

　　C.大额可转让定期存单

　　D.商业票据

【答案】D

【解析】该题题干很明显地叙述了商业票据的性质，从性质上来讲，商业票据是公司为了筹措资金，以贴现的方式出售给投资者的一种短期无担保的信用凭证。因此答案为D。

【2010年多选题】短期政府债券市场的特点是（　　）。

　　A.以国家信用为担保，几乎不存在违约风险

　　B.收益需缴所得税

　　C.极易在市场上变现，具有较高的流动性

　　D.面额较小

【答案】ACD

【解析】此题考查短期政府债券市场的性质特点，ACD三项都是对其特点的正确阐述，只有B项描述错误，短期政府债券市场的收益免缴所得税。

【2010年多选题】与传统的定期存单相比，大额可转让定期存单的特点是（　　）。

　　A.不记名并可转让流通

　　B.面额不固定且为大额

　　C.不可提前支取

　　D.利率一般高于同期限的定期存款利率

　　E.利率是固定的

【答案】ABD

【解析】该题考查大额可转让定期存单的特点。不记名并可转让流通，面额不固定且为大额，利率一般高于同期限的定期存款利率都是其重要特点。选项CE的描述不准确。因此答案选择ABD。

【例题 多选题】下面关于股票市场工具的描述正确的是(   )。

A. 股票是由股份有限公司签发的用以证明股东所持股份的凭证，它表明股票持有者对公司的部分资本拥有所有权

B. 股票是代表对一定经济利益分配请求权的资本证券，是资本市场上流通的一种重要工具

C. 股票是债务人依照法定程序发行，承诺按约定的利率和日期支付利息，并在约定日期偿还本金的书面债务凭证

D. 股票反映了筹资者和投资者之间的债权债务关系

【答案】AB

【解析】该题是对股票概念的考查。选项AB是对股票的正确描述，选项CD是对债券的相关描述，因此答案为AB。

【2010年多选题】作为一种投资工具，投资基金的特点是(   )。

A. 集中投资，分散风险
B. 集合投资，降低成本
C. 投资对象单一
D. 分散投资，降低风险
E. 专业化管理

【答案】BDE

【解析】该题是对投资基金特征的直接考查。投资基金体现了基金持有人与管理人之间的一种信托关系，是一种间接投资工具。集合投资、降低成本，分散投资，降低风险及专业化管理是对投资基金特点的正确描述，因此答案为BDE。

【2012年多选题】投资基金的特征有(   )。

A. 集合投资，降低成本
B. 分散投资，降低风险
C. 专业化管理
D. 投资对象广泛

【答案】ABC

【解析】与2010年真题类似，该题也是对投资基金特征的考查。投资基金体现了基金持有人与管理人之间的一种信托关系，是一种间接投资工具。具体来看，它有以下特征：(1)集合投资，降低成本。投资基金集合了众多投资者的小额资金，通过

统一经营，可以显著地降低交易成本，实现规模收益。(2)分散投资，降低风险。投资基金将巨额的资金分散投资到多个市场，构造有效的资产组合，最大限度地降低投资的非系统性风险。(3)专业化管理。相比普通投资者而言，投资基金的管理人一般拥有广泛的金融证券知识和丰富的投资经验，并能了解和掌握更多的市场信息。因此答案为ABC。

【2011年单选题】常用于银行间外汇市场上的外汇交易形式是(   )交易。

A. 即期外汇
B. 远期外汇
C. 掉期
D. 回购

【答案】C

【解析】本题考查掉期交易的相关知识。掉期交易是指将币种相同、金额相同但方向相反、交割期限不同的两笔或两笔以上的交易结合在一起进行的外汇交易。这种交易形式常用于银行间外汇市场上。

【2012年单选题】将币种与金额相同，但方向相反、交割期限不同的两笔或两笔以上交易结合在一起的外汇交易是(   )。

A. 即期外汇交易
B. 远期外汇交易
C. 掉期交易
D. 货币互换交易

【答案】C

【解析】该题是对掉期交易定义的考查，比较简单，属于记忆类型题目。即期外汇交易又称现汇交易，是指在成交当日或之后的两个营业日内办理实际货币交割的外汇交易。远期外汇交易又称期汇交易，是指交易双方在成交并不立即办理交割，而是按照事先约定的币种、金额、汇率、交割时间、地点等交易条件，到约定时期才进行实际交割的外汇交易。掉期交易是指将币种相同、金额相同但方向相反、交割期限不同的两笔或两笔以上的交易结合在一起进行的外汇交易。因此答案为C。

【例题 多选题】外汇交易的基本类型有(   )。

A. 即期外汇交易   B. 远期外汇交易
C. 掉期交易   D. 近期外汇交易

【答案】ABC

【解析】该题是对外汇交易基本类型的考查，属于记忆类型的题目。在外汇市场上，外汇交易基本类型包括即期外汇交易、远期外汇交易和掉期交易，因此答案为ABC。

第三节 金融衍生品市场及其工具

金融衍生品是从原生性金融工具派生出来的金融工具，金融衍生品市场的交易遵循一定的交易机制。本节主要内容包括金融衍生品的概念与特征，金融衍生品市场的交易机制。按照衍生品合约类型的不同，目前市场中最为常见的金融衍生品有远期、期货、期权、互换和信用衍生品等。同时包括金融衍生品市场及其发展演变。

 思维导图

本节涉及的一些理论内容如图1-4所示。

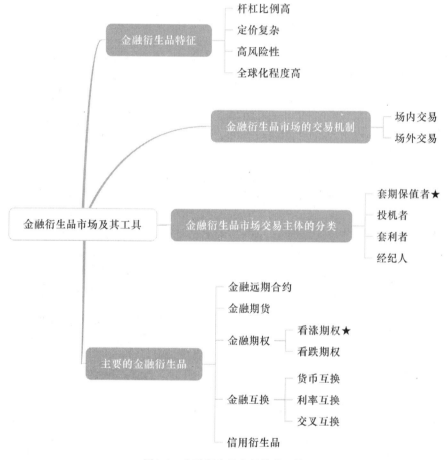

图1-4 金融衍生品市场及其工具

知识点测试

【2010年多选题】与传统金融工具相比，金融衍生品具有的特征有( )。

A.杠杆比例高　　　B.定价复杂

C.高风险性　　　　D.全球化程度高

【答案】ABCD

【解析】与传统金融工具相比，金融衍生品有以下特征：(1)杠杆比例高，金融衍生品市场中允许进行保证金交易，这就意味着投资者可以从事几倍甚至几十倍于自身拥有资金的交易，放大了交易的收益和损失。(2)定价复杂，金融衍生品的价格依赖于基础标的资产的未来价值，而未来价值是难以测算的，这就给金融衍生品的定价带来了极大的困难。(3)高风险性，由于金融衍生品的上述两个特征，使得从事金融衍生品交易的风险也被放大了。全球化程度高。因此答案为ABCD。

【2010年单选题】某公司进入金融衍生品市

场进行交易，如果目的是为了减少未来的不确定性，降低风险，则该公司属于(　　)。

　　A.套期保值者　　　　B.套利者

　　C.投机者　　　　　　D.经纪人

　　【答案】A

　　【解析】该题考查考生对金融衍生品市场交易主体的掌握。套期保值者又称风险对冲者，从事衍生品交易是为了减少未来的不确定性，降低甚至消除风险。题干中的公司属于套期保值者，因此答案应该为A。

　　【2012年单选题】金融衍生品市场上有不同类型的交易主体。如果某主体利用两个不同黄金期货市场的价格差异，同时在这两个市场上贱买贵卖黄金期货，以获得无风险收益，则该主体属于(　　)。

　　A.套期保值者　　　　B.套利者

　　C.投机者　　　　　　D.经纪人

　　【答案】B

　　【解析】该题考查考生对金融衍生品市场交易主体的掌握。利用不同市场上的定价差异，同时在两个或两个以上的市场中进行衍生品交易，以获取无风险收益的是套利者，因此答案应该为B。

　　【2010年单选题】对于看涨期权的买方来说，到期行使权的条件是(　　)。

　　A.市场价格低于执行价格

　　B.市场价格高于执行价格

　　C.市场价格上涨

　　D.市场价格下跌

　　【答案】B

　　【解析】正确回答此题需要对金融衍生品的类型有一定的理解和掌握，要把握两个关键点，一个是看涨期权，一个是买方。买方有权在某一确定的时间或确定的时间之内，以确定的价格购买相关资产，这是指看涨期权。对于看涨期权的买方来说，市场价格高于执行价格是到期行使权的条件。因此答案为B。

　　【2012年单选题】如果某投资者拥有一份期权合约，使其有权在某一确定时间内以确定的价格购买相关的资产，则该投资者是(　　)。

　　A.看跌期权的卖方

　　B.看涨期权的卖方

　　C.看跌期权的买方

　　D.看涨期权的买方

　　【答案】D

　　【解析】期权属于金融衍生品，买方有权在某一确定的时间或确定的时间之内，以确定的价格购

买相关资产，这一权利称为看涨期权。该题目中投资者的期权合约中明确了其为看涨期权，作为投资方，该投资者是看涨期权的买方。因此答案为D。

　　【2012年单选题】在期权交易中，对于交易双方的损失与获利机会说法正确的是(　　)。

　　A.从理论上讲，买方和卖方的获利机会都是无限的

　　B.从理论上讲，买方的损失是有限的，卖方的获利机会是无限的

　　C.从理论上讲，买方的获利机会是无限的，卖方的损失是无限的

　　D.从理论上讲，买方和卖方的损失都是有限的

　　【答案】C

　　【解析】此题是对期权相关概念的考查。期权买卖双方的权利与义务并不对等，期权的买方有权利无义务，而卖方只有义务没有自由选择的权利。答案为C。

　　【2010年单选题】信用违约掉期(CDS)，当信用事件发生时，(　　)。

　　A.卖方向买方赔偿因信用事件所导致的基础资产面值的损失部分

　　B.买方向卖方赔偿因信用事件所导致的基础资产面值的损失部分

　　C.卖方向买方赔偿基础资产面值

　　D.买方向卖方赔偿基础资产面值

　　【答案】A

　　【解析】此题是对信用衍生品的考查。信用违约掉期(CDS)是最常用的一种信用衍生产品。合约规定，信用风险保护买方向信用风险保护卖方定期支付固定的费用或者一次性支付保险费，当信用事件发生时，卖方向买方赔偿因信用事件所导致的基础资产面值的损失部分。因此答案为A。

　　【2012年单选题】在信用衍生品中，如果信用风险保护的买方向信用风险保护的卖方定期支付固定费用或一次性支付保险费，当信用事件发生时，卖方向买方赔偿因信用事件所导致的基础资产面值的损失部分，则该种信用衍生品是(　　)。

　　A.信用违约互换(CDO)

　　B.信用违约互换(CDS)

　　C.债务担保凭证(CDO)

　　D.债务担保凭证(CDS)

　　【答案】B

　　【解析】此题考查信用衍生品的相关知识点。信用违约互换(CDS)是最常用的一种信用衍生产品。按合约规定，信用风险保护买方向信用保险保

护卖方定期支付固定的费用或者一次性支付保险费，当信用事件发生时，卖方向买方赔偿因信用事件所导致的基础资产面值的损失部分。

第四节　我国的金融市场及其工具

在我国，金融市场主要包括货币市场、资本市场、外汇市场、金融衍生品市场等子市场。我国的货币市场主要包括同业拆借市场、回购协议市场和商业票据市场。资本市场包括债券市场、股票市场和投资基金市场。本节内容还包括我国的外汇市场和金融衍生品市场。

 思维导图

本节涉及的基本知识点如图1-5所示。

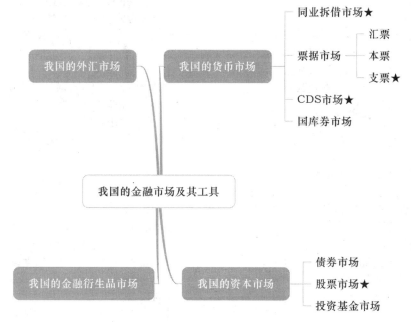

图1-5　我国的金融市场及其工具

知识点测试

【2011年多选题】我国金融市场存在的问题有(　　)。

A. 间接融资比重过低
B. 金融市场规模小
C. 直接融资比重过低
D. 尚未推出金融衍生品市场
E. 货币市场发展滞后

【答案】BCE

【解析】此题考查我国金融市场存在的问题，其中选项D是错误的描述，我国已经推出金融衍生品市场。选项A的描述，间接融资比重过低也不正确。答案为BCE。

【例题 多选题】在证券回购市场上回购的品种有(　　)。

A. 大额可转让定期存单　　B. 商业票据
C. 国库券　　　D. 支票　　E. 政府债券

【答案】ABCE

【解析】回购券种为国债和经中国人民银行批准的金融债券，回购期限在一年以下。在证券回购市场上回购的品种有：大额可转让定期存单、商业票据、国库券、政府债券等。

【2008年单选题】银行的活期存款人通知银行在其存款额度内无条件支付一定金额给持票人的书面凭证是(　　)。

A. 支票　　　　　　B. 汇票
C. 本票　　　　　　D. 存单

【答案】A

【解析】此题考查支票的概念。支票是指银行的活期存款人通知银行在其存款额度内或在约定的透支额度内，无条件支付一定金额给持票人或指定人的书面凭证，答案为A。

【例题 多选题】支票是指银行的活期存款人通知银行在其存款额度内或在约定的透支额度内，无条件支付一定金额给持票人或指定人的书面凭证。下面属于支票类型的选项有(　　)。

A. 记名支票　　　　　　B. 保付支票
C. 划线支票　　　　　　D. 商业支票
E. 现金支票

【答案】ABCE

【解析】此题考查支票的类型。一般可分为记名支票、保付支票、划线支票、旅行支票、现金支票，另外还有一种定额支票。选项D是个错误概念，商业汇票是属于汇票的一种，没有商业支票这个概念。因此答案为ABCE。

【2008年单选题】在我国内地注册的公司在香港发行并上市的普通股票称为(　　)。

A. F股　　　　　　　　B. H股
C. B股　　　　　　　　D. A股

【答案】B

【解析】此题是对我国上市公司股票类型的考查。我国上市公司股票按照发行范围可分为A股、B股、H股、F股等。H股是在我国内地注册的公司在香港发行并上市的普通股票。因此答案为B。

【2011年单选题】以人民币为面值、外币为认购和交易币种、在上海和深圳证券交易所上市交易的普通股票是(　　)股票。

A. A股　　　　　　　　B. B股
C. H股　　　　　　　　D. F股

【答案】B

【解析】此题考查我国上市公司的股票划分类别。以人民币为面值、以外币为认购和交易币种、在上海和深圳证券交易所上市交易的普通股票是B股股票。因此答案为B。

【2011年案例分析题】甲机构在交易市场上按照每份10元的价格向乙机构出售100万份证券。同时双方约定在一段时期后甲方按每份11元的价格，回购这100万份证券。

根据上述资料，回答下列问题：

1. 这种证券回购交易属于(　　)。

A. 货币市场　　　　　　B. 票据市场
C. 资本市场　　　　　　D. 股票市场

【答案】A

【解析】货币市场主要包括同业拆借市场、票据

市场和证券回购市场等。

2. 这种回购交易实际上是一种(　　)行为。

A. 质押融资　　　　　　B. 抵押融资
C. 信用借款　　　　　　D. 证券交易

【答案】A

【解析】证券回购是指按照证券买卖双方的协议，持有人在卖出一定数量的证券的同时，与买方签订协议，约定一定期限和价格，到期将证券如数赎回，买方也承诺日后将买入的证券售回给卖方的活动，实际上它是一种短期质押融资行为。

3. 我国回购交易的品种主要是(　　)。

A. 股票　　　　　　　　B. 国库券
C. 基金　　　　　　　　D. 商业票据

【答案】BD

【解析】证券回购市场上，回购的对象主要是国库券、政府债券或其他有担保债券，也可以是商业票据、大额可转让定期存单等其他货币市场工具。

4. 我国回购交易有关期限规定不能超过(　　)。

A. 1个月　　　　　　　B. 3个月
C. 6个月　　　　　　　D. 12个月

【答案】D

【解析】我国目前证券回购期限在1年以下。

5. 甲机构卖出证券的价格与回购证券的价格存在着一定的差额，这种差额实际上就是(　　)。

A. 证券的收益　　　　　B. 手续费
C. 企业利润　　　　　　D. 借款利息

【答案】D

【解析】证券的卖方以一定数量的证券进行质押借款，条件是一定时期内再购回证券，且购回价格高于卖出价格，两者的差额即为借款的利息。

考题预测及强化训练

一、单项选择题

1. 存款性金融机构是指经营各种存款并提供(　　)服务以获取收益的金融机构。

A. 支付中介　　　　　　B. 咨询中介
C. 信用中介　　　　　　D. 信息中介

2. 我国股票市场的最重要的组成部分是(　　)。

A. 主板市场　　　　　　B. 代办股份转让市场
C. 中小企业板市场　　　D. 创业板市场

3. 金融市场上最活跃的交易者是(　　)。

A. 企业　　　　　　　　B. 金融机构
C. 政府　　　　　　　　D. 中央银行

4. 一般来说,流动性差的债权工具的特点是( )。
　A. 风险相对较大、利率相对较高
　B. 风险相对较大、利率相对较低
　C. 风险相对较小、利率相对较高
　D. 风险相对较小、利率相对较低

5. ( )是24小时交易的全球最大单一市场。
　A. 债券市场　　　　B. 股票市场
　C. 投资基金市场　　D. 外汇市场

6. 最常用的一种信用衍生品是( )。
　A. 金融期货　　　　B. 金融互换
　C. 信用违约掉期　　D. 金融期权

7. 金融市场的功能不包括( )。
　A. 资金积聚功能　　B. 财富功能
　C. 风险分散功能　　D. 流通功能

8. 将金融市场分为发行市场和流通市场是按( )划分。
　A. 交易程序　　　　B. 地域范围
　C. 交易中介　　　　D. 交易标的物

9. 资本市场作为长期的资金交易市场,其融资的期限在( )年以上。
　A. 5　　B. 3　　C. 8　　D. 1

10. 20世纪70年代以来国际金融创新发展的最主要产品是( )。
　A. 金融远期　　　　B. 金融期货
　C. 金融期权　　　　D. 金融互换

11. 2006年9月8日成立的内地首家金融衍生品交易所是( )。
　A. 上海期货交易所　B. 大连商品交易所
　C. 深圳证券交易所　D. 中国金融期货交易所

12. 证券回购协议实质是( )。
　A. 信用贷款
　B. 证券买卖行为
　C. 以证券为质押品短期借款
　D. 信用借款

13. ( )是指已在或获准在上海证券交易所、深圳证券交易所流通的且以人民币为计价币种的股票。
　A. F股　　B. H股　　C. B股　　D. A股

14. 2004年5月,中国证监会正式批准深圳证券交易所设立( )。
　A. 主板市场　　　　B. 创业板市场
　C. 二板市场　　　　D. 中小企业板市场

15. 货币市场是指交易期限在( ),以( )金融工具为媒介进行资金融通和借贷的交易市场。
　A. 一年以内,短期
　B. 一年以内,长期
　C. 一年以上,短期
　D. 一年以上,长期

二、多项选择题

1. 汇票按出票人不同可分为( )。
　A. 银行汇票　　　　B. 商业汇票
　C. 记名汇票　　　　D. 现金汇票
　E. 定额汇票

2. 下面对于同业拆借市场的描述中正确的是( )。
　A. 同业拆借市场是指具有法人资格的金融机构或经过法人授权的金融分支机构之间进行短期资金头寸调节、融通的市场
　B. 同业拆借市场期限短,最长不得超过一年,以隔夜头寸拆借为主
　C. 同业拆借市场参与者往往只有商业银行
　D. 同业拆借市场交易资金限定,主要是金融机构存放在中央银行账户上的超额准备金
　E. 同业拆借活动都是在金融机构之间进行的,且金融机构主要以其信誉参加拆借活动

3. 下面有关商业票据市场的描述中正确的是( )。
　A. 商业票据市场是指公司发行商业票据并进行交易的市场
　B. 商业票据是公司为了筹措资金,以贴现的方式出售给投资者的一种短期无担保的信用凭证
　C. 商业票据的发行期限短,面额较大
　D. 商业票据的发行期限长,面额较小
　E. 商业票据市场的发行公司一般都是规模较大、信用良好的公司

4. 目前最为常见的金融衍生品有( )。
　A. 金融远期　　　　B. 金融期货
　C. 金融期权　　　　D. 金融互换
　E. 可转换债券

5. 货币市场中交易的金融工具一般都具有( )等特点。
　A. 期限短　　　　　B. 期限长
　C. 流动性强　　　　D. 流动性低
　E. 利率敏感

6. 金融市场的类型按交易中介可以划分( )。
　A. 直接金融市场　　B. 间接金融市场
　C. 发行市场　　　　D. 流通市场
　E. 有形市场

7. 按期限不同,金融工具可分为( )。
　A. 货币市场工具　　B. 资本市场工具
　C. 原生市场工具　　D. 衍生市场工具
　E. 流通市场工具

8. 在证券回购协议中，可以作为标的物的有( )。
   A. 国库券　　　　B. 政府债券
   C. 商业票据　　　D. 信用证
   E. 大额可转让定期存单

9. 下列关于商业票据的说法正确的是( )。
   A. 发行期限较短　　B. 发行期限较长
   C. 面额较小　　　　D. 面额较大
   E. 大多数商业票据在一级市场直接交易

10. 作为资本市场上最为重要的工具之一，债券具有的特征包括( )。
    A. 偿还性　　　　B. 收益性
    C. 安全性　　　　D. 流动性
    E. 派生性

11. 汇票的主要关系人是( )。
    A. 出票人　　　　B. 付款人
    C. 收款人　　　　D. 承兑人
    E. 汇票人

三、案例分析题

相对于其他种类的金融市场来说，我国的金融衍生品市场起步较晚，发展速度也较为缓慢。20世纪90年代初开始，我国开展金融期货交易试点，金融衍生品开始在我国出现。

虽然我国金融衍生品还处于起步阶段，与其他金融市场相比还比较滞后，但随着我国经济的不断发展和经济全球化步伐的加快，我国金融衍生工具市场将会有广阔的发展空间。

根据以上材料，回答下列问题：

1. 期货、远期、期权和( )是金融工程的四大工具。
   A. 互换　　B. 套利　　C. 投机　　D. 套期保值

2. 在金融期权中，赋予合约买方在未来某一确定的时间或者某一时间内，以固定的价格出售相关资产的合约的形式叫( )。
   A. 看涨期权　　　　B. 欧式期权
   C. 看跌期权　　　　D. 美式期权

3. 对于看跌期权的买方来说，到期行使期权的条件是( )。
   A. 市场价格低于执行价格
   B. 市场价格高于执行价格
   C. 市场价格上涨
   D. 市场价格下跌

4. 下列关于金融衍生品的特点，说法正确的是( )。
   A. 杠杆比例高　　　B. 定价简单
   C. 高风险性　　　　D. 全球化程度高

5. 期货包括利率期货、货币期货和( )。

A. 国债期货　　　　B. 股指期货
C. 股票期货　　　　D. 货币期货

参考答案及解析

一、单项选择题

1. 【答案】C
   【解析】存款性金融机构是指经营各种存款并提供信用中介服务以获取收益的金融机构，主要包括商业银行、储蓄机构和信用合作社等。

2. 【答案】A
   【解析】主板市场是我国股票市场的最重要的组成部分，以沪、深两市为代表。

3. 【答案】B
   【解析】金融市场的主体包括家庭、企业、政府、金融机构和中央银行。其中，金融机构是金融市场上最活跃的交易者，分为存款性金融机构和非存款性金融机构。

4. 【答案】A
   【解析】流动性与风险性成反比，流动性越差，风险性越大；流动性与收益性成反比，流动性越差，所要求的收益回报会越高，所以利率相对较高。

5. 【答案】D
   【解析】由于时差的存在，各个主要外汇交易中心开闭的时间有所差别，在全球范围内，几乎一天24小时都在进行着外汇交易。因此，外汇市场是24小时交易的全球最大单一市场。

6. 【答案】C
   【解析】信用衍生品是一种使信用风险从其他风险类型中分离出来，并从一方转让给另一方的金融合约。信用违约掉期是最常用的一种信用衍生产品，合约规定，信用风险保护买方向信用风险保护卖方定期支付固定的费用或一次性支付保险费，当信用事件发生时，卖方向买方赔偿因信用事件所导致的基础资产面值的损失部分。

7. 【答案】D
   【解析】金融市场的功能有资金积聚功能、财富功能、风险分散功能、交易功能、资源配置功能、反映功能、宏观调控功能。不包括流通功能。

8. 【答案】A
   【解析】按交易程序的划分标准划分可以将金融市场分为发行市场和流通市场。

9. 【答案】D
   【解析】资本市场是融资期限在1年以上的长期资金交易市场。

10.【答案】C

【解析】金融期权是20世纪70年代以来国际金融创新发展的最主要产品。

11.【答案】D

【解析】2006年9月8日中国金融期货交易所成立，它是内地首家金融衍生品交易所。

12.【答案】C

【解析】回购协议市场是指通过证券回购协议进行短期货币资金借贷所形成的市场。从表面上看，证券回购是一种证券买卖，但实际上它是一笔以证券为质押品而进行的短期资金融通。

13.【答案】D

【解析】A股是指已在或获准在上海证券交易所、深圳证券交易所流通的且以人民币为计价币种的股票。

14.【答案】D

【解析】2004年5月，中国证监会正式批准深圳证券交易所设立中小企业板市场。

15.【答案】A

【解析】货币市场是指交易期限在一年以内，以短期金融工具为媒介进行资金融通和借贷的交易市场。

二、多项选择题

1.【答案】AB

【解析】汇票按出票人不同可分为银行汇票和商业汇票。

2.【答案】ABDE

【解析】同业拆借市场的参与者广泛，主要参与者包括商业银行、非银行金融机构和中介机构，选项C错误。而选项ABDE是对同业拆借市场的正确描述。

3.【答案】ABCE

【解析】商业票据市场是指公司发行商业票据并进行交易的市场。从性质上来讲，商业票据是公司为了筹措资金，以贴现的方式出售给投资者的一种短期无担保的信用凭证。一般来说，商业票据的发行期限短，面额较大，且绝大部分是在一级市场直接进行交易。商业票据市场的发行公司一般都是规模较大、信用良好的公司。因此排除选项D，正确答案是ABCE。

4.【答案】ABCD

【解析】目前最为常见的金融衍生品有：远期、期货、期权、互换和信用衍生品。

5.【答案】ACE

【解析】货币市场中交易的金融工具一般具有期限短、流动性强、对利率敏感等特点，具有"准货币"特性。

6.【答案】AB

【解析】金融市场的类型按交易中介可以划分为直接金融市场和间接金融市场。

7.【答案】AB

【解析】按期限不同，金融工具可分为货币市场工具和资本市场工具。

8.【答案】ABCE

【解析】在证券回购协议中，作为标的物的主要是国库券、政府债券或其他有担保债券，也可以是商业票据、大额可转让定期存单等其他货币市场工具。

9.【答案】ADE

【解析】一般来说，商业票据的发行期限较短，面额较大，且绝大部分是在一级市场上直接进行交易。

10.【答案】ABCD

【解析】债券的特征有：偿还性、流动性、收益性、安全性。

11.【答案】ABCD

【解析】汇票的主要关系人是出票人、付款人、收款人、承兑人。

三、案例分析题

1.【答案】A

【解析】金融工程的四大工具为期货、远期、期权和互换。

2.【答案】C

【解析】本题考查看跌期权的概念。看跌期权的买方有权在某一确定的时间或者某一时间内，以确定的价格出售相关资产。

3.【答案】A

【解析】对于看跌期权的买方来说，市场价格低于执行价格是到期行使期权的条件。因此答案选A。

4.【答案】ACD

【解析】金融衍生品的特点是：杠杆比例高，定价复杂，高风险性，全球化程度高。

5.【答案】B

【解析】期货包括利率期货、货币期货和国债期货。

第二章 利率与金融资产定价

　　本章的内容在历年真题中以单利和复利的计算，利率期限结构，收益率的计算，利率与金融资产定价，资产定价理论等的出现频率最高。除此之外，在整个章节的理论内容介绍中，几乎每个概念都会出现公式的考查和记忆。因此要求考生在理解不同理论和基本含义的基础上重点掌握其计算方法和计算公式。

　　从近三年的考题情况来看，本章主要考查单利和复利利率风险结构的影响因素，到期收益率和名义收益率的计算，有效市场理论。以单项选择题、多项选择题为主，同时经常会出现案例分析题。单选题一般3～5道，多选题1道，平均分值是12分。

本章重要考点分析

　　本章涉及8个重要考点，几乎每个考试点在历年真题中都有出现，其中单利和复利的计算，利率期限结构的掌握，收益率的计算，利率与金融资产定价，资产定价理论知识点是考查重点，在往年的真题中以单选题和多选题的形式多次考查，且以案例分析形式出现的概率很大，需要重点掌握。本章重要考点如图2-1所示。

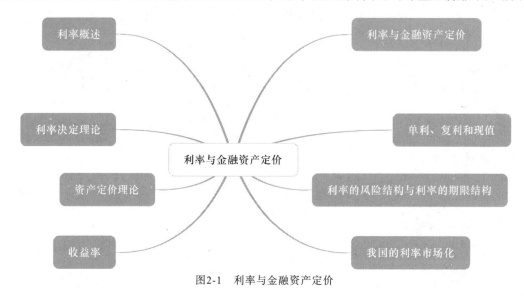

图2-1　利率与金融资产定价

本章近三年题型及分值总结

　　由于本章知识点多以概念、定义、性质等为主，因此近三年出现的题型以单项选择和多项选择题为主，其中2011年出现了案例分析题，如表2-1所示。

表2-1　利率及金融资产定价题型及分值

年　份	单项选择题	多项选择题	案例分析题
2013年	5题	1题	0题
2012年	4题	1题	0题
2011年	4题	2题	4题

第一节　利率的计算

　　利率是利息率的简称，是指利息额同借贷资本总额的比率，是借贷资本的价格。利率分类有以下四种不同的标准：按照利率的决定方式划分，按照借贷主体不同划分，按照计算利率的期限单位划分，按利率的真实水平划分。

　　另外本节重点介绍了利息的计算，单利与复利及现值。

 思维导图

　　本节涉及多个知识点和概念，如图2-2所示。

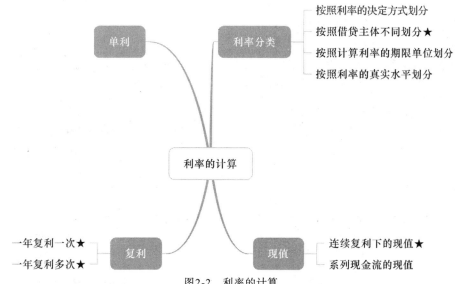

图2-2　利率的计算

知识点测试

　　【2009年单选题】若某笔贷款的名义利率是7%，同期的市场通货膨胀率是3%，则该笔贷款的实际利率是(　　)。

　　A. 3%　　　　　　　　B. 4%

　　C. 5%　　　　　　　　D. 10%

　　【答案】B

　　【解析】本题考查实际利率、名义利率与通货膨胀率之间的关系公式。实际利率=名义利率-通货膨胀率=7%-3%=4%。因此答案为B。

　　【2011年单选题】投资者用100万元进行为期5年的投资，年利率为5%，一年计息一次，按单利计算，则第5年末投资者可得到的本息和为(　　)万元。

　　A. 110　　　　　　　　B. 120

　　C. 125　　　　　　　　D. 135

　　【答案】C

　　【解析】本题考查单利计算本息和。100×(1+5%×5)=125万元。因此答案为C。

【**例题 单选题**】某人在银行存入10万元，期限2年，年利率为6%，每半年支付一次利息，如果按复利计算，2年后的本利和是( )万元。

A. 11.20　　　　　　　　B. 11.26

C. 10.26　　　　　　　　D. 10.23

【**答案**】B

【**解析**】本题考查复利终值计算公式$FV_n = P(1+r/m)^{nm}$。年利率是6%，每半年支付一次利息，那么2年后的本利和就是$10 \times (1+6\%/2)^4 = 11.26$万元。因此答案为B。

【**2009年单选题**】某人存入银行1000元，一年期利率是4%，每半年结算一次利息，按复利计算，则这笔存款一年后税前所得利息是( )元。

A. 40.2　　　　　　　　B. 40.4

C. 80.3　　　　　　　　D. 81.6

【**答案**】B

【**解析**】本题考查复利计算的公式。半年利率=4%/2=2%

$1000 \times (1+2\%)^2 - 1000 = 40.4$元

【**2010年单选题**】投资者用10万元进行为期2年的投资，年利率为10%，按复利每年计息一次，则第2年末投资者可获得的本息和为( )万元。

A. 11.0　　　　　　　　B. 11.5

C. 12.0　　　　　　　　D. 12.1

【**答案**】D

【**解析**】本题考查复利计算的公式。$S = P(1+r)^n = 10 \times (1+10\%)^2 = 12.1$万元。

【**例题 单选题**】( )是现在和将来(或过去)的一笔支付或支付流在今天的价值。

A. 现值　　　　　　　　B. 单利

C. 复利　　　　　　　　D. 年值

【**答案**】A

【**解析**】现值，也称为在用价值，是现在和将来(或过去)的一笔支付或支付流在今天的价值。

第二节　利率决定理论

本节主要包括利率的风险结构与利率的期限结构，利率决定理论等主要内容，其中涉及风险结构要素、利率期限结构、古典利率理论、流动性偏好理论、可贷资金利率理论等多个重要概念。

 思维导图

本节涉及的基本概念和知识点如图2-3所示。

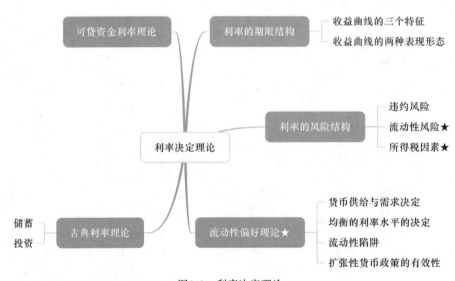

图2-3　利率决定理论

 知识点测试

【**例题 多选题**】下面关于利率风险结构的描述中，正确的是( )。

A. 流动性风险反映的是投资时间和价格之间的关系

B. 国债的流动性强于公司债券

C. 公司债券的流动性强于国债

D. 期限较长的债券，流动性差

E. 流动性差的债券风险大，利率水平相对就高；流动性强的债券，利率低

【答案】ABDE

【解析】本题考查利率风险结构。流动性指资产能够以一个合理的价格顺利变现的能力。它反映的是投资时间和价格之间的关系。它是一种投资的时间尺度(卖出它所需多长时间)和价格尺度(与公平市场价格相比的折扣)之间的关系。国债的流动性强于公司债；期限较长的债券，流动性差；流动性差的债券风险大，利率水平相对就高；流动性强的债券，利率低。因此答案选择ABDE。

【2010年多选题】利率的风险结构的影响因素有(　　)。

A. 违约风险

B. 流动性

C. 所得税

D. 安全性

E. 通胀率

【答案】ABC

【解析】该题考查对利率风险结构的影响因素的掌握。到期期限相同的债权工具但利率却不相同的现象称为利率的风险结构。到期期限相同的债权工具利率不同是由三个原因引起的：违约风险、流动性和所得税。因此答案选择ABC。

【例题　多选题】古典学派认为，利率是某些经济变量的函数，即(　　)。

A. 货币供给增加，利率水平上升

B. 储蓄增加，利率水平上升

C. 货币需求增加，利率水平上升

D. 投资增加，利率水平上升

【答案】D

【解析】古典学派认为，利率决定于储蓄与投资的相互作用。当投资增加时，投资大于储蓄，利率会上升。

【例题　单选题】与利率管制相比较，利率市场化以后，在利率决定中起主导作用的是(　　)。

A. 商业银行

B. 财政部门

C. 政府政策

D. 市场资金供求

【答案】D

【解析】本题考查利率市场化的相关知识。利率市场化是指将利率决定权交给市场，由市场资金供求状况决定市场利率，市场主体可以在市场利率的基础上，根据不同金融交易各自的特点，自主决定利率。

【例题　单选题】流动性偏好利率理论的提出者是(　　)。

A. 俄林

B. 凯恩斯

C. 罗伯逊

D. 弗里德曼

【答案】B

【解析】凯恩斯提出了流动性偏好利率理论。

【例题　单选题】利率是借贷资本的(　　)。

A. 价格

B. 成本

C. 损失

D. 现值

【答案】A

【解析】利率是借贷资本的价格。

【例题　单选题】流动性偏好的动机包括(　　)。

A. 交易动机

B. 预防动机

C. 投机动机

D. 违约动机

E. 借贷动机

【答案】ABC

【解析】流动性偏好的动机包括交易动机、预防动机和投机动机。选项DE概念错误，答案选ABC。

第三节　收　益　率

收益率主要包括名义收益率、到期收益率、实际收益率和本期收益率，其中名义收益率又称票面收益率，是债券票面上的固定利率，即票面收益与债券面额之比。到期收益率指到期时信用工具的票面收益及其资本损益与买入价格的比率。实际收益率是剔除通货膨胀因素后的收益率。本期收益率也称当前收益率，是指本期获得债券利息(股利)额与债券本期市场价格的比率。

思维导图

收益率的概念涉及很多计算方法和计算公式，详见图2-4。

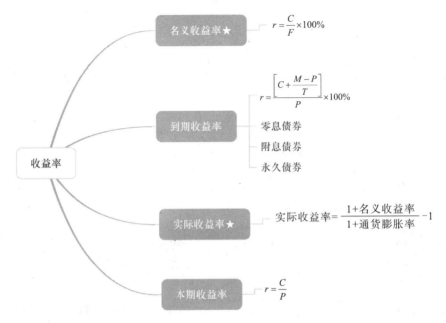

图2-4 收益率

知识点测试

【2011年单选题】债券的票面收益与面额的比率是( )。

A. 当期收益率　　　　B. 名义收益率
C. 到期收益率　　　　D. 实际收益率

【答案】B

【解析】本题考查名义收益率的概念。名义收益率又称票面收益率，是债券票面上的固定利率，即票面收益与债券面额之比率。

【2011年单选题】如果某债券面值为100元，本期获得的利息(票面收益)为8元，当前市场交易价格为80元，则该债券的名义收益率为( )。

A. 4%　　B. 5%　　C. 8%　　D. 10%

【答案】C

【解析】本题考查名义收益率的计算。名义收益率=票面收益/面值=8/100=8%。

【2007年单选题】某债券面值100元，每年按5元付息，10年后到期还本，当年市场利率为4%，则其名义收益率是( )。

A. 2%　　B. 4%　　C. 5%　　D. 6%

【答案】C

【解析】由于该债券购买价等于其债权面值，到期后还本，所以其名义收益率等于其所付利息率，即5%。

【2010年单选题】某100元的债券，注明年利息为5元，期限10年，规定每年年末支付利息，到期一次还本，假设某投资者某年年初以90元购入，持有2年后以98元卖出，其实际收益率是( )。

A. 5%　　B. 10%　　C. 15%　　D. 2

【答案】B

【解析】本题考查到期收益率的计算

$$到期收益率=r=\frac{\left[C+\frac{M-P}{T}\right]}{P}\times100\%$$

$$=\frac{\left[5+\frac{98-90}{2}\right]}{90}\times100\%=10\%$$

【例题 单选题】假设购买债券花费100元，今年得到的利息支付为10元，则该债券的本期收益率为( )。

A. 10%　　B. 9%　　C. 11%　　D. 4%

【答案】A

【解析】本期收益率=年利息/市场价格=10/100=10%。

【2011年单选题】本期获得债券利息(股利)额与债券本期市场价格的比率是( )。

A. 名义收益率　　　　B. 到期收益率
C. 实际收益率　　　　D. 本期收益率

【答案】D

【解析】本题考查本期收益率的概念。

【例题 单选题】假设P为债券价格，F为面值，C 为票面收益，r 为到期收益率，n 是债券期限，如果按年复利计算，零息债券到期收益率为( )。

A. $r=F/C$　　　　　B. $r=C/F$

C. $r=(F/P)1/n-1$　D. $r=C/P$

【答案】C

【解析】本题考查零息债券到期收益率公式。

【例题　单选题】债券本期收益率的计算公式是( )。

A. 票面收益/市场价格

B. 票面收益/债券面值

C. (卖出价格-买入价格)/市场价格

D. (卖出价格-买入价格)/债券面值

【答案】A

【解析】本期收益率，即信用工具的票面收益与其市场价格的比率，公式为：本期收益率=票面收益/市场价格。

【例题　单选题】某银行以900元的价格购入5年期的票面额为1000元的债券，票面收益率为10%，银行持有3年到期偿还，那么购买的债券到期收益率为( )。

A. 3.3%　　　B. 14.81%　　　C. 3.7%　　　D. 10%

【答案】B

【解析】年利息=1000×10%=100元，(偿还价格-买入价格)/买入债券到债券到期的时间=(1000-900)/3=33.33，到期收益率=(100+33.33)/900=14.81%。

第四节　金融资产定价

有价证券价格实际上是以一定市场利率和预期收益率为基础计算得出的现值。金融资产价值的存在是由于其未来给投资者带来预期的收益，因此金融资产现在的价值就是未来预期现金流的现值之和。有价证券交易价格主要依据货币的时间价值即未来收益的现值确定。

金融资产定价包括债券定价和股票定价两个重点内容，资产定价理论分为有效市场理论和资本资产定价理论及其假设条件。

 思维导图

本节包括多个知识点和概念，详见图2-5。

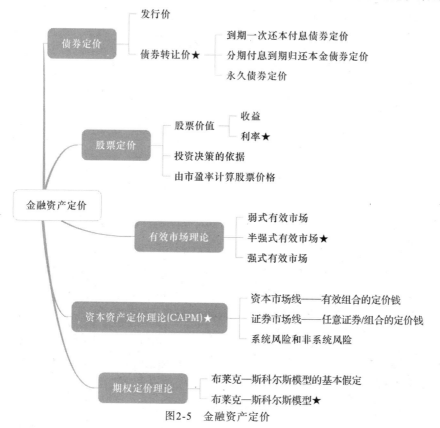

图2-5　金融资产定价

知识点测试

【**2009年单选题**】国债的发行价格低于面值，叫做( )发行。

A. 折价　　B. 平价　　C. 溢价　　D. 竞价

【**答案**】A

【**解析**】债券的市场价格高于债券面值，即债券为溢价发行；债券的市场价格低于债券面值，即债券为折价发行；债券的市场价格等于债券面值，即债券为等价发行。

【**2011年单选题**】如果当前的证券价格反映了历史价格信息和所有公开的价格信息，则该市场属于( )。

A. 弱式有效市场　　B. 半弱式有效市场

C. 强式有效市场　　D. 半强式有效市场

【**答案**】D

【**解析**】半强式有效市场假说是指当前的证券价格不仅反映了历史价格包含的所有信息，而且反映了所有有关证券的能公开获得的信息。在这里，公开信息包括公司的财务报告、公司公告、有关公司红利政策的信息和经济形势等。

【**2008年单选题**】马柯维茨认为在同一期望收益前提下，最为有效的投资组合( )。

A. 实际收益高　　B. 实际收益低

C. 风险较高　　D. 风险最小

【**答案**】D

【**解析**】美国经济学家马柯维茨(Markowitz)在1952年提出了均值—方差分析方法，为资本资产定价理论(CAPM)奠定了理论框架。马柯维茨认为在同一风险水平前提下，高收益率的投资组合最为有效；在同一期望收益前提下，低风险的投资组合最为有效。

【**2012年单选题**】如果某证券的β值为1.5，若市场投资组合的风险溢价水平为10%，则该证券的风险溢价水平为( )。

A. 5%　　B. 15%　　C. 50%　　D. 85%

【**答案**】B

【**解析**】证券市场线的表达公式为：$E(r_i)=r_f+[E(r_M)-r_f]\times\beta_i$，其中$[E(r_i)-r_f]$是证券的风险溢价水平，$[E(r_M)-r_f]$是市场投资组合的风险溢价水平。所以，该证券的风险溢价水平$=(E(r_M)-r_f)\beta_i=10\%\times1.5=15\%$。

【**2007年单选题**】资本资产定价模型(CAPM)中的贝塔系数测度的是( )。

A. 利率风险　　B. 通货膨胀风险

C. 非系统性风险　　D. 系统性风险

【**答案**】D

【**解析**】资本资产定价模型(CAPM)中的贝塔系数测度的是系统性风险。系统性风险是不可消除的。

【**2012年多选题**】在期权定价理论中，根据布莱克—斯科尔斯模型，决定欧式看涨期权价格的因素主要有( )。

A. 期权的执行价格　　B. 期权期限

C. 股票价格波动率　　D. 无风险利率

E. 现金股利

【**答案**】ABCD

【**解析**】在期权定价理论中，根据布莱克—斯科尔斯模型，决定欧式看涨期权价格的因素主要有期权的执行价格、期权期限、股票价格波动率、无风险利率。

【**2010年案例分析题**】某公司是专业生产芯片的厂商，已在美国纳斯达克市场上市。当前该公司的β系数为1.5，纳斯达克的市场组合收益率为8%，美国国债的利率是2%。

根据以上资料，回答下列问题：

1. 当前市场条件下美国纳斯达克市场的风险溢价是( )。

A. 3%　　B. 5%　　C. 6%　　D. 9%

【**答案**】C

【**解析**】此题考查风险溢价的概念。$E(r)-r_f=8\%-2\%=6\%$。

2. 该公司股票的风险溢价是( )。

A. 6%　　B. 9%　　C. 10%　　D. 12%

【**答案**】B

【**解析**】此题考查风险溢价的概念。$[E(r_m)-r_f]\beta_i=(8\%-2\%)\times1.5=9\%$。

3. 通过CAPM模型测得的该公司股票的预期收益率是( )。

A. 3%　　B. 6%　　C. 9%　　D. 11%

【**答案**】B

【**解析**】此题考查预期收益率的概念和计算公式。

4. 资本资产定价理论认为，不可能通过资产组合来降低或消除的风险是( )。

A. 特有风险

B. 宏观经济运行引致的风险

C. 非系统性风险

D. 市场结构引致的风险

【**答案**】ABC

【**解析**】资本资产定价理论认为，不可能通过资产组合来降低或消除的风险有特有风险、宏观经济运行引致的风险、非系统性风险。

【例题　多选题】期权定价理论中，布莱克—斯科尔斯模型的基本假定有(　　)。

A. 无风险利率r为常数

B. 存在无风险套利机会

C. 市场交易是连续的，不存在跳跃式或间断式变化

D. 标的资产价格波动率为常数

E. 标的资产在期权到期时间之前不支付股息和红利

【答案】ACDE

【解析】本题考查布莱克—斯科尔斯模型的基本假定。

第五节　我国的利率市场化

我国的利率市场化改革的基本思路是先放开货币市场利率和债券市场利率，再逐步推进存贷款利率的市场化。经历了市场利率体系的建立、存贷款利率的市场化、推动整个金融产品与服务价格体系的市场化三个重要进程。进一步推进利率市场化改革需要以下三个条件：要营造一个公平的市场竞争环境；要推动整个金融产品与服务价格体系的市场化；需要进一步完善货币政策传导机制。

 思维导图

本节的知识结构如图2-6所示。

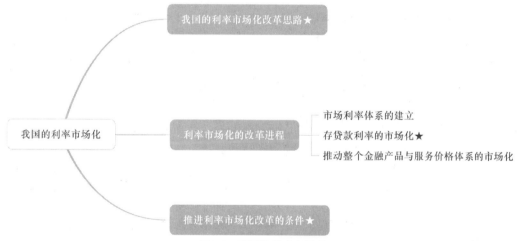

图2-6　我国的利率市场化

 知识点测试

【例题　单选题】进一步推进利率市场化改革的条件中，以下描述不正确的是(　　)。

A. 要营造一个公平的市场竞争环境

B. 要推动整个金融产品与服务价格体系的市场化

C. 需要进一步完善货币政策传导机制

D. 要进一步加强利率市场建设的正确引导

【答案】D

【解析】该题是对进一步推进利率市场化改革条件的考查，包括要营造一个公平的市场竞争环境；要推动整个金融产品与服务价格体系的市场化；需要进一步完善货币政策传导机制三个条件。因此答案为D。

【例题　多选题】我国利率市场化的基本方式应为(　　)。

A. 激进模式　　　　　B. 先外币、后本币

C. 先贷款、后存款　　D. 先本币、后外币

E. 存款先大额长期、后小额短期

【答案】BCE

【解析】中国人民银行按照先外币、后本币，先贷款、后存款，存款先大额长期、后小额短期的基本步骤，逐步进行利率市场化改革。

考题预测及强化训练

一、单项选择题

1. 名义利率扣除(　　)之后即为实际利率。

A. 利率变动率　　　　B. 汇率变动率

C. 通货变动率　　　　D. 物价变动率

2. 某地贷款的市场利率为8%，复利采用每季度支付一次，则其有效利率为（　）。

A. 8.24%　　B. 9.75%　　C. 10.58%　　D. 12.24%

3. 有效利率是指按复利支付利息条件下的一种复合利率，当每年计息次数一次以上时，有效利率与一般市场利率的关系是（　）。

A. 有效利率低于市场利率

B. 有效利率高于市场利率

C. 有效利率等于市场利率

D. 不能确定

4. 现有一张永久债券，其市场价格为20元，永久年金为2元，该债券的到期收益率为（　）。

A. 8%　　B. 10%　　C. 12.5%　　D. 15%

5. 利率与有价证券价格成负相关关系，当利率上升时，有价证券价格下降，且（　）。

A. 长期有价证券价格下降幅度小于短期有价证券价格

B. 长期有价证券价格下降幅度与短期有价证券变化相同

C. 长期有价证券价格下降幅度大于短期有价证券价格

D. 长期有价证券价格下降幅度与短期有价证券价格变化无关

6. 设某国定期存款年利率为5%，计息周期为一年。若按照复利计息，5年后的本利和是按照单利计息的（　）。

A. 1.02倍　　B. 1.04倍　　C. 1.12倍　　D. 1.22倍

7. 债券当期收益率的计算公式是（　）。

A. 票面收益/债券面值

B. 票面收益/市场价格

C. (出售价格-购买价格)/债券面值

D. (出售价格-购买价格)/市场价格

8. 信用工具的名义收益率是（　）。

A. 资本损益与票面金额的比率

B. 票面收益与市场价格的比率

C. 票面金额与市场价格的比率

D. 票面收益与票面金额的比率

9. 如果市场投资组合的实际收益率比预期收益率大5%，某证券的β值为1，则该证券的实际收益率比预期收益率大（　）。

A. 85%　　B. 50%　　C. 10%　　D. 5%

10. （　）是指按借贷协议在一定时期可以变动的利率，其具有一定的科学合理性。

A. 名义利率　　　　B. 实际利率

C. 固定利率　　　　D. 浮动利率

11. 三种证券做成一个投资组合，在投资组合中所占投资权重各为30%、20%、50%，且各自的预期收益率相对应为10%、15%、20%，这个投资组合的预期收益率是（　）。

A. 10%　　B. 12%　　C. 16%　　D. 20%

12. 凯恩斯把货币供应量的增加并未带来利率的相应降低，而且只是引起人们手持现金增加的现象称为（　）。

A. 现金偏好　　　　B. 货币幻觉

C. 流动性陷阱　　　D. 流动性过剩

13. 我国利率市场化改革的基本思路是（　）。

A. 先放开货币市场利率和债券市场利率，再逐步推进存贷款利率的市场化

B. 先放开存贷款利率和货币市场利率，再逐步推进债券市场利率的市场化

C. 先放开存贷款利率和债券市场利率，再逐步推进货币市场利率的市场化

D. 以上都不对

14. 根据资产组合理论，有价证券组合预期收益率是（　）。

A. 每种有价证券收益率的几何平均值

B. 每种有价证券收益率的方差

C. 每种有价证券收益率的加权平均值

D. 每种有价证券收益率的简单平均值

15. 收益曲线是指那些（　）不同，却有着相同流动性、税率结构和信用风险的金融资产的利率曲线。

A. 有效性　　　　　B. 期限

C. 可比性　　　　　D. 利润水平

16. （　）能够反映投资于有效风险资产组合和无风险资产的收益与风险关系。

A. 资产组合　　　　B. 资本市场线

C. 资产风险度　　　D. 资产定价理论

17. 资产估计收益率与（　）的偏离程度称为资产风险度。

A. 加权收益率　　　B. 固定收益率

C. 预期收益率　　　D. 前期收益率

18. 证券市场效率程度最高的市场是（　）。

A. 弱式有效市场　　B. 半强式有效市场

C. 强式有效市场　　D. 任何有效市场

19. 可贷资金利率理论认为利率的决定取决于（　）。

A. 商品市场均衡

B. 外汇市场均衡

C. 商品市场和货币市场的共同均衡

D. 货币市场均衡

20. 一笔为期三年的投资，在三年内分别支付本金和利息，其中第一年末投资450元，第二年末投资600元，第三年末投资650元，市场利率为10%，则该笔投资的期值为( )元。
 A. 1654.5　　　　B. 1754.5
 C. 1854.5　　　　D. 1954.5

21. 某债券的面值为100元，10年期，名义收益率为8%。市价为95元，此时本期收益率为( )。
 A. 8.42%　B. 8%　C. 7.8%　D. 9%

22. 假设购买债券花费100元，每年得到的利息支付为10元，则该债券的到期收益率为( )。
 A. 10%　　B. 9%　　C. 11%　　D. 4%

23. 我国存贷款利率市场化的改革思路是( )。
 A. 先外币、后本币，先存款、后贷款，存款先短期、小额，后长期、大额
 B. 先本币、后外币，先贷款、后存款，存款先长期、大额，后短期、小额
 C. 先外币、后本币，先贷款、后存款，存款先长期、大额，后短期、小额
 D. 以上都不对

24. 名义上不支付利息，折价出售，到期按债券面值兑现，此种债券称为( )。
 A. 附息债券　　　　B. 零息债券
 C. 永久债券　　　　D. 溢价债券

25. 有效市场假说主要是研究( )对证券价格的影响。
 A. 利率　B. 需求　C. 信息　D. 收益

26. 短期政府债券的债务人是( )。
 A. 股票市场　　　　B. 货币市场
 C. 商业银行　　　　D. 政府

二、多项选择题

1. 对利率与有价证券市场价格的关系表述正确的是( )。
 A. 利率下降，有价证券收益下降，有价证券价格上涨
 B. 利率上升，有价证券收益下降，有价证券价格上涨
 C. 利率上升，有价证券收益下降，有价证券价格下跌
 D. 利率下降，能加大对有价证券投资的需要，有价证券价格上升
 E. 利率上升，有价证券投资需求锐减，有价证券价格下降

2. 到期期限相同的债权工具利率不同是由( )原因引起的。

 A. 违约风险　　　　B. 操作风险
 C. 外汇风险　　　　D. 所得税
 E. 流动性

3. 债券在二级市场上的流通转让价格依不同的经济环境决定，但有一个基本的"理论价格"决定公式，它由( )因素决定。
 A. 债券的票面金额　　B. 债券的发行者
 C. 票面利率　　　　D. 债券发行量
 E. 实际持有期限

4. 期权价值的决定因素主要有( )。
 A. 执行价格　　　　B. 期权期限
 C. 标的资产的风险度　D. 无风险市场利率
 E. 标的资产的发行日期

5. 资产定价模型中提供了测度系统风险的指标即风险系数β，β可以衡量证券实际收益率对市场投资组合的实际收益率的敏感程度，下面相关叙述中正确的是( )。
 A. 如果$\beta>1$，说明其收益率大于市场组合收益率，属"激进型"证券
 B. 如果$\beta<1$，说明其收益率小于市场组合收益率，属"防卫型"证券
 C. 如果$\beta=1$，说明其收益率等于市场组合收益率，属"平均型"证券
 D. 如果$\beta>1$，说明其收益率大于市场组合收益率，属"防卫型"证券
 E. 如果$\beta<1$，说明其收益率小于市场组合收益率，属"激进型"证券

6. 马柯维茨的投资组合分析中，三个假设是指( )。
 A. 市场是有效的
 B. 有价证券价格是真实的
 C. 风险是不可避免的
 D. 风险是可以规避的
 E. 组合是在预期和风险基础上进行的

7. 股票的价格由( )决定。
 A. 预期收入　　　　B. 流通数量
 C. 当期市场利率　　D. 发行价格
 E. 承销商

8. 强式有效市场假说的信息由( )构成。
 A. 历史价格信息
 B. 故意散播的假消息
 C. 对投资者信心造成影响的小道消息
 D. 内幕信息
 E. 所有能公开获得的信息

9. 利率市场化所产生的社会效应包括( )。
   A. 利率水平可能大幅攀升
   B. 高利率的贷款需求可能得到满足
   C. 信贷资金分流
   D. 中小企业贷款需求全部得到满足
   E. 商业银行拥有信贷价格制定权

10. 我国利率市场化改革采取"渐进模式"的原因是( )。
    A. 金融危机的爆发说明应采用"渐进模式"
    B. 利率市场化改革应只考虑利率因素，不应考虑资本项目开放、汇率自由化等因素
    C. 利率市场化改革进程应与一国宏观经济背景相适应
    D. 从我国实际情况出发，应采取"渐进模式"
    E. 从国际经验来看，一国货币资本项目可兑换必须具备一定的前提条件

11. 利率市场化的作用包括( )。
    A. 利率市场化有利于提高资源配置效率
    B. 利率市场化有助于提高企业的投融资质量
    C. 利率市场化有助于促进金融机构管理模式的转变
    D. 利率市场化有助于促进金融机构经营管理水平的提高
    E. 利率市场化有利于更好地发挥财政政策的宏观调控作用

12. 下列关于有效资本市场理论的表述，正确的是( )。
    A. 如果市场是有效的，那么有价证券价格就是真实的
    B. 如果市场是完全、开放、无限制的，信息是完整的、对称的，那么市场就是有效的
    C. 有价证券价格的真实性是市场有效性的基础
    D. 市场有效性是有价证券价格真实性的基础
    E. 市场有效性说明有价证券价格可以得到完整的信息

13. 下面有关金融工具的性质的描述中正确的是( )。
    A. 期限性   B. 流动性
    C. 收益性   D. 风险性
    E. 稳定性

14. 在二级市场上，决定债券流通转让价格的主要因素是( )。
    A. 票面金额   B. 汇率
    C. 票面利率   D. 物价水平
    E. 实际持有期限

15. 金融工具按与实际信用活动的关系可以划分为( )。
    A. 原生金融工具   B. 衍生金融工具
    C. 货币市场工具   D. 资本市场工具
    E. 以上都不对

16. 资本资产定价理论认为，理性投资者应该追求( )。
    A. 投资者效用最大化
    B. 同风险水平下收益最大化
    C. 同风险水平下收益稳定化
    D. 同收益水平下风险最小化
    E. 同收益水平下风险稳定化

三、案例分析题

（一）2011年1月某企业发行一种票面利率为6%，每年付息一次，期限3年，面值100元的债券。假设2011年1月至今的市场利率是4%。2014年1月，该企业决定永久延续该债券期限，即实际上实施了债转股，假设此时该企业的每股税后盈利是0.5元，该企业债转股后的股票市价是22元。

根据以上资料，回答下列问题：

1. 2012年1月，该债券的购买价应是( )元。
   A. 90.2   B. 103.8   C. 105.2   D. 107.4

2. 在债券发行时如果市场利率高于债券票面利率，则( )。
   A. 债券的购买价高于面值
   B. 债券的购买价低于面值
   C. 按面值出售时投资者对该债券的需求减少
   D. 按面值出售时投资者对该债券的需求增加

3. 债转股后的股票静态定价是( )。
   A. 8.5元   B. 12.5元   C. 22.0元   D. 30.0元

4. 以2014年1月该股票的静态价格为基准，债转股后的股票当时市价( )。
   A. 低估   B. 合理
   C. 高估   D. 不能确定

5. 按照2014年1月的市场状况，该股票的市盈率是( )。
   A. 10倍   B. 24倍   C. 30倍   D. 44倍

（二）债券是债务人依法定程序发行，承诺按约定的利率和日期支付利息，并在约定日期偿还本金的书面债务凭证，它反映了筹资者和投资者之间的债权债务关系。现有按年收益率10%每年付息一次的100元债券，期限为5年。

根据以上材料，回答下列问题：

6. 当市场利率为11%时，债券应当( )发行。
   A. 贴现   B. 溢价   C. 等价   D. 公募

7. 当市场利率为9.1%时，债券应当( )发行。

　　A. 贴现　　B. 溢价　　C. 等价　　D. 公募

8. 当市场利率为10%时，债券应当( )发行。

　　A. 贴现　　B. 溢价　　C. 等价　　D. 公募

9. 若现有一张面额为100元的贴现国债，期限为1年，收益率为5%，到期一次归还，则该张国债的交易价格为( )元。

　　A. 98.24　　B. 97.09　　C. 105　　D. 95.24

10. 债券交易价格与市场利率的关系是( )。

　　A. 当市场利率上升时，债券交易价格下跌

　　B. 当市场利率上升时，债券交易价格上涨

　　C. 当市场利率下跌时，债券交易价格上涨

　　D. 当市场利率下跌时，债券交易价格下跌

(三) 我国某企业计划于年初发行面额为100元、期限为3年的债券200亿元。该债券票面利息为每年5元，于每年年末支付，到期还本。该债券发行采用网上向社会公众投资者定价发行的方式发行。

根据以上资料，回答下列问题：

11. 该债券的名义收益率是( )。

　　A. 4%　　B. 5%　　C. 10%　　D. 12%

12. 假定该债券的名义收益率为3%，当年通货膨胀率为2%，则其实际收益率是( )。

　　A. 1%　　B. 2%　　C. 3%　　D. 5%

13. 如果该债券的市场价格是110元，则该债券的本期收益率是( )。

　　A. 2%　　B. 3%　　C. 4.5%　　D. 5%

14. 根据发行价格与票面面额的关系，债券公开发行可以分为( )发行。

　　A. 折价　　B. 溢价　　C. 平价　　D. 竞价

(四) 假定2004年5月1日发行面额为1000元、票面利率10%、10年期的债券，每年付息一次。甲于发行日以面额买进1000元，后甲准备于2014年5月1日以1550元转让给乙。

根据以上资料，回答下列问题：

15. 若甲确以1550元的价格转让给乙，则甲的持有期间收益率为( )。

　　A. 21%　　B. 11%　　C. 37%　　D. 21.57%

16. 若乙希望获得15%的收益率，则乙购买该债券的价格应该是( )。

　　A. 1200元　　　　B. 1023.5元

　　C. 832.4元　　　　D. 1656元

17. 下列影响到期收益率的主要因素是( )。

　　A. 债券偿还价格　　B. 债券购入价格

　　C. 债券持有期间　　D. 债券种类

18. 本例中该债券的发行方式为( )。

　　A. 平价发行　　　　B. 折价发行

　　C. 贴现发行　　　　D. 溢价发行

19. 您认为乙是否会以1550元的价格从甲手中购买该债券( )。

　　A. 会　　　　　　B. 不会

　　C. 无法确定　　　D. 以上都有可能

(五) 上海证券交易所上市交易的某只股票，2013年末的每股税后利润为0.2元，市场利率为2.5%。

根据上述内容，回答下列问题：

20. 该只股票的静态价格是( )元。

　　A. 4　　B. 5　　C. 8　　D. 20

21. 该只股票的市盈率是( )倍。

　　A. 20　　B. 40　　C. 60　　D. 80

22. 股票动态价格主要是指股票持有期间的价格，其确定方法与( )的价格确定基本相同。

　　A. 分期付息到期还本债券

　　B. 到期一次还本付息债券

　　C. 分期还本到期一次付息债券

　　D. 分期付息债券

23. 根据股票静态价格分析，投资者的行为选择是( )。

　　A. 当股票市价 $< P_0$ 时，可继续持有该只股票

　　B. 当股票市价 $< P_0$ 时，可买进该只股票

　　C. 当股票市价 $> P_0$ 时，可卖出该只股票

　　D. 当股票市价 $= P_0$ 时，可继续持有或抛出该只股票

参考答案及解析

一、单项选择题

1.【答案】D

【解析】实际利率是指在通货膨胀条件下，名义利率扣除物价变动率后的利率。

2.【答案】A

【解析】$1+$有效利率$=(1+\dfrac{市场利率}{4})^4$，则有效利率$=(1+\dfrac{8\%}{4})^4-1=8.24\%$。

3.【答案】B

【解析】假设 r_e 为有效利率，r 为市场利率，m 为计息次数，$1+r_e=(1+\dfrac{r}{m})^m$，由此得出 $r_e>r$。

4.【答案】B

【解析】永久债券到期收益率的计算公式可简写为：$r=\dfrac{G}{P}$，到期收益率$=2\div20=10\%$。

5. 【答案】C

【解析】利率风险对不同偿还期有价证券的影响是不尽相同的。由于长期有价证券对利率变动敏感度要大于短期有价证券，因而利率对长期有价证券的影响要大于短期有价证券。当利率上升时，有价证券价格下降，而长期有价证券价格下降幅度大于短期有价证券。反之，当利率下降时，长期有价证券自然较短期有价证券能获得更多收益。

6. 【答案】A

【解析】单利计息：$S=P(1+rn)$；
复利计息：$S=P(1+r)^n$。
经计算，单利计息$S=P(1+5\%\times5)=1.25P$；
复利计息$S=P(1+5\%)^5=1.276P$。
复利是单利的1.02倍。

7. 【答案】B

【解析】债券当期收益率=票面收益/市场价格。

8. 【答案】D

【解析】名义收益率，是信用工具的票面收益与票面金额的比率。

9. 【答案】D

【解析】证券i的实际收益率比预期收益率大$\beta\times Y\%=1\times5\%=5\%$。

10. 【答案】D

【解析】浮动利率是指按借贷协议在一定时期可以变动的利率。它是借贷双方为了保护各自利益，根据市场变化情况可以调整的利率。

11. 【答案】C

【解析】投资组合的预期收益率应根据加权平均值的计算方法进行计算：$30\%\times10\%+20\%\times15\%+50\%\times20\%=16\%$。

12. 【答案】C

【解析】当利率下降到某一水平的时候，市场就会产生未来利率上升的预期，这样，货币的投资需求就会达到无穷大，无论中央银行供给多少货币都会被相应的投机需求所吸收，从而使利率不能继续下降而锁定在这一水平，这就是所谓的"流动性陷阱"。

13. 【答案】A

【解析】利率市场化改革的基本思路：先放开货币市场利率和债券市场利率，再逐步推进存贷款利率的市场化。

14. 【答案】C

【解析】根据资产组合理论，有价证券组合预期收益率就是每种有价证券收益率的加权平均值。

15. 【答案】B

【解析】收益曲线是指那些期限不同，却有着相同流动性、税率结构和信用风险的金融资产的利率曲线。

16. 【答案】B

【解析】资本市场线反映了投资于有效风险资产组合和无风险资产的收益与风险关系。

17. 【答案】C

【解析】资产风险度是指资产估计收益率与预期收益率的偏离程度。

18. 【答案】C

【解析】资本市场从弱式有效市场逐步过渡到强式有效市场，强式有效市场的信息集最大，是最有效率的市场。

19. 【答案】C

【解析】可贷资金利率理论认为利率的决定取决于商品市场和货币市场的共同均衡。

20. 【答案】C

【解析】第一年末投资450元就是第一年的本金，等到第三年末这笔投资的本利和变为$450\times(1+10\%)\times(1+10\%)$。第二年末投资600元，就是第二年的本金，等到第三年末这笔投资的本利和变为$600\times(1+10\%)$，第三年末的投资为650元，直接加上本金就行，所以这笔投资的期值就是$650+600\times(1+10\%)+450\times(1+10\%)\times(1+10\%)=1854.5$元。

21. 【答案】A

【解析】本期收益率=票面收益/市场价格=$(100\times8\%)/95=8.42\%$

22. 【答案】A

【解析】$r=10/100=10\%$。

23. 【答案】C

【解析】存贷款利率市场化按照：先外币、后本币，先贷款、后存款，存款先长期、大额，后短期、小额的顺序进行。

24. 【答案】B

【解析】零息债券，也称折扣债券，是名义上不支付利息，折价出售，到期按债券面值兑现。

25. 【答案】C

【解析】有效市场假说主要是研究信息对证券价格的影响，其影响路径包括信息量的大小和信息传播速度两个方面。

26. 【答案】D

【解析】短期政府债券的债务人是政府，答案为D。

二、多项选择题

1. 【答案】CDE

【解析】利率与有价证券收益成反比，与有价证券价格成反比。

2.【答案】ADE

【解析】到期期限相同的债权工具但利率却不相同的现象称为利率的风险结构。到期期限相同的债权工具利率不同是由三个原因引起的：违约风险、流动性和所得税因素。

3.【答案】ACE

【解析】债券在二级市场上的流通转让价格依不同的经济环境决定，但有一个基本的"理论价格"决定公式，它由债券的票面金额、票面利率和实际持有期限三个因素决定。

4.【答案】ABCD

【解析】期权价值的决定因素主要有执行价格、期权期限、标的资产的风险度及无风险市场利率等。

5.【答案】ABC

【解析】如果$\beta>1$，说明其收益率大于市场组合收益率，属"激进型"证券；如果$\beta<1$，说明其收益率小于市场组合收益率，属"防卫型"证券；如果$\beta=1$，说明其收益率等于市场组合收益率，属"平均型"证券。正确答案是ABC。

6.【答案】ADE

【解析】马柯维茨在阐述如何投资组合时，做了三个假设：①市场是有效的；②风险是可以规避的；③组合是在预期和风险基础上进行的。

7.【答案】AC

【解析】股票一般都是永久性投资，没有偿还期限，因此其价格确定主要取决于收益与利率两个因素。

8.【答案】ADE

【解析】强式有效市场假说是有效市场假说的一种极端或理想的情况。在强式有效市场中，投资者能得到的所有信息均反应在证券价格上。在这里，所有信息包括历史价格信息、所有能公开获得的信息和内幕信息。

9.【答案】ABCE

【解析】利率市场化的社会效应包括：利率水平可能大幅攀升；高利率的贷款需求可能得到满足；信贷资金分流；商业银行拥有信贷价格制定权。

10.【答案】ACDE

【解析】利率市场化改革不能单纯考虑利率因素，而应当结合资本项目开放、汇率自由等因素全盘考虑。

11.【答案】ABCD

【解析】利率市场化的作用包括：利率市场化有利于提高资金资源的配置效率；利率市场化有助于提高企业的投融资质量、促进金融机构管理

模式的转变与经营管理水平的提高；利率市场化有利于更好地发挥货币政策的宏观调控作用。

12.【答案】ABDE

【解析】市场有效性是有价证券价格真实性的基础，但绝不是说有价证券价格的真实性也是市场有效性的基础。

13.【答案】ABCD

【解析】金融工具具有期限性、流动性、收益性和风险性。

14.【答案】ACE

【解析】债券在二级市场上的流通转让价格由债券的票面金额、票面利率、实际持有期限三个因素决定。

15.【答案】AB

【解析】金融工具按与实际信用活动的关系可以划分为原生金融工具和衍生金融工具。

16.【答案】ABD

【解析】理性的投资者总是追求投资者效用的最大化，即在同等风险水平下的收益最大化或是在同等收益水平下的风险最小化。

三、案例分析题

(一)

1.【答案】B

【解析】2007年1月，该债券的购买价$=\dfrac{100\times6\%}{1+4\%}+\dfrac{100\times(1+6\%)}{(1+4\%)^2}=103.8$(元)。

2.【答案】BC

【解析】在债券发行时如果市场利率高于债券票面利率，则债券的购买价应该低于面值，如果按面值出售时投资者对该债券的需求减少。

3.【答案】B

【解析】债转股后的股票静态定价=每股税后盈利/市场利率=0.5/4%=12.5(元)。

4.【答案】C

【解析】企业债转股后的股票市价是22元，大于其静态定价12.5元，所以债转股后的股票当时市价被高估了。

5.【答案】D

【解析】市盈率=股票价格/每股税后盈利，按照2014年1月的市场状况，该股票的市盈率=22/0.5=44倍。

(二)

6.【答案】A

【解析】在市场利率高于债券收益率时，债券的市场价格小于债券面值，即债券为贴现或折价发行。

7. 【答案】B

【解析】在市场利率低于债券收益率时，债券的市场价格大于债券面值，即债券为溢价发行。

8. 【答案】C

【解析】在市场利率等于债券收益率时，债券的市场价格等于债券面值，即债券为等价或平价发行。

9. 【答案】D

【解析】交易价格=100/(1+5%)=95.24元。

10. 【答案】AC

【解析】债券交易价格与市场利率成反比关系。

(三)

11. 【答案】B

【解析】名义收益率又称为票面收益率，是债券票面上规定的固定利率。即5/100=5%。

12. 【答案】A

【解析】名义收益率是票面利率，实际收益率是剔除通货膨胀因素后的收益率。3%-2%=1%。

13. 【答案】C

【解析】本期收益率=支付的年利息(股利)总额/本期市场价格，5/110=4.5%。

14. 【答案】ABC

【解析】根据发行价格与票面面额的关系，债券公开发行可以分为折价、溢价、平价发行。

(四)

15. 【答案】A

【解析】甲的持有期间收益率=[1000×10%+(1550-1000)/5]/1000=21%。

16. 【答案】C

【解析】年利息=1000×10%=100元
P=100/(1+15%)+100/(1+15%)^2+100/(1+15%)^3+100/(1+15%)^4+100/(1+15%)^5+1000/(1+15%)^5=832.4元。

17. 【答案】ABC

【解析】到期收益率的计算公式为：

$$r = \frac{[C+\dfrac{M-P}{T}]}{P} \times 100\%$$

其中，r为到期收益率，C为票面收益(年利息)，M为债券的偿还价格，P为债券的买入价格，T为买入债券到债券到期的时间(以年计算)。

18. 【答案】A

【解析】本题考查债券的发行方式。

19. 【答案】B

【解析】乙希望获得15%的收益率，与15%对应的购买价格是832.4元，1550元的价格远远超出了乙希望的购买价格832.4元，所以这笔交易不可能成交。

(五)

20. 【答案】C

【解析】股票静态价格=每股税后盈利/市场利率=0.2/2.5%=8元。

21. 【答案】B

【解析】市盈率=股票价格÷每股税后盈利=8÷0.2=40，该只股票的市盈率为40倍。

22. 【答案】A

【解析】股票交易是在二级市场不断易手的过程，属于动态交易的过程。因此，股票动态价格主要指股票持有期间的价格，其确定方法与分期付息到期还本债券的价格确定基本相同。

23. 【答案】ABCD

【解析】当股票市价<P_0时，股票价格被低估，可买进或继续持有该股票；当股票市价>P_0时，股票价格被高估，可卖出该只股票；当股票市价=P_0时，可继续持有或抛出该只股票。

第三章　金融机构与金融制度

　　本章主要以介绍金融机构的性质职能和制度为主，需要重点掌握金融机构的职能和类型，掌握不同金融制度的概念和分类，掌握我国的金融中介机构及其制度安排。

　　从近三年的考题情况来看，本章主要以单项选择题和多项选择题的考查方式为主，考查重点是金融制度，以及我国的金融调控监管机构及其制度安排。从题型分布来看，单项选择题4～5道，多项选择题2道，案例分析题5道。

本章重要考点分析

　　本章涉及10个重要考点，几乎每个考点在历年真题中都有出现，其中金融机构的职能和类型，不同金融制度的概念和分类是考查重点，在往年的真题中以单选题和多选题的形式多次考查，且以案例分析题形式出现的概率很大，需要重点掌握。本章重要考点如图3-1所示。

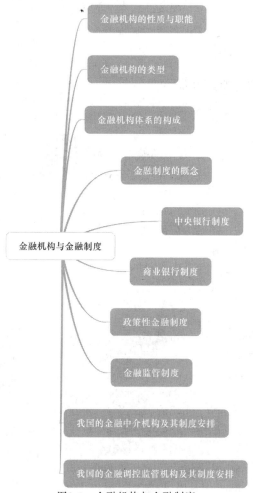

图3-1　金融机构与金融制度

本章近三年题型及分值总结

由于本章知识点以介绍金融机构体系的构成和金融制度分类为主，几乎每类金融制度都涉及十几项职责介绍，因此近三年出现的题型以单项选择题和多项选择题为主，如表3-1所示。

表3-1　金融机构与金融制度题型及分值

年　份	单项选择题	多项选择题	案例分析题
2013年	5题	1题	0题
2012年	5题	2题	0题
2011年	5题	2题	0题

第一节　金融机构

金融机构是指所有从事各类金融活动的组织，包括直接融资领域中的金融机构和间接融资领域中的金融机构。直接融资领域中金融机构的主要职能是充当投资者和筹资者之间的经纪人；间接融资领域中金融机构的主要职能是作为资金余缺双方进行货币借贷交易的媒介。

金融机构是资金融通过程中的信用中介和支付中介，是一种以追逐利润为目标的金融企业。本节考查重点为金融机构的职能和金融机构的分类，特别是以不同方式划分不同的金融机构，以及不同类型金融机构的代表机构等。

 思维导图

本节涉及多个知识点和概念，如图3-2所示。

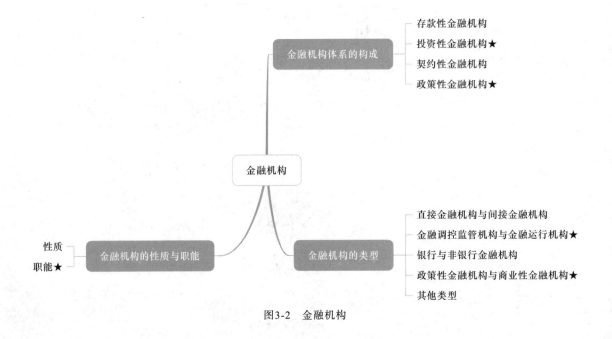

图3-2　金融机构

知识点测试

【2011年单选题】金融机构最基本、最能反映其经营活动特征的职能是(　　)。
A. 信用中介
B. 金融服务
C. 支付中介
D. 创造信用工具
【答案】A
【解析】信用中介是金融机构最基本、最能反映其经营活动特征的职能。这一职能的实质，是金融机构借助于信用，一方面通过负债业务，动员和集中社会闲散货币资金；另一方面则通过资产业务把这些资金投向有关经济部门。

【2011年多选题】金融机构的职能有(　　)。
A. 将货币收入和储蓄转化为资本
B. 创造信用工具
C. 信用中介
D. 制定国家金融政策
E. 支付中介
【答案】ABCE
【解析】金融机构的职能有信用中介、支付中介、将货币收入和储蓄转化为资本、创造信用工具、金融服务。

【2009年单选题】在各类金融机构中，最典型的间接金融机构是(　　)。
A. 投资银行　　　　B. 商业银行
C. 证券公司　　　　D. 中央银行
【答案】B
【解析】商业银行是最典型的间接金融机构。

【2011年单选题】与普通企业的经营对象不同，金融企业所经营的对象不是普通商品，而是(　　)。
A. 贵金属　　　　B. 不动产
C. 股票　　　　D. 货币资金
【答案】D
【解析】从金融机构产生的历史过程看，它是一种以追逐利润为目标的金融企业。说它是企业，是因为它与普通企业相同，经营目标都是为了以最小的成本获得最大的利润，说它是金融企业，是因为它所经营的对象不是普通商品，而是特殊的商品——货币资金。

【2012年单选题】下列金融机构中，属于存款性金融机构的是(　　)。
A. 投资银行　　　　B. 保险公司
C. 投资基金　　　　D. 储蓄银行

【答案】D
【解析】存款性金融机构是吸收个人和机构存款，并发放贷款的金融中介机构。它主要包括商业银行、储蓄银行和信用合作社。

【2012年单选题】下列金融机构中，可以吸收个人和机构存款的有(　　)。
A. 商业银行　　　　B. 储蓄银行
C. 证券公司　　　　D. 信用合作社
E. 小额贷款公司
【答案】ABD
【解析】存款性金融机构是吸收个人和机构存款，并发放贷款的金融中介机构。它主要包括商业银行、储蓄银行和信用合作社等。

【例题　单选题】金融机构在为客户开立存款账户吸收存款的基础上，通过办理存款在账户上的资金转移，代理客户支付；以及在存款的基础上，为客户兑付现款等指的是金融机构的(　　)功能。
A. 信用中介
B. 支付中介
C. 将货币收入和储蓄转化为资本
D. 金融服务
【答案】B
【解析】支付中介是指金融机构在为客户开立存款账户吸收存款的基础上，通过办理存款在账户上的资金转移，代理客户支付；以及在存款的基础上，为客户兑付现款等。

【例题　单选题】为企业办理代发工资、代理支付各项费用体现的是金融机构的(　　)功能。
A. 信用中介
B. 支付中介
C. 将货币收入和储蓄转化为资本
D. 金融服务
【答案】D
【解析】金融服务是指为客户提供信息服务，办理个人消费的转账结算，为企业办理代发工资、代理支付各项费用，以及办理租赁业务、信托业务等金融服务性业务。

【例题　单选题】主要依靠投保人缴纳保险费的形式建立起保险基金指的是(　　)金融机构。
A. 保险公司
B. 养老基金和退休基金
C. 投资银行
D. 投资基金

【答案】A

【解析】保险公司是主要依靠投保人缴纳保险费的形式建立起保险基金，对那些因发生自然灾害或意外事故而造成经济损失的投保人予以经济补偿的金融机构。

【例题 单选题】我国的农业发展银行属于( )。

A. 经济开发政策性金融机构

B. 农业政策性金融机构

C. 进出口政策性金融机构

D. 住房政策性金融机构

【答案】B

【解析】农业政策性金融机构是专门向农业提供中长期低息贷款，以配合贯彻国家农业扶持和保护政策的金融机构，如我国的农业发展银行。资金来源：政府拨款、发行债券、吸收特定存款和借款；向农业发放贷款的范围：农业机器设备购置、种子、化肥、农药等物资的购买等。

第二节　金融制度

金融制度是指一个国家以法律形式所确定的金融体系结构，以及组成该体系的各类金融机构的职责分工和相互关系的总和。随着全球经济金融一体化的快速发展和我国改革开放进程的不断深入，金融体制也处在不断整合和发展的过程之中。

金融制度的内涵包括金融中介机构、金融市场和金融监管制度三个方面的内容，即各类金融机构的地位、作用、职能和相互关系；金融市场的结构和运行机制；金融监管制度，包括中央银行或金融监管当局，金融调控、金融管理的法律法规，金融调控、金融监管的组织形式、运作体制等。

 思维导图

本节涉及金融中介机构、金融市场和金融监管制度等基本概念和知识点，如图3-3所示。

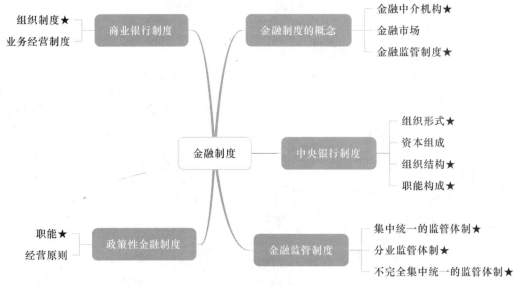

图3-3　金融制度

知识点测试

【2012年单选题】如果在总行之下设立若干机构，形成以总行为中心的银行网络系统，则该商业银行组织制度是( )。

A. 一元式银行制度

B. 综合式银行制度

C. 分支式银行制度

D. 分支经营银行制度

【答案】C

【解析】分支银行制度又称为总行制，是指法律上允许在总行(或总管理处)之下，在国内外各地普遍设立分支机构，形成以总机构为中心庞大的银行网络系统。

【2011年单选题】1998年6月1日成立的欧洲中央银行的组织形式属于( )。

A. 一元式银行制度

B. 二元式银行制度

C. 跨国式中央银行

D. 准中央银行

【答案】C

【解析】第二次世界大战后相继成立的西非货币联盟、中非货币联盟、东加勒比海货币区等都属于跨国中央银行的组织形式。1998年6月1日成立的欧洲中央银行也是一个典型的跨国式中央银行。

【2011年单选题】由某一个人或某一集团通过购买两家或更多的银行多数股票的形式，形成联合经营的银行组织制度称为(　　)制度。

A. 持股公司　　　　B. 连锁银行

C. 分支银行　　　　D. 单一银行

【答案】B

【解析】连锁银行制度又称为联合银行制度，指两家或更多的银行由某一人或某一集团通过购买多数股票的形式，形成联合经营的银行组织制度。

【2010年单选题】具有规模效益高、竞争力强，但会加速银行的垄断与集中等特点的商业银行组织制度是(　　)制度。

A. 单一银行　　　　B. 持股公司

C. 连锁银行　　　　D. 分支银行

【答案】D

【解析】分支银行制度作为商业银行的一种组织形式，兼有其优缺点，优点主要表现在规模效益高、竞争力强；缺点主要表现在加速银行的垄断和集中。

【例题 单选题】金融制度的内涵不包括(　　)。

A. 金融中介机构　　B. 金融市场

C. 金融监管制度　　D. 金融服务

【答案】D

【解析】金融制度的内涵包括金融中介机构、金融市场和金融监管制度三个方面的内容，具体为：第一，各类金融机构的地位、作用、职能和相互关系；第二，金融市场的结构和运行机制；第三，金融监管制度，包括中央银行或金融监管当局，金融调控、金融管理的法律法规，金融调控、金融监管的组织形式、运作体制等。

【例题 单选题】中央银行制度的组织形式中，一国建立中央与地方两级相对独立的中央银行机构，分别行使金融调控和管理职能指的是(　　)。

A. 一元式中央银行制度

B. 二元式中央银行制度

C. 跨国的中央银行制度

D. 准中央银行制度

【答案】B

【解析】二元式中央银行制度的特点是一国建立中央与地方两级相对独立的中央银行机构，分别行使金融调控和管理职能。

【例题 单选题】(　　)中央银行是目前唯一没有资本金的中央银行。

A. 韩国　　　　　　B. 中国

C. 美国　　　　　　D. 日本

【答案】A

【解析】韩国中央银行是目前唯一没有资本金的中央银行。答案为A。

【例题 多选题】商业银行的组织制度主要有(　　)类型。

A. 单一银行制度

B. 分支银行制度

C. 持股公司制度

D. 连锁银行制度

E. 复合银行制度

【答案】ABCD

【解析】本题考查商业银行的组织制度，选项E的概念是错误的，答案为ABCD。

【例题 多选题】政策性金融机构的职能包括(　　)。

A. 倡导性职能

B. 选择性职能

C. 补充性职能

D. 服务性职能

E. 安全性职能

【答案】ABCD

【解析】本题考查政策性金融机构的职能，政策性金融机构的职能主要体现在倡导性职能、选择性职能、补充性职能、服务性职能。

【例题 单选题】澳大利亚的金融监管体制是典型的"双峰式"监管体制，根据监管目标设立两类金融监管机构，这属于(　　)的监管体制。

A. 集中统一

B. 分业监管

C. 不完全集中统一

D. 完全不集中统一

【答案】C

【解析】不完全集中统一的监管体制可以分为"牵头式"和"双峰式"两类监管体制，澳大利亚的金融监管体制是典型的"双峰式"监管体制。

【例题 多选题】不完全集中统一的监管体制分为"牵头式"和"双峰式"两类监管体制，"双峰式"是根据监管目标设立两类金融监管机构，分别是(　　)。

A. 负责对所有金融机构进行审慎监管，防范与控制金融体系的系统性风险

B. 监管机构负责对不同的金融业务经营活动进行具体监管

C. 将不同的金融业作为一个相互联系的整体，由中央银行或另外设立的专门监管机构承担对金融业集中统一监管职责的体制模式

D. 由多个监管机构对金融业的不同主体及其业务范围分别进行监管的组织形式

E. 主要是在银行、证券和保险等不同金融领域分别设立专职的监管机构，负责对各行业进行审慎监管

【答案】AB

【解析】本题考查"双峰式"监管体制。"双峰式"监管体制是根据监管目标设立两类金融监管机构：一类负责对所有金融机构进行审慎监管，防范与控制金融体系的系统性风险；另一类监管机构负责对不同的金融业务经营活动进行具体监管。

第三节　我国的金融机构和金融制度

我国的金融中介机构主要包括商业银行、政策性银行、证券机构、保险公司、金融资产管理公司、农村信用社、信托投资公司、财务公司、金融租赁公司和小额贷款公司等。

为保证金融安全和金融稳定发展，促进社会资源优化配置，各国政府都成立专门金融调控监督管理机构，对金融业和金融市场进行宏观调控和监管。

我国的金融调控监管机构主要有中国人民银行、银行业监督管理委员会、证券监督管理委员会、保险监督管理委员会、国家外汇管理局、国有重点金融机构监事会、金融机构行业自律组织等。

 思维导图

本节涉及的机构名称和制度较多，如图3-4和图3-5所示。

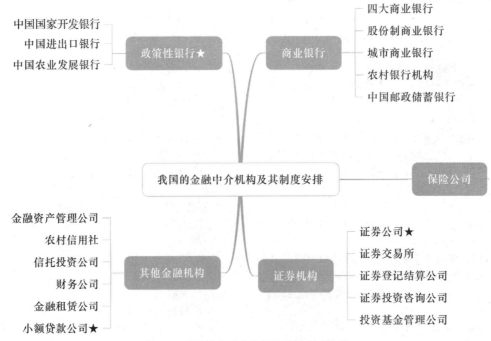

图3-4　我国的金融中介机构及其制度安排

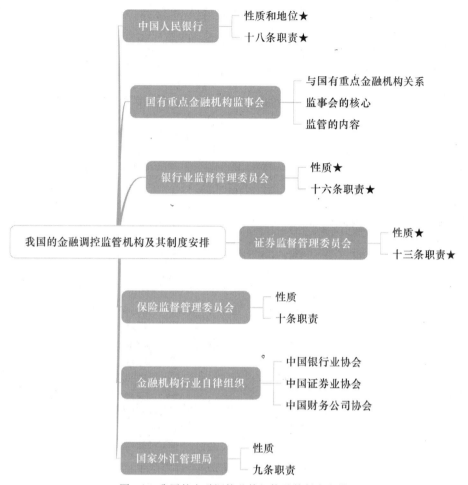

图3-5　我国的金融调控监管机构及其制度安排

知识点测试

【2012年单选题】我国对证券公司实行分类管理，其中，经纪类证券公司只能从事证券交易的(　　)业务。

A. 承销 　　　　　　　　B. 经纪

C. 直营 　　　　　　　　D. 做市

【答案】B

【解析】1999年7月以后，我国对证券公司实行分类管理，分为综合类证券公司和经纪类证券公司。综合类证券公司可从事证券承销、经纪、自营三种业务；经纪类证券公司只能从事证券经纪业务，即它只能充当证券交易的中介，不得从事证券的承销和自营买卖业务。

【2012年单选题】我国的小额贷款公司是由自然人、企业法人与其他社会组织投资设立的机构，可以经营小额贷款业务，但不得(　　)。

A. 发放企业贷款 　　　　B. 发放贷款

C. 吸收公众存款 　　　　D. 从商业银行融入资金

【答案】C

【解析】小额贷款公司是由自然人、企业法人与其他社会组织投资设立的机构，不得吸收公众存款。

【2011年单选题】小额贷款公司是经营小额贷款业务，并以有限责任公司或股份有限公司形式开展经营活动的金融机构。根据有关规定，在我国，小额贷款公司的主要资金来源为(　　)。

A. 借入外资和融入资金

B. 发行债券和捐赠资金

C. 吸收存款和融入资金

D. 股东缴纳的资本金和捐赠资金

【答案】D

【解析】小额贷款公司的主要资金来源为股东缴纳的资本金和捐赠资金，以及来自不超过两个银行金融机构的融入资金。

【2010年单选题】我国小额贷款公司从银行业金融机构获得融入资金的余额，不得超过其资本净额的（　）。

A. 50%　　B. 75%　　C. 100%　　D. 125%

【答案】A

【解析】在法律、法规规定的范围内，小额贷款公司从银行业金融机构获得融入资金的余额，不得超过其资本净额的50%。

【2010年多选题】下列职能中，属于综合类证券公司职能的是（　）。

A. 承销政府债券　　B. 组织监督证券交易
C. 代理买卖有价证券　D. 充当企业财务顾问
E. 办理证券资金清算

【答案】ACD

【解析】证券公司的主要职能包括：承销政府债券、企业债券和股票，代理买卖和自营买卖已上市流通的各类有价证券，参与企业收购、兼并，充当企业财务顾问。

【2012年单选题】在我国，负责对期货市场进行监管的机构是（　）。

A. 中国人民银行
B. 中国银行业协会
C. 中国证券监督管理委员会
D. 中国银行业监督管理委员会

【答案】C

【解析】在我国，负责对期货市场进行监管的机构是中国证券监督管理委员会。

【2012年多选题】下列金融机构中，由中国银行业监管委员会负责监管的有（　）。

A. 财务公司　　　　B. 期货公司
C. 信托投资公司　　D. 金融租赁公司
E. 金融资产管理公司

【答案】ACDE

【解析】国务院授权，统一监督管理商业银行、城市信用合作社、政策性银行等银行业金融机构，以及金融资产管理公司、信托投资公司、财务公司、金融租赁公司和由银监会批准设立的其他金融机构。

【例题 单选题】前身是城市合作银行，依照商业银行经营原则为地方经济发展服务，为中小企业发展服务指的是（　）。

A. 股份制商业银行
B. 城市商业银行
C. 农村银行机构
D. 中国邮政储蓄银行

【答案】B

【解析】城市商业银行的前身是城市合作银行，其服务领域是依照商业银行经营原则为地方经济发展服务，为中小企业发展服务。

【例题 多选题】外资商业银行可分为（　）。

A. 外资独资银行
B. 中外合资银行
C. 外国银行在中国境内的分行
D. 中国银行在外国境内的分行
E. 外国银行驻华代表机构

【答案】ABCD

【解析】外资商业银行可分为：外资独资银行、中外合资银行、外国银行在中国境内的分行和中国银行在外国境内的分行。

【例题 单选题】中国境内注册，拥有全部外国资本股份的银行指的是（　）。

A. 外资独资银行
B. 中外合资银行
C. 外国银行在中国境内的分行
D. 中国银行在外国境内的分行

【答案】A

【解析】外资商业银行可分为：

(1) 外资独资银行，即在中国境内注册，拥有全部外国资本股份的银行；

(2) 中外合资银行，即在中国境内注册、拥有部分外国资本股份的银行；

(3) 外国银行在中国境内的分行；

(4) 外国银行驻华代表机构。

【例题 多选题】下面关于我国国家控股的商业银行的描述正确的有（　）。

A. 国家控股的商业银行系从国家专业银行演变而来
B. 采取的都是一级法人的总分行制
C. 分支机构不是独立的法人
D. 分支机构是独立的法人
E. 主要有中国工商银行、中国农业银行、中国银行、中国建设银行

【答案】ABCE

【解析】本题考查我国国家控股的商业银行。国家控股的商业银行系从国家专业银行演变而来，采取的都是一级法人的总分行制，分支机构不是独

立的法人，国家控股的四大商业银行有：中国工商银行、中国农业银行、中国银行、中国建设银行。

【例题　多选题】下面( )是我国国家控股的商业银行。

A. 中国工商银行　　B. 华夏银行
C. 中国农业银行　　D. 中国银行
E. 中国建设银行

【答案】ACDE

【解析】本题考查我国国家控股的商业银行。国家控股的四大商业银行有：中国工商银行、中国农业银行、中国银行、中国建设银行。选项B的华夏银行为股份制银行。

【例题　多选题】下列选项中，政策性银行与商业银行不同的地方包括( )。

A. 严格审查贷款程序
B. 经营目标的非营利性
C. 贷款要偿本金
D. 贷款要付利息
E. 资金来源的特殊性

【答案】BE

【解析】政策性银行与商业银行比较，其共性的方面，如严格审查贷款程序，贷款要还本付息、周转使用等。其特殊性主要表现在非营利性及资金来源的特殊性。

【例题　单选题】可以从事证券承销、经纪、自营三种业务的证券机构是( )。

A. 综合类证券公司
B. 经纪类证券公司
C. 证券交易所
D. 证券登记结算公司

【答案】A

【解析】本题考查证券机构的相关分类。综合类证券公司可以从事证券承销、经纪、自营三种业务。

【例题　单选题】( )指依法设立的，不以盈利为目的，为证券的集中和有组织地交易提供场所、设施，并履行相关职责，实行自律性管理的会员制事业法人。

A. 综合类证券公司
B. 经纪类证券公司
C. 证券交易所
D. 证券登记结算公司

【答案】C

【解析】本题考查证券机构，证券交易所指依法设立的，不以盈利为目的，为证券的集中和有组

织的交易提供场所、设施，并履行相关职责，实行自律性管理的会员制事业法人。

【例题　多选题】目前我国经国务院批准设立的证券交易所有( )。

A. 上海证券交易所
B. 深圳证券交易所
C. 香港证券交易所
D. 北京证券交易所
E. 广州证券交易所

【答案】AB

【解析】本题考查证券交易所。上海证券交易所和深圳证券交易所是目前我国经国务院批准设立的证券交易所。

【例题　多选题】下面选项中对于中国人民银行性质描述正确的是( )。

A. 中国人民银行作为我国的中央银行，享有人民币发行的垄断权，管理人民币流通，是发行的银行
B. 依照法律、行政法规制定银行业金融机构的审慎经营规则
C. 负责全国支付、清算系统的正常运行，承担最后贷款人的责任，是银行的银行
D. 中国人民银行在国务院领导下，制定和执行货币政策，防范和化解金融风险，维护金融稳定
E. 代表政府进行金融宏观调控，维护国家金融稳定与安全，经理国库，是政府的银行

【答案】ACDE

【解析】中国人民银行作为我国的中央银行，享有人民币发行的垄断权，管理人民币流通，是发行的银行；代表政府进行金融宏观调控，维护国家金融稳定与安全，经理国库，是政府的银行；负责全国支付、清算系统的正常运行，承担最后贷款人的责任，是银行的银行。选项B是我国银监会的职责。

考题预测及强化训练

一、单项选择题

1. 直接融资领域中金融机构的主要职能是( )。

A. 充当投资者和筹资者之间的经纪人
B. 作为资金余缺双方进行货币借贷交易的媒介
C. 信用中介
D. 支付中介

2. 与其他金融机构相比，商业银行最明显的特征是（　　）。
A. 吸收活期存款，创造信用货币
B. 以盈利为目的
C. 经营对象是货币资金
D. 制定国家金融政策

3. 在所有金融机构中，历史最悠久、资本最雄厚、体系最庞大、业务范围最广、掌握金融资源最多的金融机构是（　　）。
A. 投资银行　　　　　　B. 储蓄银行
C. 商业银行　　　　　　D. 开发银行

4. 目前唯一没有资本金的中央银行是（　　）。
A. 美国联邦储备银行　　B. 英格兰银行
C. 韩国中央银行　　　　D. 德国中央银行

5. 采取"牵头式"监管体制的典型国家是（　　）。
A. 瑞典　　　　　　　　B. 美国
C. 巴西　　　　　　　　D. 澳大利亚

6. 政策性金融机构的经营原则不包括（　　）。
A. 流动性原则　　　　　B. 政策性原则
C. 安全性原则　　　　　D. 保本微利原则

7. 目前我国上海和深圳证券交易所实行（　　）交割方式完成清算交易。
A. T+2　　　　　　　　B. T+0
C. T+1　　　　　　　　D. T+3

8. 适用于融资租赁交易的租赁物是（　　）。
A. 固定资产　　　　　　B. 流动资产
C. 商品　　　　　　　　D. 产品

9. 我国国有重点金融机构监事会的核心工作是（　　）。
A. 财务监督　　　　　　B. 人事监督
C. 合规监督　　　　　　D. 经营监督

10. 对我国期货结算机构进行监管的金融监管机构是（　　）。
A. 中国人民银行　　　　B. 中国证监会
C. 中国保监会　　　　　D. 中国银监会

11. 中国人民银行作为政府的银行，其重要的职能是（　　）。
A. 对政府贷款　　　　　B. 再贷款
C. 经理国库　　　　　　D. 再贴现

12. 二元式中央银行制度具有权力与职能相对分散、分支机构较少等特点，一般实行这种中央银行组织形式的国家和地区是（　　）。
A. 英国　　　　　　　　B. 美国
C. 新加坡　　　　　　　D. 中国香港

13. 政策性银行与商业银行的最显著不同在于（　　）。
A. 是否以盈利为目的

B. 是否执行国家金融政策
C. 是否自主经营
D. 是否政府出资

14. 信托是随着商品经济的发展而出现的一种财产管理制度，其本质是（　　）。
A. 吸收存款，融通资金
B. 受人之托，代人理财
C. 项目融资
D. 规避风险，发放贷款

15. 目前大多数国家中央银行的资本结构都是（　　）形式。
A. 国有　　　　　　　　B. 多国共有
C. 无资本金　　　　　　D. 混合所有

16. 通过向投资者发行股份或受益凭证募集资金，再以适度分散的组合方式投资于各类金融产品，对投资者以分红的方式分配收益，并从中谋取自身利润的金融机构是（　　）。
A. 商业银行　　　　　　B. 投资基金
C. 保险公司　　　　　　D. 投资银行

17. 将货币收入和储蓄转化为资本是金融机构（　　）职能的延伸。
A. 创造信用工具　　　　B. 金融服务
C. 支付中介　　　　　　D. 信用中介

18. 我国对信托投资公司进行统一监督管理的金融监管机构是（　　）。
A. 中国人民银行
B. 中国保险监督管理委员会
C. 中国证券监督管理委员会
D. 中国银行业监督管理委员会

19. 1999年7月以后，根据《中华人民共和国证券法》，目前我国的经纪类证券公司能从事的证券业务是（　　）。
A. 承销　　　　　　　　B. 发行
C. 自营买卖　　　　　　D. 交易中介

20. 投资性金融机构业务内容以（　　）为核心。
A. 为经济开发提供长期投资或贷款
B. 证券投资活动
C. 吸收个人和机构存款
D. 发放贷款

21. 下列哪个国家的中央银行全部资本非国家所有（　　）。
A. 美国　　　　　　　　B. 法国
C. 德国　　　　　　　　D. 加拿大

二、多项选择题

1. 金融运行机构是以盈利为目的，通过向公众提供金融产品和金融服务而开展经营的金融机构，包括(　　)。
  A. 商业银行　　　　　　B. 中央银行
  C. 证券公司　　　　　　D. 信托公司
  E. 银监会

2. 按照是否承担政策性业务，金融机构分为(　　)。
  A. 政策性金融机构　　　B. 商业性金融机构
  C. 存款性金融机构　　　D. 投资性金融机构
  E. 契约性金融机构

3. 信用合作社的资金主要来源于(　　)。
  A. 财政拨款　　　　　　B. 社员缴纳的股金
  C. 财政补贴　　　　　　D. 存入的存款
  E. 发行债券

4. 投资基金的优势是(　　)。
  A. 分散风险　　　　　　B. 专家理财
  C. 规模经济　　　　　　D. 社会效益
  E. 投资组合

5. 政策性金融机构包括(　　)。
  A. 经济开发政策性金融机构
  B. 农业政策性金融机构
  C. 投资银行
  D. 进出口政策性金融机构
  E. 住房政策性金融机构

6. 分支银行制度作为商业银行的一种组织形式，它的优点主要有(　　)。
  A. 加速银行的垄断与集中
  B. 规模效益高　　　　　C. 管理难度大
  D. 竞争力强　　　　　　E. 易于监管

7. 金融机构信用中介职能的实质是(　　)。
  A. 一方面通过负债业务，动员和集中社会闲散货币资金
  B. 一方面通过资产业务把这些资金投向有关经济部门
  C. 在为客户开立存款账户吸收存款的基础上，通过办理存款在账户上的资金转移，代理客户支付
  D. 在存款的基础上，为客户兑付现款
  E. 以上都不是

8. 投资性金融机构包括(　　)。
  A. 投资银行　　　　　　B. 证券经纪和交易公司
  C. 投资基金　　　　　　D. 信用合作社
  E. 保险公司

9. 由中国银监会统一监督管理的金融机构是(　　)。
  A. 财务公司　　　　　　B. 金融资产管理公司
  C. 政策性银行　　　　　D. 证券公司

  E. 农村信用社

10. 实行集中统一的监管体制的原因是(　　)。
  A. 取决于银行机构提供金融服务的水平
  B. 取决于金融监管的水平
  C. 取决于金融自由化和金融创新的发展程度
  D. 集中监管体制具有明确的分工
  E. 集中监管体制监管效率高

11. 契约性金融机构包括(　　)。
  A. 保险公司　　　　　　B. 养老基金和退休基金
  C. 投资银行　　　　　　D. 投资基金
  E. 储蓄银行

12. 政策性金融机构的职能包括(　　)。
  A. 倡导性职能　　　　　B. 效益性职能
  C. 选择性职能　　　　　D. 补充性职能
  E. 服务性职能

13. 以下对国家和民间股份混合所有的中央银行资本结构的表述中，正确的是(　　)。
  A. 国家拥有中央银行的经营管理权和决策权
  B. 私人股东只具有分红的权利
  C. 私人股份对中央银行的决策一般没有影响
  D. 采取这种央行资本结构的国家有日本、墨西哥
  E. 它是中央银行资本结构的主要形式

14. 按照金融机构所经营金融业务的基本特征及其发展趋势，金融机构可分为(　　)。
  A. 存款性金融机构　　　B. 投资性金融机构
  C. 契约性金融机构　　　D. 政策性金融机构
  E. 非银行金融机构

15. 下面有关金融调控监管机构与金融运行机构的描述中正确的是(　　)。
  A. 金融调控监管机构主要负责金融宏观调控和金融监管
  B. 金融调控监管机构不以盈利为目的
  C. 金融运行机构不以盈利为目的
  D. 金融运行机构通过向公众提供金融产品和金融服务而开展经营
  E. 以上都不对

16. 对金融业实行分业监管体制的缺陷是(　　)。
  A. 监管成本较高　　　　B. 容易导致官僚主义
  C. 监管效率低
  D. 容易出现重复交叉监管
  E. 容易出现监管真空

17. 住房政策性金融机构的资金来源主要是(　　)。
  A. 发行股票　　　　　　B. 发行债券
  C. 养老基金　　　　　　D. 政府出资
  E. 吸收住房储蓄存款

18.分业经营银行制度的优点有(　　)。
　　A.利于商业银行稳健经营与经济的稳定发展
　　B.有利于金融监管达到预期的效果
　　C.分散经营风险
　　D.使客户得到综合性服务
　　E.保护存款人的利益

三、案例分析题
　　金融监管不力是当前国际金融危机爆发和蔓延的重要根源之一。危机发生后国际社会强烈呼吁强化金融监管，改革国际金融秩序。2009年6月17日，美国奥巴马政府公布金融监管改革计划，构建新的监管体制框架：成立金融服务管理理事会(FSOC)，负责宏观审慎监管；强化美联储的监管权力，由美联储对一级金融控股公司进行并表监管；在财政部设立全国保险办公室(ONI)，弥补保险业监管在联邦层面的真空；取消证券交易委员会对投资银行的监管，并将监管权力转移至美联储。证券交易委员会和商品期货交易委员会专注于市场监管和投资者保护；成立消费者金融保护局，以此来加强对消费者的金融保护。奥巴马政府的改革计划一经推出，便引起激烈的争论和多方面的批评。奥巴马希望国会在年底前通过该计划，但能否如其所愿，仍有待观察。
请根据以上资料，回答下列问题：
1.当前美国的金融监管体制属于(　　)。
　　A.集中统一　　　　　B.分业监管
　　C.不完全集中统一　　D.完全不集中统一
2.该监管体制的缺陷是(　　)。
　　A.监管成本高
　　B.缺乏金融监管的竞争性
　　C.容易导致金融监管的官僚主义
　　D.容易出现重复交叉监管或监管真空
3.近年来一些发达国家转向了(　　)监管体制。
　　A.集中统一　　　　　B.分业监管
　　C.不完全集中统一　　D.完全不集中统一
4.2003年9月以来，我国对金融控股集团的监管采取(　　)制度。
　　A.中央银行监管　　　B.主监管
　　C.统一监管　　　　　D.集体监管

参考答案及解析

一、单项选择题
1.【答案】A
　　【解析】直接融资领域中金融机构的主要职能是充当投资者和筹资者之间的经纪人，正确答案

是A。
2.【答案】A
　　【解析】与其他金融机构相比，吸收活期存款、创造信用货币是商业银行最明显的特征。
3.【答案】C
　　【解析】在所有金融机构中，商业银行是历史最悠久、资本最雄厚、体系最庞大、业务范围最广、掌握金融资源最多的金融机构。
4.【答案】C
　　【解析】韩国中央银行是目前唯一一没有资本金的中央银行。
5.【答案】C
　　【解析】巴西是典型的"牵头式"监管体制。
6.【答案】A
　　【解析】本题考查政策性金融机构的经营原则。
7.【答案】C
　　【解析】目前我国上海和深圳证券交易所实行T+1交割方式完成清算交易。
8.【答案】A
　　【解析】适用于融资租赁交易的租赁物是固定资产。
9.【答案】A
　　【解析】国有重点金融机构监事会以财务监督为核心。
10.【答案】B
　　【解析】中国证监会监管证券期货经营机构、证券投资基金管理公司、证券登记结算公司、期货结算机构、证券期货投资咨询机构、证券资信评级机构。
11.【答案】C
　　【解析】中国人民银行作为政府的银行，代表政府管理全国的金融机构和金融活动，经理国库。
12.【答案】B
　　【解析】采取二元式中央银行制度的国家有美国和德国。
13.【答案】A
　　【解析】政策性金融机构不以盈利为目的，商业性金融机构的经营目标是获得利润。
14.【答案】B
　　【解析】信托是随着商品经济的发展而出现的一种财产管理制度，其本质是"受人之托，代人理财"。
15.【答案】A
　　【解析】全部资本为国家所有的资本结构形式成为中央银行资本结构的主要形式。

16.【答案】B

【解析】本题考查投资基金的概念。

17.【答案】D

【解析】将货币收入和储蓄转化为资本是金融机构信用中介职能的延伸，正确答案是D。

18.【答案】D

【解析】本题考查我国金融机构监管的相关知识。中国银监会是国务院直属正部级单位，它根据国务院授权，统一监管商业银行、城市信用合作社、农村信用合作社、政策性银行等银行业金融机构，以及金融资产管理公司、信托投资公司、财务公司、金融租赁公司和由中国银监会批准设立的其他金融机构。

19.【答案】D

【解析】本题考查经纪类证券公司所能从事的证券业务。证券公司只能从事证券经纪业务，即它只能充当证券交易的中介，不得从事证券的承销和自营买卖业务。

20.【答案】B

【解析】投资性金融机构业务内容以证券投资活动为核心，答案选B。

21.【答案】A

【解析】目前，中央银行资本全部资本非国家所有的国家有美国、意大利、瑞士等少数国家，答案选A。

二、多项选择题

1.【答案】ACD

【解析】本题考查金融运行机构包括的内容。金融运行机构主要包括商业银行、连锁银行、分支银行。答案选ACD。

2.【答案】AB

【解析】本题考查金融机构的分类。按照是否承担政策性业务，金融机构可以分为政策性、商业性金融机构。

3.【答案】BD

【解析】信用合作社的资金主要来源于社员缴纳的股金和存入的存款。

4.【答案】ABCE

【解析】投资基金的优势是投资组合、分散风险、专家理财、规模经济。

5.【答案】ABDE

【解析】本题考查政策性金融机构。经济开发政策性金融机构、农业政策性金融、进出口政策性金融机构、住房政策性金融机构都属于政策性金融机构。答案选ABDE。

6.【答案】BDE

【解析】本题考查分支银行制度的优点，主要有规模效益高、竞争力强、易于监管。

7.【答案】AB

【解析】金融机构信用中介职能的实质是：金融机构借助于信用，一方面通过负债业务，动员和集中社会闲散货币资金；另一方面则通过资产业务把这些资金投向有关经济部门。选项CD是对金融机构支付中介职能的正确描述，答案选AB。

8.【答案】ABC

【解析】本题考查投资性金融机构，包括投资银行、证券经纪和交易公司，投资公司。答案选ABC。

9.【答案】ABCE

【解析】银监会统一监管商业银行、城市信用合作社、农村信用合作社、政策性银行等银行业金融机构，以及金融资产管理公司、信托投资公司、财务公司、金融租赁公司和由中国银监会批准设立的其他金融机构。

10.【答案】ABC

【解析】本题考查实行集中统一的监管体制的原因，有三条：①取决于银行机构提供金融服务的水平；②取决于金融监管的水平；③取决于金融自由化和金融创新的发展。

11.【答案】AB

【解析】契约性金融机构包括保险公司、养老基金和退休基金。

12.【答案】ACDE

【解析】本题考查政策性金融机构的职能，主要包括倡导性职能、选择性职能、补充性职能、服务性职能。答案选ACDE。

13.【答案】ABCD

【解析】本题考查国家和民间股份混合所有的中央银行资本结构的相关知识，正确的选项有ABCD，它并不是中央银行资本结构的主要形式，排除E。

14.【答案】ABCD

【解析】本题考查金融机构的分类。按照金融机构所经营金融业务的基本特征及其发展趋势可以分为存款性金融机构、投资性金融机构、契约性金融机构、政策性金融机构。答案选ABCD。

15.【答案】ABD

【解析】金融调控监管机构主要负责金融宏观

调控和金融监管，不以盈利为目的主要有中央银行、银行监督委员会、证券监督委员会、保险监督委员会；而金融运行机构则以盈利为目的，通过向公众提供金融产品和金融服务而开展经营，包括商业银行、投资银行或证券公司、保险公司、信托公司，因此答案选ABD。

16.【答案】ADE

【解析】本题考查分业监管体制的缺点。相对于集中统一的监管体制，分业监管的优点为分工明确、不同监管机构之间存在竞争性、监管效率高；分业监管的缺点为监管成本高(机构多)、机构协调困难、重复交叉监管或监管真空。

17.【答案】BDE

【解析】住房政策性金融机构的资金来源主要由政府出资、发行债券、吸收住房储蓄存款等。

18.【答案】ABE

【解析】分业经营银行制度的优点有：保护存款人的利益、利于商业银行稳健经营与经济的稳定发展、有利于金融监管达到预期的效果，选项CD描述的是综合性经营银行制度的优点。

三、案例分析题

1.【答案】B

【解析】分业监管体制主要是在银行、证券和保险等不同金融领域分别设立专职的监管机构，负责对各行业进行审慎监管。从案例资料看，美国目前存在美联储、金融服务管理理事会、全国保险办公室、证券交易委员会和商品期货交易委员会、消费者金融保护局等多个机构分别对金融业不同主体及业务范围进行监管。

2.【答案】AD

【解析】分业监管体制具有分工明确、不同监管机构之间存在竞争性、监管效率高等优点。同时也存在由于监管机构多，使得监管成本较高、机构协调困难、容易出现重复交叉监管或监管真空问题等缺陷。

3.【答案】A

【解析】20世纪90年代末，英国、日本等国的金融监管逐步转变为集中监管模式。

4.【答案】B

【解析】早在2003年9月，银监会、证监会、保监会已采取主监管制度来实行对金融控股集团的监管。

第四章　商业银行经营与管理

　　本章分别介绍了商业银行的经营概念与商业银行的管理知识，其中以商业银行的管理为考查重点，需要掌握商业银行经营与管理的具体分类。

　　从近三年的考题情况来看，本章主要以单项选择题和多项选择题的考查方式为主，考查重点是财务管理、负债管理和资本管理。另外我国的商业银行经营与管理改善知识点也是需要重点掌握的内容。从题型分布来看，单项选择题 4～5 道，多项选择题 1 道，案例分析题近三年均未出现。

本章重要考点分析

　　本章涉及十几个重要考点，涵盖了商业银行经营与管理的相关内容，在历年真题中，对商业银行管理部分的考查偏多一些。其中财务管理、负债管理、贷款经营等在往年的考试中以单选题和多选题的形式出现多次。建立规范的公司治理机制、人力资源开发与管理以及建立科学的激励约束机制也是真题出现点，需要考生着重了解掌握。而商业银行的经营概述中，需要了解掌握商业银行的经营概念、组织与核心等内容。详细考点分析如图4-1所示。

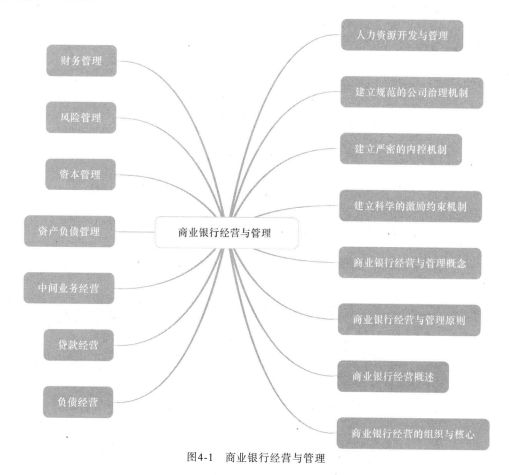

图4-1　商业银行经营与管理

本章近三年题型及分值总结

由于本章知识点以介绍商业银行的经营和管理为主，在介绍经营与管理的内容中，分别涉及多个经营与管理的概念，因此近三年出现的题型以单项选择题和多项选择题为主，如表4-1所示。

表4-1 商业银行经营与管理题型及分值

年 份	单项选择题	多项选择题	案例分析题
2013年	6题	2题	0题
2012年	5题	1题	0题
2011年	5题	1题	0题

第一节 商业银行经营与管理概述

商业银行经营是指商业银行对所开展的各种业务活动的组织和营销，商业银行管理是指商业银行对所开展的各种业务活动的控制与监督。商业银行经营与管理遵循三大原则：安全性、流动性、盈利性。三原则是商业银行经营与管理必须遵循的行为准则，在商业银行的各项业务活动中都要体现出来。

商业银行的经营与管理，既有相互区别的一面，又有相互联系、互为依托的一面。经营是现代商业银行生存发展的根本，管理是为了确保经营的效率，服务于经营，为了更好地经营。

本节考查的重点是商业银行的管理和我国商业银行经营与管理的改善方法。

 思维导图

本节涉及多个知识点和概念，具体如图4-2所示。

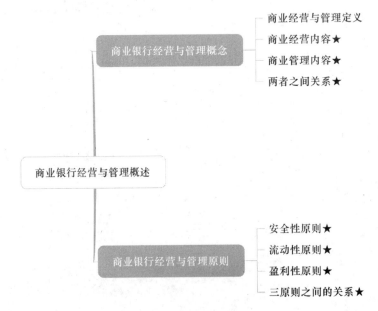

图4-2 商业银行经营与管理概述

知识点测试

【2011年单选题】商业银行的管理是对其开展的各种业务活动的( )。

A. 组织和控制　　　B. 调整与监督
C. 控制与监督　　　D. 计划与组织

【答案】C

【解析】商业银行的管理是商业银行对所开展的各种业务活动的控制与监督。

【2012年单选题】商业银行经营的核心目标是( )。

A. 安全性　B. 流动性　C. 稳健性　D. 盈利性

【答案】D

【解析】商业银行作为企业，追求盈利是其经营的核心目标，也是其不断改进服务，扩大业务经营的内在动力。

【2010年单选题】( )是指银行的资产、收入、信誉，以及所有经营、生存、发展条件免遭损失的可靠性程度。

A. 安全性原则　　　B. 流动性原则
C. 盈利性原则　　　D. 稳定性原则

【答案】A

【解析】安全性原则是指银行的资产、收入、信誉，以及所有经营、生存、发展条件免遭损失的可靠性程度，安全性原则被视为三大原则的首要原则。

【2009年单选题】2003年修改通过的《中华人民共和国商业银行法》规定，商业银行以安全性、流动性和( )为经营原则。

A. 政策性　　　B. 公益性
C. 效益性　　　D. 审慎性

【答案】C

【解析】2003年12月17日商业银行的经营原则修改为"商业银行以安全性、流动性、效益性为经营原则，实行自主经营、自担风险、自负盈亏、自我约束"。

【例题 单选题】( )是指商业银行对所开展的各种业务活动的组织和营销。

A. 商业银行经营　　　B. 商业银行管理
C. 商业银行组织　　　D. 商业银行结构

【答案】A

【解析】本题考查商业银行经营的概念。商业银行经营指的是商业银行对所开展的各种业务活动的组织和营销。

【例题 单选题】( )是指商业银行对所开展的各种业务活动的控制与监督。

A. 商业银行经营
B. 商业银行管理
C. 商业银行组织
D. 商业银行结构

【答案】B

【解析】本题考查商业银行管理的概念。商业银行管理是指商业银行对所开展的各种业务活动的控制与监督。

【例题 单选题】商业银行经营与管理的首要原则是( )原则。

A. 安全性　　　B. 流动性
C. 盈利性　　　D. 稳定性

【答案】A

【解析】本题考查商业银行经营与管理的三项原则。安全性原则是商业银行经营与管理的首要原则。

【例题 多选题】下面选项中有关商业银行经营与管理的三项原则的描述正确的是( )。

A. 流动性与安全性成正比。流动性越强，风险越小，安全就越有保障
B. 流动性与安全性成反比。流动性越强，风险越大，安全就越没有保障
C. 流动性、安全性与盈利性成反比。流动性越高，安全性越好，银行盈利水平越低，反之则相反
D. 流动性、安全性与盈利性成正比。流动性越高，安全性越好，银行盈利水平越高，反之则相反
E. 安全性是经营的前提，流动性是实现安全性的必要手段，盈利性是商业银行经营的目标

【答案】ACE

【解析】本题考查商业银行经营与管理的三项原则的关系。

三原则既有联系又相互矛盾：

(1) 流动性与安全性成正比。流动性越强，风险越小，安全就越有保障。

(2) 流动性、安全性与盈利性成反比。流动性越高，安全性越好，银行盈利水平越低，反之则相反。

(3) 安全性是经营的前提，流动性是实现安全的必要手段，盈利性是商业银行经营的目标。

【例题 单选题】盈利性是商业银行经营与管理的( )。

A. 基本前提　　　B. 必要手段

C. 核心目标　　　　D. 基本性质

【答案】C

【解析】本题考查商业银行经营与管理和核心目标。盈利性是商业银行经营与管理和核心目标。

第二节　商业银行经营

商业银行经营是指商业银行对所开展的各种业务活动的组织和营销。这里涉及商业银行经营的有负债经营、贷款经营、中间业务经营等。商业银行经营的组织是指业务运营,包括传统的业务运营模式、新型的业务运营模式和商业银行业务运营模式的最新发展即电子银行。

商业银行以金融市场为导向,利用自己的资源优势,通过运用各种营销手段,把可盈利的银行金融产品和服务销售给客户,以满足客户的需求并实现银行盈利最大化目标的一系列活动属于市场营销的范畴,是商业经营的核心。

 思维导图

本节涉及商业银行经营的组织与核心概念,负债经营、贷款经营和中间业务经营概念,如图4-3所示。

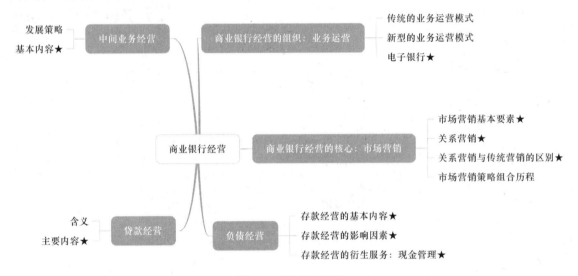

图4-3　商业银行经营

 知识点测试

【2007年单选题】商业银行的经营是指对其所开展的各项业务活动的(　　)。

A. 组织和控制　　　B. 组织和营销

C. 控制和监督　　　D. 计划和组织

【答案】B

【解析】商业银行的经营是指其对所开展的各项业务活动的组织和营销;控制、监督和计划均属于管理的范畴。

【2009年单选题】商业银行的新型业务运营模式区别于传统业务运营模式的核心点是(　　)。

A. 集中核算　　　　B. 业务外包

C. 前后台分离　　　D. 设综合业务窗口

【答案】C

【解析】新的业务运营模式的核心就是前后台分离。

【2010年单选题】(　　)把顾客看作是有着多重利益关系和需求,存在潜在价值的人。

A. 市场营销　　　　B. 品牌营销

C. 传统营销　　　　D. 关系营销

【答案】D

【解析】关系营销就是将商业银行与客户关系的建立、培养、发展作为营销的对象,以推动其中间产品销售的一种理念。关系营销把顾客看作是有着多重利益关系、多重需求,存在潜在价值的人。

【2010年单选题】商业银行经营的核心是(　　)。

A. 市场营销

B. 利润最大化

C. 股东价值最大化

D. 稳定经济

【答案】A

【解析】商业银行经营的核心是市场营销。

【例题 单选题】商业银行经营的组织主要体现在业务如何运营上，(　)业务运营模式由于风险控制的要求，后台各个流程环节都必须配备人员，单人业务量不饱满，人工成本高。

A. 传统　　　　　B. 新型

C. 第二代　　　　D. 第三代

【答案】A

【解析】传统的业务运营模式由于风险控制的要求，后台各个流程环节都必须配备人员，单人业务量不饱满，人工成本高。

【例题 多选题】商业银行经营新型的业务运营模式，其优点体现在(　)。

A. 前台营业网点业务操作规范化、工序化

B. 实现业务集约化处理

C. 高风险防范能力

D. 前台后台紧密结合，空间上一体

E. 大大降低成本

【答案】ABCE

【解析】本题考查商业银行经营新型的业务运营模式的优点，主要有以下几点：

(1) 前台营业网点业务操作规范化、工序化；

(2) 实现业务集约化处理；

(3) 实现效率提升；

(4) 高风险防范能力；

(5) 大大降低成本。

选项D是传统业务运营模式的特点。

【例题 多选题】商业银行市场营销的基本要素描述正确的是(　)。

A. 营销是计划的过程

B. 进行营销需要构思(产品)、定价、促销、分销(地点)

C. 营销的目的是实现个人和组织目标

D. 营销的对象只能是有形的商品

E. 营销要通过交换起作用

【答案】ABCE

【解析】商业银行市场营销的基本要素有以下五个方面：

(1) 营销是计划的过程。

(2) 进行营销需要构思(产品)、定价、促销、分销(地点)。

(3) 营销的目的是实现个人和组织目标。

(4) 营销的对象既可以是有形的商品，也可以是服务和创意。

(5) 营销要通过交换起作用。

【例题 多选题】下面对于关系营销和传统营销的描述正确的是(　)。

A. 关系营销就是将商业银行与客户关系的建立、培养、发展作为营销的对象，以推动其中间产品销售的一种理念

B. 关系营销把顾客看作产品的最终使用者

C. 关系营销与传统营销的区别是对顾客的理解

D. 传统营销对关系的理解仅仅限于向顾客出售产品，完成交易，把顾客看作产品的最终使用者

E. 关系营销把顾客看作是有着多重利益关系、多重需求，存在潜在价值的人

【答案】ACDE

【解析】本题考查传统营销和关系营销，传统营销的不仅仅把顾客看作商品的最终使用者，而是把顾客看作是有着多重利益关系、多重需求，存在潜在价值的人。

【例题 单选题】负债经营中的重要业务是存款。存款经营的影响因素不包括(　)。

A. 支付机制的创新

B. 存款创造的调控

C. 政府的监管措施

D. 账户调节

【答案】D

【解析】本题考查存款经营的影响因素，影响因素有：

(1) 支付机制的创新。支付机制是指一种用于资金转账，进行支付和债务结算的系统；

(2) 存款创造的调控。商业银行通过贷款而进行存款的创造，即以倍数扩张的方式来创造活期存款，对其存款经营具有重要意义；

(3) 政府的监管措施。政府的监管对于存款经营有重要的影响，主要包括央行对利率的规定、电子资金转账和信用卡业务所产生的法制责任规定等。

【例题 单选题】存款经营中的现金管理服务不包括(　)。

A. 资金管理类服务

B. 理财服务

C. 资金控制类服务

D. 账户完善类服务

【答案】B

【解析】本题考查存款经营中的现金管理服务，选项B不属于存款经营中的现金管理服务，排除不选。存款经营中的现金管理服务主要包括：

(1) 资金管理类服务，包括余额报告服务、存款汇总服务、锁箱服务等；

(2) 资金控制类服务，包括控制支付的服务、应付汇票服务等；

(3) 账户完善类服务，包括账户调节服务、同业现金管理服务等。

【例题 单选题】余额报告服务属于存款经营现金管理服务中的(   )。

A. 资金管理类服务

B. 理财服务

C. 资金控制类服务

D. 账户完善类服务

【答案】A

【解析】本题考查存款经营中的现金管理服务，余额报告服务属于资金管理类服务，答案选A。

【例题 单选题】应付汇票服务属于存款经营现金管理服务中的(   )。

A. 资金管理类服务

B. 理财服务

C. 资金控制类服务

D. 账户完善类服务

【答案】D

【解析】本题考查存款经营中的账户完善类服务，账户完善类服务属于资金管理类服务。

【例题 单选题】(   )指的是选择贷款客户，不断创新贷款产品及相关产品，使之适应客户需要，并与客户合作，最终收回所发放贷款，为商业银行创造利润的过程。

A. 商业银行贷款经营

B. 商业银行负债经营

C. 商业银行中间业务经营

D. 商业银行市场营销

【答案】A

【解析】本题考查商业银行贷款经营的定义。商业银行贷款经营指的是选择贷款客户，不断创新贷款产品及相关产品，使之适应客户需要，并与客户合作，最终收回所发放贷款，为商业银行创造利润的过程。负债包括存款、同业拆借、向中央银行借款等，其中最重要的是存款。中间业务经营主要是不断推出多样化的金融产品。产品创新可通过改

进现有产品、组合现有产品和模仿其他产品等实现，与客户建立更加稳定的关系。

【例题 多选题】商业银行贷款经营的主要方面有(   )。

A. 选择贷款客户

B. 培养客户的战略

C. 创造贷款的新品种和进行合适的贷款结构安排

D. 在贷款经营中推销银行的其他产品

E. 账户调节服务

【答案】ABCD

【解析】本题考查商业银行贷款经营的主要内容。商业银行贷款经营的主要包括以下方面：

(1) 选择贷款客户。

(2) 培养客户的战略。

(3) 创造贷款的新品种和进行合适的贷款结构安排。

(4) 在贷款经营中推销银行的其他产品。

选项E账户调节服务属于存款经营现金管理服务的账户完善类服务。

第三节　商业银行管理

商业银行管理主要包括资产负债管理、资本管理、风险管理和财务管理等。资产负债管理原理是指从总体上管理银行资产和负债时，应该注意或遵循的一些带有普遍意义的原则和关系，是商业银行对其资金运用和资金来源的综合管理，是现代商业银行的基本管理制度。商业银行资本的核心功能是吸收损失。在现代商业银行经营管理中，有三种意义的资本：账面资本、监管资本和经济资本。

在我国，商业银行风险管理是运用风险控制手段和方法，对在经营过程中所承受的风险进行识别、计量、监测和控制的行为过程，主要包括风险识别、风险计量、风险监测和风险控制几个环节。

财务管理是利用价值形式对银行经营活动和资金运动进行的综合管理，是商业银行经营管理的重要组成部分，是对财务活动进行计划组织、调节控制等一系列管理工作的总称。

 思维导图

本节涉及的商业银行管理种类较多，如图4-4所示。

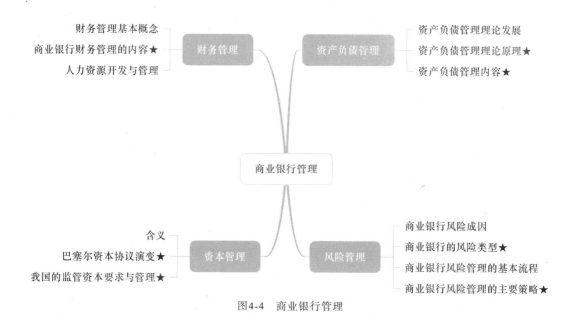

图4-4 商业银行管理

知识点测试

【2012年单选题】我国商业银行的风险加权资产指标是指( )与资产总额之比。

A. 表内风险加权资产

B. 贷款风险加权总额

C. 表内、外风险加权资产

D. 不良贷款风险加权总额

【答案】C

【解析】风险加权资产指标是表内、外风险加权资产与资产总额之比。

【2009年多选题】我国商业银行控制贷款资产风险的主要措施有( )。

A. 增强风险防范意识

B. 增加担保抵押贷款的比重

C. 严格贷款审批制度

D. 推行贷款五级分类管理

E. 完善信息系统

【答案】BCD

【解析】贷款资产风险控制的主要措施有：降低信用贷款的比重，提高担保抵押贷款的比重；严格贷款审批制度，控制信贷风险；全面推行贷款五级分类管理。

【2009年单选题】作为一种信贷类不良资产的处置方式，我国的银行不良资产证券化在操作中是将不良资产委托给受托机构，作为受托机构要设立( )。

A. 资产管理账户　　B. 资产信托账户

C. 资产处置公司　　D. 资产租赁公司

【答案】B

【解析】我国对信贷类不良资产的处置方法之一就是资产证券化。资产证券化就是由银行作为发起机构，将相关分行的部分公司类不良贷款组成基础资产池，委托给受托机构，由受托机构设立资产信托账户。

【2011年单选题】《巴塞尔新资本协议》规定，最低资本充足率为( )。

A. 4%　　B. 8%　　C. 10%　　D. 15%

【答案】B

【解析】2004年中国银监会要求国内商业银行的资本充足率在2007年1月1日前达到8%的最低标准，并以《巴塞尔新资本协议》的基本原则来监管我国的银行业。

【2008年单选题】为使资本充足率与银行面对的主要风险更紧密地联系在一起，《巴塞尔新资本协议》在最低资本金计量要求中，提出( )。

A. 外部评级法　　B. 流动性状况评价法

C. 内部评级法　　D. 资产安全状况评价法

【答案】C

【解析】《巴塞尔新资本协议》在最低资本金要求中，提出内部评级法，使资本充足率与银行面对的主要风险更加紧密地联系在一起。

【2011年单选题】我国商业银行的核心资本即所有者权益，下列不属于我国商业银行核心资本

的是( )。

A. 资本公积金 B. 盈余公积金
C. 长期次级债券 D. 未分配利润

【答案】C

【解析】目前我国商业银行核心资本即所有者权益,包括实收资本、资本公积金、盈余公积金和未分配利润;附属资本包括各项损失准备,长期次级债券等。

【2007年单选题】根据《巴塞尔协议》的规定,以下属于商业银行核心资本的是( )。

A. 中期优先股
B. 损失准备
C. 附属机构的少数股东权益
D. 可转换债券

【答案】C

【解析】目前我国商业银行核心资本包括普通股及溢价,未分配利润,非累计性永久优先股,附属机构的少数股东权益,以及少数经选择可确认的无形资产,包括购买抵押服务权、购买信用卡关系等。选项ABD的内容属于附属资本。

【2012年多选题】商业银行在成本管理中要遵守的基本原则包括成本最低化原则、全面成本管理原则和( )。

A. 成本管理的科学化原则
B. 成本结构合理化原则
C. 成本价值化原则
D. 成本补偿原则
E. 成本责任制原则

【答案】AE

【解析】商业银行成本管理是商业银行财务管理的核心内容,而成本核算又是银行经济核算的重要环节。在成本管理中要遵循以下基本原则:成本最低化原则;全面成本管理原则;成本责任制原则;成本管理的科学化原则。

【2008年单选题】商业银行利润总额的构成包括营业利润和( )。

A. 固定资产盘盈
B. 证券交易差错收入
C. 投资收益
D. 出纳长款收入
E. 营业外收支净额

【答案】CE

【解析】商业银行利润总额由三部分组成:营业利润、投资收益和营业外收支净额。

【2009年单选题】下列收入中属于商业银行营业外收入的是( )。

A. 违约金 B. 投资收益
C. 赔偿金 D. 罚没收入

【答案】D

【解析】营业外收入内容包括:固定资产盘盈、固定资产出售净收益、抵债资产处置超过抵债金额部分、罚没收入、出纳长款收入、证券交易差错收入、教育费附加返还款以及因债权人的特殊原因确实无法支付的应付款项等。选项AC属于营业外支出的内容。

【2008年单选题】现代商业银行财务管理的核心是( )。

A. 基于利润最大化的管理
B. 基于投入产出的最大化管理
C. 基于价值的管理
D. 基于核心资本的效率管理

【答案】C

【解析】基于价值的管理是现代商业银行财务管理的核心。

【2010年单选题】商业银行人力资源管理的科学化的内容要求是( )。

A. 实行全员劳动合同制
B. 专业技术职务管理
C. 实行行长负责制
D. 加强员工培养和教育

【答案】ABCD

【解析】我国的商业银行进行人力资源管理科学化的内容要求:(1)改革人事制度,建立激励约束机制:①实行全员劳动合同制。②专业技术职务管理。(2)实行行长负责制。(3)加强员工培养和教育。

【例题 单选题】西方商业银行的资产负债管理理论经历了不同的发展阶段,以负债为经营重点来保证流动性的经营管理理论指的是( )。

A. 资产管理理论
B. 负债管理理论
C. 资产负债管理理论
D. 市场管理理论

【答案】B

【解析】本题考查资产负债管理理论的发展阶段。负债管理理论是以负债为经营重点来保证流动性的经营管理理论。该理论认为,商业银行在保持流动性方面,没有必要完全依赖建立分层次的流动性储备资产,一旦需要资金周转,可以向外举借,只要市场上能借到资金,就可以大胆放款争取高盈利。这一理论弥补了资产管理理论只能在既定负债规模内经营资产业务，难以满足经济迅速发展对资金需求扩大的局限性。

【例题　单选题】(　　)是指银行资产分配应根据资金来源的流转速度来决定，银行资产与负债偿还期应保持一定程度的对称关系。

A. 速度对称原理

B. 目标互补原理

C. 利率管理原理

D. 比例管理原理

【答案】A

【解析】本题考查资产负债管理的原理。速度对称原理是指银行资产分配应根据资金来源的流转速度来决定，银行资产与负债偿还期应保持一定程度的对称关系。

【例题　单选题】资产负债管理理论中的目标互补原理指的是(　　)。

A. 指银行经营目标中的安全性、流动性和盈利性三方面的均衡不是绝对的平衡，而是可以互相补充的

B. 通过各类比例指标体系约束资金运营

C. 是指银行资产分配应根据资金来源的流转速度来决定，银行资产与负债偿还期应保持一定程度的对称关系

D. 指商业银行资产运用的规模必须与负债来源的规模相对称、相平衡

【答案】A

【解析】本题考查资产负债管理理论中的目标互补原理。目标互补原理指银行经营目标中的安全性、流动性和盈利性三方面的均衡不是绝对的平衡，而是可以互相补充的。比例管理原理指的通过各类比例指标体系约束资金运营。速度对称原理是指银行资产分配应根据资金来源的流转速度来决定，银行资产与负债偿还期应保持一定程度的对称关系。

第四节　改善和加强我国商业银行的经营与管理

我国商业银行的经营与管理有自身的特点，需要建立规范的法人治理结构对我国的国有商业银行进行改革。

商业银行内部控制体系是商业银行为实现经营管理目标，通过制定并实施系统化的政策、程序和方案，对风险进行有效识别、评估、控制、监测和改进的动态过程和机制。

激励约束机制是商业银行对员工实行的一种管理制度，这种制度可以使员工勤奋工作、提高素质、勇于创新、提高业绩；同时，又对员工的行为产生约束作用，使其自觉遵守银行的规章制度，杜绝不良行为。

 思维导图

本节涉及一些管理经营机制的概念，如图4-5所示。

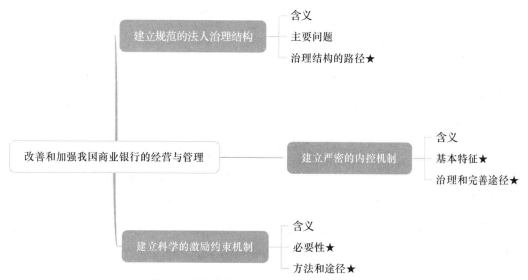

图4-5　改善和加强我国商业银行的经营与管理

知识点测试

【2008年单选题】商业银行在加强内控中应建立对集团大客户实行( )的制度。

A. 集团总部授信管理

B. 统一授信管理

C. 分级授信管理

D. 分区域授信管理

【答案】B

【解析】建立对集团性大客户实行统一授信管理的制度，是现代商业银行加强内控、建立健全各项内部管理机制的具体措施之一。

【2008年单选题】改善我国商业银行经营与管理的主要条件是建立规范的法人治理结构和( )。

A. 提高金融监管能力

B. 建立完善的金融市场法规

C. 建立严格的内控机制

D. 完善市场经济体制

【答案】C

【解析】改善我国商业银行经营与管理的主要条件是：建立规范的法人治理结构；建立严密的内控机制；建立科学的激励约束机制。

【2010年多选题】从内部控制的角度看，成功的商业银行基本特征有( )。

A. 职责分离、相互制约的部门和岗位设置

B. 纵向的授权与审批制度

C. 完善的激励约束机制

D. 完善的信息系统

【答案】ABD

【解析】从内部控制的角度看，成功的银行在内控上一般具有以下共同的特征：

(1) 审慎经营的理念和内部控制的文化氛围；

(2) 职责分离、相互制约的部门和岗位设置；

(3) 纵向的授权与审批制度；

(4) 系统内部控制和业务活动融为一体的控制活动；

(5) 完善的信息系统。

考题预测及强化训练

一、单项选择题

1. 商业银行的负债中最重要的是( )。

A. 同业拆借　　　　B. 向中央银行的贷款

C. 存款　　　　　　D. 发行债券

2. 关系营销与传统营销的区别是( )。

A. 对顾客的理解

B. 风险防范能力不同

C. 商业银行的地位不同

D. 营销对象不同

3. 规模对称原理是指商业银行资产运用的规模必须与负债来源的规模相平衡。这是一种建立在合理经济增长基础上的( )。

A. 静态平衡　　　　B. 动态平衡

C. 统一平衡　　　　D. 绝对平衡

4. 下列属于银行风险主观因素的是( )。

A. 利率变化　　　　B. 政治体制变革

C. 管理环节有疏漏　D. 意外事故

5. 商业银行财务管理的核心内容是( )。

A. 成本管理　　　　B. 资本金管理

C. 利润管理　　　　D. 财产管理

6. 法定盈余公积金弥补亏损和转增资本金后的剩余部分不得低于注册资本的( )。

A. 10%　　B. 25%　　C. 35%　　D. 50%

7. 下面有关商业银行经营管理的描述中不准确的是( )。

A. 商业银行经营是指商业银行对所开展的各种业务活动的组织和营销

B. 商业银行管理是指商业银行对所开展的各种业务活动的控制与监督

C. 管理是现代商业银行生存发展的根本

D. 管理是为了确保经营的效率，服务于经营，为了更好地经营

8. 商业银行的监管资本中在银行持续经营条件下无条件用来吸收损失的资本工具，具有永久性、清偿顺序排在所有其他融资工具之后的是( )。

A. 核心一级资本　　B. 其他一级资本

C. 二级资本　　　　D. 以上都不是

9. 商业银行三大经营原则中流动性原则是指( )。

A. 资产流动性

B. 负债流动性

C. 资产和负债流动性

D. 贷款和存款流动性

10. 商业银行的附属资本不得超过( )。

A. 实收资本　　　　B. 运营资本

C. 核心资本　　　　D. 普通资本

11. 下列商业银行营业外收支中，属于营业外支出的是( )。

A. 利息支出　　　　B. 罚没收入

C. 出纳长款收入　　D. 违约金支出

12. 商业银行关系营销区别于传统营销的特点之一是( )。
    A. 把顾客视作具有多重需求和潜在价值的人
    B. 把顾客视作产品的最终使用者
    C. 重在向顾客出售产品
    D. 重在与顾客完成交易

13. 在商业银行资产负债管理中，规模对称原理的动态平衡的基础是( )。
    A. 合理经济体制　　　B. 合理经济结构
    C. 合理经济规模　　　D. 合理经济增长

14. 按照《巴塞尔协议》的规定，商业银行总资本与加权风险总资产的比率不得低于( )。
    A. 4%　　B. 8%　　C. 10%　　D. 50%

15. 商业银行新的业务运营模式的核心是( )。
    A. 前后台分离　　　B. 设大堂经理
    C. 前后台合并　　　D. 设综合业务窗口

16. 商业银行的表外业务不包括( )。
    A. 金融衍生工具业务　　B. 承诺业务
    C. 担保业务　　　　　　D. 汇兑结算业务

17. 按风险产生环境划分，商业银行风险可分为( )。
    A. 经营风险与投机风险
    B. 信用风险与市场风险
    C. 投资风险与财务风险
    D. 静态风险与动态风险

18. 商业银行经营的核心和灵魂是( )。
    A. 市场细分　　　B. 市场营销
    C. 市场管理　　　D. 市场优化

19. 下列选项中，( )既是财务管理的重要组成部分，又是揭示矛盾、探索规律、改善管理的途径。
    A. 会计报告　　　B. 财务分析
    C. 资产评估　　　D. 财务状况调查

20. 商业银行经营管理的各项原则中，成正比的一组是( )。
    A. 安全性与稳定性　　B. 安全性与盈利性
    C. 安全性与流动性　　D. 盈利性与流动性

21. 下列( )不属于我国商业银行新形式下拓展中间业务的发展策略。
    A. 拓展完善结算服务
    B. 扩大代理业务范围
    C. 完善银行卡功能、改善用卡环境
    D. 创造新的贷款品种

22. 下列属于商业银行资产管理内容的是( )。
    A. 资本管理　　　B. 存款管理
    C. 借入款管理　　D. 准备金管理

23. ( )业务是资产经营中的核心部分。
    A. 贷款　　B. 存款　　C. 现金　　D. 投资

24. 根据2005年中国银行业监督管理委员会发布的《商业银行风险监管核心指标》，反映银行资产负债比例方面的指标，主要体现在( )层次上。
    A. 风险水平　　　　　B. 风险分散
    C. 风险迁徙　　　　　D. 风险抵补

25. 下面不属于商业银行经营的是( )。
    A. 负债业务的组织和营销
    B. 资产业务的组织和营销
    C. 中间业务和表外业务的组织和营销
    D. 财务管理

26. 银行营销要通过交换发挥作用，即金融产品必须存在( )的可能性。
    A. 价格交换　　　　　B. 货币交换
    C. 商品交换　　　　　D. 价值交换

二、多项选择题

1. 资产管理理论形成的理论基础是( )。
   A. 生命周期理论　　B. 转移理论
   C. 乘数理论　　　　D. 预期收入理论
   E. 商业性贷款理论

2. 商业银行资产负债管理的基本原理有( )。
   A. 结构对称原理　　B. 收支对称原理
   C. 规模对称原理　　D. 利率管理原理
   E. 目标互补原理

3. 信贷类不良资产的处置手段主要有( )。
   A. 资产证券化　　　B. 贷款重组
   C. 协议处置　　　　D. 催付清收
   E. 债权核销

4. 非贷款资产风险控制的主要措施有( )。
   A. 建立存款准备金制度，留足备付金，确保支付
   B. 严格控制高风险含量的委托代办资产
   C. 全面推行贷款五级分类管理
   D. 严格控制其他内部资产的风险含量
   E. 严格贷款审批制度

5. 财务管理的原则是( )。
   A. 科学　　B. 统一　　C. 审慎
   D. 公开　　E. 规范

6. 商业银行提高利润的途径有( )。
   A. 扩大资产规模，增加资产收益
   B. 降低成本
   C. 加强经营管理，健全和完善内部经营机制，提高银行的工作效率以减少投入取得较多产出
   D. 对资金的调度进行严格限定

E. 提高资产质量，减少资产风险损失

7. 改善和加强我国商业银行经营与管理的主要条件是( )。
   A. 建立科学的激励约束机制
   B. 建立完善的金融市场法规
   C. 建立严密的内控机制
   D. 完善市场经济体制
   E. 建立规范的法人治理结构

8. 商业银行利润总额的构成包括营业利润和( )。
   A. 固定资产盘盈   B. 证券交易差错收入
   C. 投资收益   D. 出纳长款收入
   E. 营业外收支净额

9. 从内部控制的角度看，成功的商业银行一般具有的共同特征是( )。
   A. 职责分离，相互制约的部门和岗位设置
   B. 实行行长负责制
   C. 实行全员劳动合同制
   D. 纵向的授权和审批制度
   E. 完善的信息系统

10. 在选择贷款客户时，银行信贷人员要想了解客户自身及项目，通常要完成的步骤包括( )。
    A. 宏观经济分析   B. 贷款面谈
    C. 行业调查   D. 信用调查
    E. 财务分析

11. 内部管理机制是实行内控的基础，必须建立和完善。主要包括( )。
    A. 建立以资产负债管理为前提的自我调控机制
    B. 建立内部授信授权制度
    C. 建立科学的激励约束机制
    D. 实行统一授信，分级审批
    E. 建立对集团性大客户实行统一授信管理的制度

12. 商业银行管理活动的内容主要包括( )。
    A. 资产负债管理
    B. 财务管理
    C. 风险管理
    D. 人力资源开发与管理
    E. 营销管理

13. 我国商业银行核心资本包括( )。
    A. 盈余公积金   B. 实收资本
    C. 资本公积金   D. 未分配利润
    E. 贷款呆账准备金

14. 提高商业银行利润的途径不包括( )。
    A. 缩小资产规模   B. 提高成本
    C. 加强经营管理   D. 灵活地调度资金
    E. 提高资产质量

15. 以下属于商业银行财务管理的基本内容的是( )。
    A. 成本管理   B. 资本金管理
    C. 贷款管理   D. 存款管理
    E. 财产管理

16. 我国欲建立健全商业银行的内控机制，应做到( )。
    A. 完善内部稽核制度
    B. 建立完善的内控制度体制
    C. 建立合理的组织结构
    D. 严格岗位责任制度
    E. 建立健全各项内部管理机制

三、案例分析题

某商业银行于2013年8月开展了如表4-2所示的业务。

表4-2 某商业银行2013年8月业务

序 号	业 务
1	向光明设备厂贷款120万元
2	吸收各种存款2000万元
3	购进长海机器厂企业债券500万元
4	受供电局委托收取居民用电费60万元
5	办理居民委托投资80万元
6	向城市商业银行拆入资金100万元
7	发行面向居民为主的金融债券500万元
8	代理政策性银行放款90万元
9	承诺当年11月向发电厂放款100万元
10	办理于当年11月到期国库券回购业务100万元
11	开办人身意外保险业务50万元
12	向光明设备厂投资入股50万元
13	向央行办理票据再贴现20万元
14	为发电厂提供咨询服务，收取服务费10万元
15	办理供电局未到期的票据贴现30万元

根据以上材料，回答以下几个问题：

1. 该银行办理的资产负债业务包括( )。
   A. 办理于当年11月到期国库券回购业务100万元
   B. 办理居民委托投资80万元
   C. 向城市商业银行拆入资金100万元
   D. 向央行办理票据再贴现20万元

2. 按规定该银行不能开展的业务有( )。
   A. 为发电厂提供咨询服务，收取服务费10万元
   B. 办理居民委托投资80万元
   C. 承诺当年11月向发电厂放款100万元
   D. 向光明设备厂投资入股50万元

3. 该银行的下列业务，属于资产业务的是( )。
 A. 购进长海机器厂企业债券500万元
 B. 向光明设备厂投资入股50万元
 C. 办理居民委托投资80万元
 D. 向光明设备厂贷款120万元

4. 该银行吸收存款1000万元以后，即存入中央银行200万元，按法定准备金率为7%计算，该银行可动用在中央银行的存款时( )万元。
 A. 200　　B. 180　　C. 160　　D. 130

5. ( )是综合反映商业银行某一特定时点全部资产、负债和所有者权益情况的财务报表。
 A. 资产负债表　　　　B. 利润表
 C. 现金流量表　　　　D. 附表

参考答案及解析

一、单项选择题

1.【答案】C
【解析】商业银行负债包括存款、同业拆借、向中央银行借款等，其中最重要的是存款。

2.【答案】A
【解析】关系营销与传统营销的区别是对顾客的理解。

3.【答案】B
【解析】本题考查规模对称原理的概念。

4.【答案】C
【解析】本题考查银行风险产生的主观因素。

5.【答案】A
【解析】商业银行财务管理的核心内容是成本管理。

6.【答案】B
【解析】法定盈余公积金弥补亏损和转增资本金后的剩余部分不得低于注册资本的25%。

7.【答案】C
【解析】商业银行经营是指商业银行对所开展的各种业务活动的组织和营销，商业银行管理是指商业银行对所开展的各种业务活动的控制与监督。这两个概念包含了不同的内容，既有区别的一面，又有相互联系、互为依托的一面。经营是现代商业银行生存发展的根本，管理是为了确保经营的效率，服务于经营，为了更好地经营，因此选项C描述错误，答案选C。

8.【答案】A
【解析】商业银行的监管资本由核心一级资本、其他一级资本和二级资本组成，核心一级资本是指在银行持续经营条件下无条件用来吸收损失的资本工具，具有永久性、清偿顺序排在所有其他

融资工具之后的特征。答案选A。

9.【答案】C
【解析】银行的流动性体现在资产和负债两个方面。

10.【答案】C
【解析】商业银行的附属资本不得超过核心资本的100%。

11.【答案】D
【解析】本题考查营业外支出的相关内容。营业外支出内容包括：固定资产盘亏和毁损报损的净损失、抵债资产处置发生的损失额及处置费用、出纳短款、赔偿金、违约金、证券交易差错损失、非常损失、公益救济性捐赠等。

12.【答案】A
【解析】本题考查关系营销和传统营销的区别。关系营销和传统营销的区别是对顾客的理解。传统营销对关系的理解仅仅限于向顾客出售产品，完成交易，把顾客看作产品的最终使用者；关系营销把顾客看作是有多重利益关系、多重需求，存在潜在价值的人。

13.【答案】D
【解析】规模对称原理并非是简单的对等，而是一种建立在合理经济增长基础上的动态平衡。

14.【答案】B
【解析】按照《巴塞尔协议》的规定，商业银行总资本与加权风险总资产的比率不得低于8%。

15.【答案】A
【解析】商业银行新的业务运营模式的核心是前后台分离。

16.【答案】D
【解析】表外业务主要包括三类，承诺业务、担保业务和金融衍生工具业务。

17.【答案】C
【解析】按风险产生环境划分，商业银行风险有静态风险与动态风险。

18.【答案】B
【解析】商业银行经营的核心和灵魂是市场营销。

19.【答案】B
【解析】财务分析是财务管理的重要组成部分，是揭示矛盾、探索规律、改善管理的重要途径。

20.【答案】C
【解析】商业银行经营管理的三原则(安全性、流动性、盈利性)既有联系又有矛盾。一般来说，流动性和安全性成正比，流动性越强，风险越小，安全越有保障；流动性、安全性与盈

利性成反比，流动性越高，安全性越好，银行盈利水平越低，反之则相反。

21.【答案】D

【解析】我国商业银行新形式下拓展中间业务的发展策略包括：拓展完善结算服务，扩大代理业务范围，完善银行卡功能、改善用卡环境，另外还有积极开拓与资本市场密切相关的投资银行类业务，积极拓展与电子商务相关的新兴业务，选项ABC是正确的，选项D不是拓展中间业务的发展策略，因此答案选D。

22.【答案】D

【解析】资产管理一般由准备金管理、贷款管理和投资管理三部分组成。

23.【答案】A

【解析】资产业务包括现金业务、贷款业务和投资业务，其中业务量最大的是贷款业务。贷款业务是资产经营中的核心部分。

24.【答案】A

【解析】《监管核心指标》分为三个层次，即风险水平、风险迁徙和风险抵补。其中，反映资产负债比例方面的指标，主要体现在风险水平这一层次上。

25.【答案】D

【解析】商业银行经营包括负债业务的组织和营销，资产业务的组织和营销，中间业务和表外业务的组织和营销。财产管理属于商业银行的管理，因此正确答案选D。

26.【答案】D

【解析】银行营销要通过交换发生作用。换句话说，必须存在价值交换的可能性。因此，银行用其支票、储蓄和贷款等产品换取客户的手续费、服务费和利息。

二、多项选择题

1.【答案】BDE

【解析】本题考查资产管理理论形成的理论基础。

2.【答案】ACDE

【解析】商业银行资产负债管理的基本原理有：结构对称原理、规模对称原理、利率管理原理、目标互补原理、速度对称原理、比例管理原理。

3.【答案】ABDE

【解析】本题考查信贷类不良资产的处置手段。

4.【答案】ABD

【解析】本题考查非贷款资产风险控制的主要措施。

5.【答案】ABCE

【解析】财务管理必须坚持科学、统一、审慎、规范的原则。

6.【答案】ABCE

【解析】本题考查商业银行提高利润的途径。

7.【答案】ACE

【解析】改善我国商业银行经营与管理的条件是：①建立规范的法人治理结构；②建立严密的内控机制；③建立科学的激励约束机制。

8.【答案】CE

【解析】商业银行利润总额由以下三部分构成：营业利润、投资收益和营业外收支净额。

9.【答案】ADE

【解析】本题考查内控机制的基本特征。从内部控制的角度看，成功的银行在内控上一般具有以下共同特征：

(1) 审慎经营的理念和内部控制的文化氛围；

(2) 职责分离、相互制约的部门和岗位设置；

(3) 纵向的授权与审批制度；

(4) 系统内部控制和业务活动融为一体的控制活动；

(5) 完善的信息系统。

10.【答案】BDE

【解析】本题考查选择贷款客户的相关知识。要完成对客户自身及项目的了解，通常银行的信贷人员要完成三个步骤：

(1) 贷款面谈；

(2) 信用调查；

(3) 财务分析。

11.【答案】ABDE

【解析】本题考查建立健全各项内部管理机制的措施。

12.【答案】ABCD

【解析】本题考查商业银行管理活动的内容。

13.【答案】ABCD

【解析】本题考查我国商业银行核心资本包括的内容。

14.【答案】AB

【解析】商业银行提高利润有以下途径：扩大资产规模、降低成本、加强经营管理、灵活地调度资金、提高资产质量。

15.【答案】ABE

【解析】商业银行财务管理的基本内容是：资本金管理；成本管理；利润管理；财产管理；财务报告。

16.【答案】ABCE

【解析】建立健全我国商业银行的内控机制，重点要从以下几个方面入手：建立合理的组织结构；建立完善的内控制度体制；完善内部稽核制度；建立健全各项内部管理机制。

三、案例分析题

1.【答案】ACD

【解析】B项属于银行禁止开展的业务，因此答案选择ACD。

2.【答案】BD

【解析】BD项属于银行禁止开展的业务，因此答案选择BD。

3.【答案】D

【解析】A项属于银行的资产，BC项属于银行禁止开展的业务，D项属于银行的资产业务，故本题答案为D。

4.【答案】D

【解析】存款准备金=存款×法定准备金=1000×7%=70(万元)，故在央行可动用的存款=已存入款项-存款准备金=200-70=130(万元)。

5.【答案】A

【解析】反映商业银行某一特定时点全部资产、负债和所有者权益情况的财务报表是资产负债表。

第五章 投资银行业务与经营

　　本章主要讲述有关资本市场直接金融业务、投资银行与商业银行性质上的区别、投资银行的主要业务等知识。

　　从近三年考题情况来看，全球投资银行的发展、投资银行功能、投资银行业务、证券经纪业务、并购业务、自营证券投资和私募股权、风险投资是本章的高频考点和重要知识点。考查方式以单项选择题和多项选择题为主，案例分析题在近几年的真题中出现频率很高，而且占有分值较多。总体题目平均分值15分。

本章重要考点分析

　　本章涉及多个重要考点，涵盖了投资银行业务与经营的相关内容，在历年真题中，对投资银行业务的考查内容出现频率较高。其中证券经纪业务、并购业务、自营证券投资和私募股权、风险投资在往年的考试中以单选题和多选题的形式出现多次。投资银行功能等知识点是真题出现点，需要考生着重了解掌握。

　　详细考点分析如图5-1所示。

图5-1　投资银行业务与经营

本章近三年题型及分值总结

　　由于本章知识点以介绍投资银行业务与经营为主，在介绍投资银行业务中，分别涉及证券经纪业务、并购业务、自营证券投资等概念，因此近三年出现的题型以单项选择题和多项选择题为主，其中2011年和2012年都出现了案例分析题，分值12～17分。本章是考查内容较多、分值比例较大的一章，需要考生重点掌握。本章题型分布与分值情况如表5-1所示。

表5-1　投资银行业务与经营题型及分值

年　份	单项选择题	多项选择题	实例分析
2013年	5题	2题	0题
2012年	5题	2题	4题
2011年	5题	1题	4题

第一节　投资银行概述

投资银行是在资本市场上从事证券发行、承销、交易及相关的金融创新和开发等活动，为长期资金盈余者和短缺者双方提供资金融通服务的金融机构。随着资本市场业务的不断发展，投资银行业务也在不断发展。

投资银行具有媒介资金供求、构造证券市场、优化资源配置、促进产业集中等基本功能。因此，与商业银行侧重短期资金市场不同，投资银行为企业筹措长期资金服务。在证券交易市场中，投资银行扮演着证券经纪商、证券自营商和证券做市商三重角色。同时，投资银行是连接宏观经济决策与微观企业行为的枢纽，它有效地动员社会资源投入经济建设，高效使用所筹集的资本，推进市场机制在资源配置中充分发挥作用，优化社会资源配置。引导资金更多地流向效率较高的企业，大大加快了产业集中的进程。

 思维导图

本节涉及多个知识点和概念，如图5-2所示。

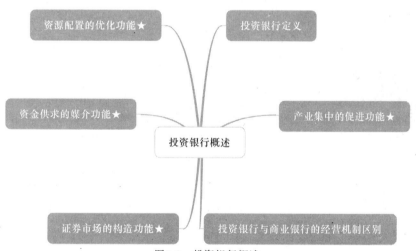

图5-2　投资银行概述

 知识点测试

【2010年单选题】投行最本源的业务是(　　)。
A. 兼并收购
B. 证券发行与承销
C. 证券经纪与交易
D. 风险投资
【答案】B
【解析】证券发行与承销是投资银行最本源、最基础的业务活动，是投资银行为公司或政府机构等融资的主要手段之一。

【2009年单选题】将未来具有可预见的现金流量的非流动性存量资产转变为在资本市场可销售和流通的金融产品，是投资银行的(　　)业务。
A. 证券发行　　　　B. 证券经纪
C. 基金管理　　　　D. 资产证券化
【答案】D
【解析】资产证券化是指将资产原始权益人或发起人(卖方)具有可预见的未来现金流量的非流动性存量资产，构造和转变成为资本市场可销售和流的金融产品的过程。

【2008年单选题】资产证券化最早的产品类

型是( )担保证券。

　　A. 信用卡应收款　　B. 住房抵押贷款

　　C. 商业贷款　　　　D. 汽车贷款

【答案】B

【解析】资产证券化的工具被称为资产担保证券。它是以住房抵押贷款、应收账款等资产为担保的金融产品。这类证券最早的发端是住房抵押贷款担保证券。

【2012年单选题】为客户提供各种票据、证券以及现金之间的互换机制，投资银行所发挥的作用是( )。

　　A. 期限中介　　　　B. 风险中介

　　C. 信息中介　　　　D. 流动性中介

【答案】D

【解析】流动性中介是投资银行为客户提供各种票据、证券以及现金之间的互换机制。

【例题 多选题】投资银行的功能主要包括( )。

　　A. 资金供求的媒介

　　B. 证券市场的构造者

　　C. 资源配置的优化者

　　D. 产业集中的促进者

　　E. 市场资源配置

【答案】ABCD

【解析】本题考查投资银行的功能。投资银行的功能主要体现在：

(1) 资金供求的媒介；

(2) 证券市场的构造者；

(3) 资源配置的优化者；

(4) 产业集中的促进者。

【例题 多选题】在证券交易市场中，投资银行以多重身份参与，对维持价格的稳定性和连续性，提高交易效率，起到了重要的作用，体现在以下( )方面。

　　A. 投资银行在证券发行完成以后的一段时间内，常常以做市商的身份买卖证券，以维持其承销的证券上市流通后的价格稳定

　　B. 投资银行以自营商和做市商的身份活跃于交易市场，起到了活跃并稳定交易市场的作用

　　C. 投资银行以经纪商的身份接受顾客委托，进行证券买卖，提高了交易效率，稳定了交易秩序，使得交易活动得以顺利进行

　　D. 在证券发行市场中，投资银行通过咨询、承销、分销、代销、私募等方式帮助构建证券发行市场

　　E. 在证券市场上，投资银行所从事的多种证券业务的创新，本着分散风险、保持最佳流动性的追求和最大利益的原则，投资银行不断推出创新的金融工具

【答案】ABC

【解析】本题考查投资银行对维持价格的稳定性和连续性，提高交易效率所发挥的重要作用，主要体现在：

(1) 投资银行在证券发行完成以后的一段时间内，常常以做市商的身份买卖证券，以维持其承销的证券上市流通后的价格稳定。

(2) 投资银行以自营商和做市商的身份活跃于交易市场，起到了活跃并稳定交易市场的作用。

(3) 投资银行以经纪商的身份接受顾客委托，进行证券买卖，提高了交易效率，稳定了交易秩序，使得交易活动得以顺利进行。

第二节　投资银行业务

　　现代投资银行业务包括的范围已经超出传统业务框架，可以分为三大类重要业务，主要可以归结为证券经纪活动中介类、用自己的资本金或以自身为主体借来资金后进行的证券相关投资活动、以自身专业机构优势接受客户委托并帮助客户进行证券相关投资。

　　而证券经纪业务是指具备证券经纪商资格的投资银行通过证券营业部接受客户委托，按照客户要求，并代理客户买卖证券的业务。从广义上看，企业并购实际上是通过资本市场对企业进行一切有关资本经营和资产重组形式的代称。

　　投资银行从事证券自营业务是以自有资金和合法筹集的资金，用自己名义开设的证券账户，限于买卖依法公开发行的或者证券监督管理机构认可的证券，以赚取证券买卖差价为公司自身获利的证券交易行为。

　　资产管理业务是指投资银行以资产管理人的身份，接受客户委托，按照资产管理合同约定的方式、条件、要求和限制，对客户资产进行相关证券投资运作，为客户提供证券投资管理业务的行为。

 思维导图

　　本节涉及多个知识点和概念，如图5-3所示。

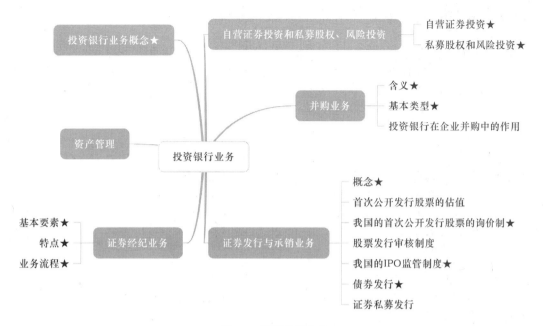

图5-3 投资银行业务

知识点测试

【例题 单选题】首次公开发行股票的估值方法中，将拟首发股票公司与具有相同行业和特征的上市公司比较进行估值的方法指的是( )。

A. 相对估值法　　　B. 绝对估值法

C. 累计订单定价方式　D. 以上都不对

【答案】A

【解析】相对估值法，也称可类比上市公司估值法，将拟首发股票公司与具有相同行业和特征的上市公司比较进行估值的方法。因此正确答案为A。

【2010年单选题】( )是指投资银行按议定价格直接从发行者手中购进将要发行的全部证券，然后再出售给投资者。

A. 包销　　　　　B. 尽力推销

C. 余额包销　　　D. 混合推销

【答案】A

【解析】包销即投资银行按议定价格直接从发行者手中购进将要发行的全部证券，然后再出售给投资者。承销商要承担销售和价格的全部风险，如果证券没有在指定的期限内全部销售出去，承销商只能自己"吃进"。

【2009年单选题】由于股票市场低迷，在某次发行中股票未被全部售出，承销商在发行结束后将未售出的股票退还给了发行人。这表明此次股票发行选择的承销方式是( )。

A. 全额包销　　　B. 尽力推销

C. 余额包销　　　D. 混合推销

【答案】B

【解析】尽力推销即承销商只作为发行公司的证券销售代理人，按规定的发行条件尽力推销证券，发行结束后未售出的证券退还给发行人，承销商不承担发行风险。

【2011年单选题】在首次公开发行股票中的"绿鞋期权"行使期内，若市场股价高于股票发行价，则主承销商应当做出的操作是( )。

A. 用15%的超额资金在市场上按市场价购进股票并按发行价配售给投资者

B. 按发行价额外配发募集总量15%的股票并将其按原来认购比例配售给机构投资者

C. 用15%的超额资金在市场按市场价购进股票并持有至股价上涨至发行价

D. 按发行价额外配发募集总量15%的股票并按竞价方式销售给公众投资者

【答案】B

【解析】本题考查首次公开发行股票中的"绿鞋期权"的相关知识。

【2011年单选题】若公开发行股数在( )股以上的，参与初步询价的询价对象应不少于50家。

A. 1亿　　B. 4亿　　C. 5000万　　D. 50亿

【答案】B

【解析】若公开发行股数在4亿股以上的,参与初步询价的询价对象应不少于50家。

【2011年单选题】证券监管机构只对申报材料进行"形式审查"的股票发行审核制度类型( )。

A. 审批制　　　　　　B. 核准制

C. 注册制　　　　　　D. 登记制

【答案】C

【解析】证券监管机构只对申报材料进行"形式审查"的股票发行审核制度类型是注册制。

【2012年多选题】私募发行的优点有( )。

A. 简化了发行手续

B. 避免公司商业机密泄露

C. 缩短了发行时间

D. 节省发行费用

【答案】ABCD

【解析】私募发行相对于公募发行有以下优点:简化了发行手续;避免公司商业机密泄露;节省发行费用;缩短了发行时间;发行条款灵活,较少受到法律法规约束,可以制定更为符合发行人要求的条款;比公开发行更有成功的把握等。

【2010年单选题】下列关于证券账户的开立,说法正确的是( )。

A. 投资银行开展证券自营业务并非必须以本公司名义开立自营账户

B. 投资银行开展证券自营业务可以以其他公司名义开立证券账户

C. 投资银行开展证券自营业务必须以本公司名义开立自营账户

D. 以上说法都不正确

【答案】C

【解析】法人投资者不得使用个人证券账户进行交易,投资银行开展证券自营业务必须以本公司名义开立自营账户。

【2010年多选题】下列关于证券账户的开立,说法正确的是( )。

A. 个人投资者只能凭本人身份证开设一个证券账户,不得重复开户

B. 个人投资者可以凭本人身份证开设多个账户

C. 法人投资者不得使用个人证券账户进行交易

D. 投资银行开展证券自营业务必须以本公司名义开立自营账户

【答案】ACD

【解析】按照开户人的不同,可以分为个人账户(A字账户)和法人账户(B字账户)。个人投资者只能凭本人身份证开设一个证券账户,不得重复开户;法人投资者不得使用个人证券账户进行交易,投资银行开展证券自营业务必须以本公司名义开立自营账户。

【2011年单选题】以下不属于证券经纪业务基本要素的是( )。

A. 证券经纪商　　　　B. 证券交易的标的物

C. 委托人　　　　　　D. 证券交易方式

【答案】D

【解析】证券经纪业务基本要素包括委托人、证券经纪商、证券交易场所、证券交易的标的物等。

【2009年单选题】投资者完全绕过证券商,相互间直接进行证券交易而形成的市场,称为( )。

A. 一级市场　　　　　B. 二级市场

C. 第三市场　　　　　D. 第四市场

【答案】D

【解析】第四市场是指投资者完全绕过证券商,相互间直接进行证券交易而形成的市场。

【2010年单选题】( )指客户卖出证券时,投资银行以自有、客户抵押或借入的证券,为客户代垫部分或者全部证券以完成交易,以后由客户归还。

A. 融资(买空)　　　　B. 融券(卖空)

C. 融资(卖空)　　　　D. 融券(买空)

【答案】B

【解析】融券是指客户卖出证券时,投资银行以自有、客户抵押或借入的证券,为客户代垫部分或者全部证券以完成交易,以后由客户归还。

【2010年单选题】信用经纪业务是投资银行( )功能的结合。

A. 融资功能与经纪业务

B. 筹资功能和经纪业务

C. 经纪业务和保险业务

D. 融券功能和经纪业务

【答案】A

【解析】信用经纪业务是投资银行的融资功能与经纪业务相结合而产生的,是投资银行传统经纪业务的延伸。

【2009年多选题】信用经纪业务是投资银行的融资功能与经纪业务相结合而产生的,是投资银行传统经纪业务的延伸。关于此项业务描述正确的是( )。

A. 信用经纪业务的对象必须是委托投资银行代理证券交易的客户

B. 信用经纪业务主要有融资和融券两种类型

C. 投资银行对其所提供的信用资金承担交易风险

D. 投资银行通过信用经纪业务可以增加佣金收入

E. 投资者可以通过信用经纪业务的财务杠杆作用扩大收益

【答案】ABDE

【解析】选项C应该是投资银行对其所提供的信用资金不承担交易风险。

【2009年单选题】2009年3月1日，宝钢集团公司与杭州钢铁集团公司签约，宝钢集团收购宁波钢铁，可以获得其400万吨熟轧板卷的产能。这是宝钢集团又一次实现跨地区重组的重大举措。按并购前企业间的市场关系，此次并购属于(　　)。

A. 纵向并购　　　　　B. 横向并购

C. 混合并购　　　　　D. 垂直并购

【答案】B

【解析】横向并购是并购企业的双方或多方原属同一产业、生产或经营同类产品，并购使得资本在同一市场领域或部门集中。

【2010年多选题】按出资方式，并购可分为(　　)。

A. 用现金购买资产　　B. 用现金购买股票

C. 用股票交换股票　　D. 用股票购买资产

【答案】ABCD

【解析】按出资方式，并购可分为：用现金购买资产、用现金购买股票、用股票购买资产、用股票交换股票。

【例题　单选题】(　　)不是证券发行承销的方式。

A. 包销　　　　　　　B. 尽力推销

C. 余额包销　　　　　D. 传统推销

【答案】D

【解析】本题考查证券发行承销的方式，证券发行承销的方式有包销、尽力推销和余额包销三种。

【例题　多选题】下列选项中对于证券发行承销方式中尽力推销的描述正确的是(　　)。

A. 尽力推销即承销商只作为发行公司的证券销售代理人，按照规定的发行条件尽力推销证券，发行结束后未售出的证券退还给发行人，承销商不承担发行风险

B. 尽力推销也称为代销

C. 投资银行与发行人之间纯粹是代理关系，投资银行为推销证券而收取代理手续费

D. 尽力推销也称余额包销

E. 尽力推销的承销商承担发行风险

【答案】ABC

【解析】本题考查尽力推销的概念。尽力推销即承销商只作为发行公司的证券销售代理人，按照规定的发行条件尽力推销证券，发行结束后未售出的证券退还给发行人，承销商不承担发行风险。尽力推销也称为代销。投资银行与发行人之间纯粹是代理关系，投资银行为推销证券而收取代理手续费。

【例题　单选题】股票发行者第一次将其股票在公开市场发行销售指的是(　　)。

A. 首次公开发行　　　B. 股权再融资

C. 尽力推销　　　　　D. 余额包销

【答案】A

【解析】本题考查股票的首次公开发行的概念。首次公开发行简称IPO，是指股票发行者第一次将其股票在公开市场发行销售。其机制是以股票为客观对象，由发行主体、中介机构、投资主体三者通过市场而形成的有机联系。

【例题　单选题】(　　)是指股票已经公开上市、在二级市场流通的公司再次增发新股。

A. 首次公开发行　　　B. 股权再融资

C. 尽力推销　　　　　D. 余额包销

【答案】B

【解析】本题考查股权再融资的含义。股权再融资(SEO)是指股票已经公开上市、在二级市场流通的公司再次增发新股。

【例题　单选题】首次公开发行方式中，(　　)指主承销商通过对拟首次公开发行股票的企业的全面、深入研究，确定发行价格，承销商自由分配股份并对后市给予支持的新股发行方式。

A. 询价方式　　　　　B. 固定价格方式

C. 竞价方式　　　　　D. 混合方式

【答案】A

【解析】本题考查首次公开发行方式——询价方式。询价方式又称簿记方式或累计订单定价方式，指主承销商通过对拟首次公开发行股票的企业的全面、深入研究，先确定新股发行价格区间，通过召开推介会，征集需求量和需求价格信息建立簿记，绘出需求曲线，然后对发行价格进行修正，最后确定发行价格，承销商自由分配股份并对后市给予支持的新股发行方式。

【例题　单选题】首次公开发行方式中(　　)是指承销商事先确定发行价格，投资者根据这一价

格申购，如果出现超额申购，承销商或拥有较大的分配权利，或采取按比例配发的方式。

A. 询价方式 B. 固定价格方式
C. 竞价方式 D. 混合方式

【答案】B

【解析】本题考查首次公开发行方式——固定价格方式。固定价格方式是指承销商事先确定发行价格，投资者根据这一价格申购，如果出现超额申购，承销商或拥有较大的分配权利，或采取按比例配发的方式。

【例题 单选题】首次公开发行方式中( )是指所有投资者申报价格和数量，主承销商对所有有效申购按价格从高到低进行累计，累计申购量达到新股发行量的价位就是有效价位，在其之上的所有申报都中标。

A. 询价方式 B. 固定价格方式
C. 竞价方式 D. 混合方式

【答案】C

【解析】本题考查首次公开发行方式——竞价方式。竞价方式也称拍卖方式，是指所有投资者申报价格和数量，主承销商对所有有效申购按价格从高到低进行累计，累计申购量达到新股发行量的价位就是有效价位。在其之上的所有申报都中标。在统一价格拍卖（"荷兰式"拍卖）中，这一有效价位即新股的发行价格；而在差别价格拍卖（"美国式"拍卖）中，这一价位则是最低价格，各中标者的购买价格就是自己的出价。

【例题 单选题】首次公开发行方式中的混合方式是多种招股方式同时混合使用，中国香港采用的模式是将( )。

A. 询价方式与固定价格公开认购相结合
B. 询价方式、竞价方式与固定价格公开申购三者的结合
C. 询价方式与竞价方式相结合
D. 竞价方式与固定价格公开申购相结合

【答案】B

【解析】本题考查首次公开发行方式中的混合方式。中国香港采用的模式是将询价方式与固定价格公开认购相结合。

【例题 单选题】首次公开发行方式中的混合方式是多种招股方式同时混合使用，中国台湾采用的模式是将( )。

A. 询价方式与固定价格公开认购相结合

B. 询价方式、竞价方式与固定价格公开申购三者的结合
C. 询价方式与竞价方式相结合
D. 竞价方式与固定价格公开申购相结合

【答案】B

【解析】本题考查首次公开发行方式中的混合方式，中国台湾采用的模式是询价方式、竞价方式与固定价格公开申购三者的结合。

【例题 单选题】股票发行的审核制度中，( )是带有强烈计划经济和行政干预色彩的股票发行管理制度。

A. 审批制 B. 核准制
C. 注册制 D. 发行制

【答案】A

【解析】审批制是一种带有强烈计划经济和行政干预色彩的股票发行管理制度。

【例题 单选题】股票发行的审核制度中，( )是一种市场化的股票发行制度。

A. 审批制 B. 核准制
C. 注册制 D. 发行制

【答案】C

【解析】在股票发行审核的三种制度中，注册制是一种市场化的股票发行制度。

【例题 单选题】将并购分为要约收购和协议收购，指的是按( )方式进行的并购类型的划分。

A. 按并购前企业间的市场关系
B. 按并购的出资方式
C. 按收购的动机
D. 按持股对象针对性

【答案】D

【解析】本题考查并购类型。按持股对象针对性可以将并购分为：(1)要约收购，收购人为了取得上市公司的控股权，向所有的股票持有人发出购买该上市公司股份的收购要约，收购该上市公司的股份。并购公司通过证券交易所的证券交易，持有一个上市公司(目标公司)已发行的股份的30%时，就依法向公司所有股东发出公开收购要约，按符合法律的价格以货币付款方式购买股票，获得目标公司股权。恶意收购多采取要约收购的方式。(2)协议收购，由收购人和上市公司特定的股票持有人就收购该公司股票的条件、价格、期限等有关事项达成协议，由公司股票的持有人向收购者协议转让股票，收购人则按照协议条件支付资金，达到收购的目的。

第三节 全球投资银行业的发展趋势

20世纪80年代以来的经济全球化和2008年的国际金融危机使得投资银行在管制、放松管制、再管制过程中呈现出新的发展趋势，将会出现投资银行业务混业发展、投资银行的国际化、投资银行业务的网络化、投资银行的业务逐渐向多样化和专业化、对投资银行业加强监管的总体发展趋势。

 思维导图

本节涉及的知识点和理论论述，如图5-4所示。

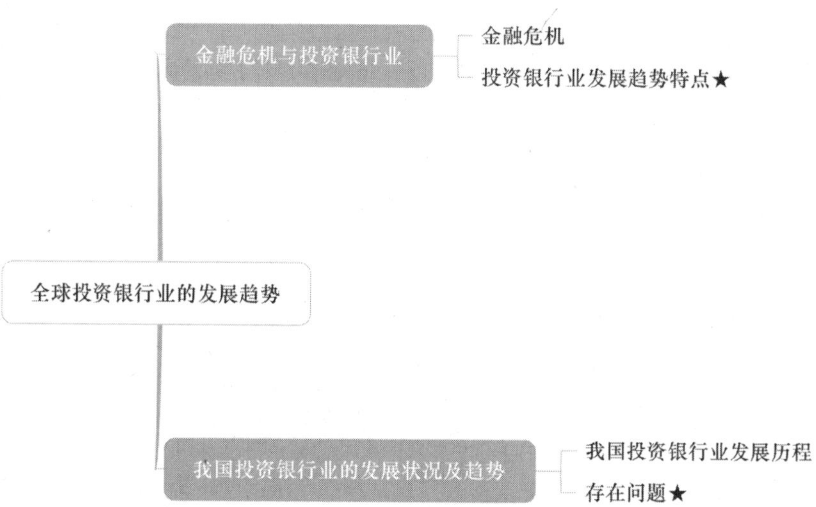

金融危机与投资银行业 —— 金融危机
—— 投资银行业发展趋势特点★

全球投资银行业的发展趋势

我国投资银行业的发展状况及趋势 —— 我国投资银行业发展历程
—— 存在问题★

图5-4 全球投资银行业发展趋势

 知识点测试

【2009年多选题】下列关于我国投资银行(证券公司)现状的描述正确的是( )。

A. 总资产及管理资产总规模较大

B. 现有业务中经纪业务在盈利中占比过高

C. 行业集中度较高

D. 公司治理结构和内部控制机制不完善

E. 整体创新能力不足

【答案】BDE

【解析】我国投资银行面临的问题有：总资产及管理资产整体规模偏小、行业集中度不足、经纪业务在盈利中占比过高、公司治理结构和内部控制机制不完善、整体创新能力不足。

考题预测及强化训练

一、单项选择题

1. 投资银行业务中财务顾问属于( )。

A. 证券经济活动中介类

B. 用自己的资本或以自身为主题借来资金后进行的证券相关投资活动

C. 以自身专业机构优势接受客户委托并帮助客户进行证券相关投资

D. 以上都不是

2. 在证券承销结束后，投资银行代表着买卖双方，按照客户提出的价格代理进行交易，这时投资银行扮演的角色是( )。

A. 证券经纪商 　　　　 B. 证券发行商

C. 证券交易商 　　　　 D. 证券做市商

3. 在资产证券化过程中，投资银行进行的金融创新不包括( )。

A. 组建特别目的机构 　 B. 分散规避风险

C. 信用构造及提升 　　 D. 资产组合再包装

4. 将未来具有可预见的现金流量的非流动性存量资产转变为在资本市场可销售和流通的金融产品，是投资银行的( )业务。

A. 证券发行 　　　　　 B. 证券经纪

C. 基金管理 　　　　　 D. 资产证券化

5. 以下不属于投资银行业务特征的是( )。

A. 专业性　　　　　　　B. 广泛性

C. 创新性　　　　　　　D. 流动性

6. ( )是指并购公司采取直接向目标公司的股东增加发行本公司的股票,以新发行的股票交换目标公司的股票。

A. 善意收购　　　　　　B. 交换发盘

C. 杠杆收购　　　　　　D. 混合并购

7. 在投资银行证券经纪业务中,不属于其业务流程的是( )。

A. 股票登记、证券存管、清算交割交收

B. 进行交易委托

C. 股票询价

D. 开立证券账户和资金账户

8. 按照( ),交易委托可以分为市价委托和限价委托。

A. 委托价格的不同特征

B. 委托数量的不同特征

C. 委托人的不同特征

D. 委托性质的不同特征

9. 债券私募发行的特点不包括( )。

A. 多采用直接销售方式,可以节省承销费用

B. 因有确定的投资人,不必担心发行失败

C. 私募发行的债券可以自由转让

D. 由于私募债券转让受限制,债券的发行条件由发行人和投资人直接商定

10. ( )是一个或几个公司并入一个存续公司的商业交易行为。

A. 新设合并　　　　　　B. 吸收合并

C. 控股与被控股关系　　D. 管理层收购

11. 允许客户使用经纪人或银行的贷款购买证券的资金账户是( )。

A. 现金账户　　　　　　B. 保证金账户

C. 个人账户　　　　　　D. 法人账户

12. 在证券二级市场上,客户卖出向投资银行借来的证券,此时投资银行向客户提供的服务称为( )。

A. 买空的融资业务　　　B. 卖空的融券业务

C. 卖空的融资业务　　　D. 买空的融券业务

13. 关于证券账户开立的说法,正确的是( )。

A. 按照开户人的不同,开立的账户可以分为个人账户、法人账户和机构账户

B. 个人投资者可以凭本人身份证开立多个账户

C. 法人投资者可以与个人开立联合账户

D. 投资银行开展证券自营业务必须以本公司名义开立自营账户

14. 按标购标售方式进行交易,在股票交易所以外的各种证券交易机构柜台上进行的股票交易市场指的是( )。

A. 柜台交易市场　　　　B. 证券交易所

C. 第三市场　　　　　　D. 第四市场

15. ( )是靠交易所会员直接从事大宗上市股票交易而形成的市场。

A. 场内市场　　　　　　B. 柜台市场

C. 第三市场　　　　　　D. 第四市场

16. 证券经纪业务的流程正确的是( )。

A. 开立资金账户—开立证券账户—进行交易委托—委托成交—股权登记、证券存管、清算交割交收

B. 开立证券账户—开立资金账户—委托成交—股权登记、证券存管、清算交割交收—进行交易委托

C. 开立证券账户—开立资金账户—进行交易委托—委托成交—股权登记、证券存管、清算交割交收

D. 以上都不对

17. 为客户提供各种票据、证券以及现金之间的互换机制,投资银行所发挥的作用是( )。

A. 期限中介　　　　　　B. 风险中介

C. 信息中介　　　　　　D. 流动性中介

18. ( )是一种不主要依赖发起人的信贷或涉及的有形资产,而主要是以项目本身的效益和项目的资产与现金流量为支持的融资方式。

A. 风险投资　　　　　　B. 项目融资

C. 资产证券化　　　　　D. 兼并收购

19. 下面有关证券交易所的描述中错误的是( )。

A. 证券交易所是挂牌上市证券进行交易的场所

B. 证券交易所是在一定的场所、一定的时间、按一定的规制集中买卖已发行证券而形成的市场

C. 证券交易所的组织形式分为会员制和公司制两种

D. 我国证券交易所采用公司制

20. 连续竞价的成交价格决定原则是( )。

A. 最高买进申报与最低卖出申报相同

B. 价格优先,时间优先

C. 收益最大化

D. 边际成本与边际收益相等

21. 我国证券交易过程中,证券交易所撮合主机对接受的委托进行合法性检验依照的原则是( )。

A. "集合竞价,连续竞价"原则

B. "自愿、平等、公平、诚实"原则

C. "损失最小化、收益最大化"原则

D. "价格优先、时间优先"原则

22. ( )是仅指明交易的数量，而不指明交易的具体价格，要求投资银行按照即时市价买卖。

    A. 限价委托   B. 市价委托

    C. 整数委托   D. 零数委托

23. 最常用的并购方式是( )。

    A. 用现金购买资产   B. 用股票交换股票

    C. 用股票购买资产   D. 用现金购买股票

24. 下列证券承销方式中，如果采用( )，承销商要承担销售和价格的全部风险，如果证券没有全部销售出去，承销商只能自己"吃进"。

    A. 营销   B. 包销

    C. 代销   D. 尽力推销

25. 对投资者而言，通过投资银行的( )业务，投资者可以及时把握投资机会，在缺少资金或证券的情况下，进行证券买卖，而不必被动等待。

    A. 证券发行   B. 证券承销

    C. 信用经纪   D. 并购

26. 在"绿鞋期权"行使期内，若市场股价( )发行价，则主承销商用超额的资金在市场按市价购进股票再按发行价配售给投资者。

    A. 高于   B. 低于

    C. 等于   D. 不等于

27. 并购企业的双方或多方之间有原料生产、供应和加工及销售的关系，分处于生产和流通过程的不同阶段，是大企业全面控制原料生产、销售的各个环节，建立垂直结合控制体系的基本手段。这种并购属于( )。

    A. 横向并购   B. 纵向并购

    C. 混合并购   D. 交叉并购

28. 由一家或几家公司在金融信贷支持下进行的并购，由此形成的债务由未来被买下的目标公司的资产及收益来偿还。这种并购叫做( )。

    A. 杠杆收购   B. 管理层收购

    C. 要约收购   D. 协议收购

29. 美国1999年11月通过的( )废除了金融分业管理的教条。

    A. 反托拉斯法

    B. Q条例

    C. 金融服务现代化法案

    D. 格拉斯—斯蒂格尔法

30. 在公司并购业务中，公式A+B=A表示的并购结果是( )。

    A. 新设合并   B. 控股与被控股

    C. 交换发盘   D. 吸收合并

二、多项选择题

1. 投资银行在项目融资中的主要工作包括( )。

    A. 项目的可行性与风险的全面评估

    B. 确定项目的资金来源、承担的风险、筹措成本

    C. 估计项目投产后的成本超支及项目完工后的投产风险和经营风险

    D. 通过贷款人或从第三方获得承诺，转移或减少项目风险

    E. 以融资主体的身份充当领头谈判人，在设计项目融资方案中起关键作用

2. 按持股对象针对性，并购可以分为( )。

    A. 横向并购   B. 纵向并购

    C. 混合并购   D. 要约收购

    E. 协议收购

3. 管理层收购(MBO)的融资渠道主要有( )。

    A. 证券回购   B. 银行借款

    C. 民间借贷   D. 延期支付及MBO基金

    E. 担保融资

4. 当前全球投资银行的发展趋势包括( )。

    A. 投资银行监管出现放松倾向

    B. 投资银行业务仍然是金融市场中最重要的金融业务

    C. 投资银行交易驱动特征会减弱

    D. 以综合化金融集团方式经营投资银行业务

    E. 投资银行监管有加强倾向

5. 证券经纪业务的特点有( )。

    A. 业务对象的广泛性

    B. 价格的稳定性

    C. 证券经纪商的中介性

    D. 客户指令的权威性

    E. 客户资料的保密性

6. 投资银行的功能有( )。

    A. 媒介资金供求   B. 构造证券市场

    C. 优化资源配置   D. 促进产业集中

    E. 稳定物价水平

7. 管理层收购(MBO)价格确定方法有( )。

    A. 成本加成定价法

    B. 边际效益定价法

    C. 贴现现金流量法(DCF模型)

    D. 经济增加值法(EVA)

    E. 市盈率法

8. 投资银行是通过( )作用来发挥其媒介资金供求的功能的。

A. 信用中介　　　　　　B. 期限中介

C. 风险中介　　　　　　D. 信息中介

E. 流动性中介

9. 在证券市场上，投资银行所从事的多种证券业务的创新，不断推出创新的金融工具。在这个过程中，投资银行遵循的原则是(　　)。

A. 分散风险　　　　　　B. 保持最佳流动性

C. 稳健性　　　　　　　D. 保本性

E. 追求最大利益

10. 首次公开发行方式是指首次公开发行股票时的定价和将股票分配出售给投资者的整个机制和过程。可以分为(　　)。

A. 固定价格方式　　　　B. 浮动价格方式

C. 询价方式　　　　　　D. 竞价方式

E. 混合方式

11. 在证券交易市场中，投资银行扮演着(　　)三重角色。

A. 证券经济商　　　　　B. 证券做市商

C. 证券自营商　　　　　D. 证券交易商

12. 从各国证券市场的实践看，股票的发行审核制度主要有(　　)。

A. 审批制　　　　　　　B. 核准制

C. 注册制　　　　　　　D. 通道制

E. 保荐制

13. 证券交易委托的种类主要包括(　　)。

A. 整数委托　　　　　　B. 零数委托

C. 限价委托　　　　　　D. 市价委托

E. 竞价委托

14. 下面有关股票公开发行的描述中正确的是(　　)。

A. 首次公开发行简称IPO，是指股票发行者第一次将其股票在公开市场发行销售

B. 首次公开发行以股票为客观对象

C. 首次公开发行由发行主体、中介结构、投资主体三者通过市场形成有机联系

D. 股权再融资是指股票发行者第一次将其股票在公开市场发行销售

E. 以上都不对

15. 我国投资银行业面临的主要问题有(　　)。

A. 整体规模偏小

B. 盈利模式同质

C. 行业集中度过大

D. 证券公司治理结构和内部控制机制不完善

E. 整体创新能力不足

16. 管理层收购(MBO)顺利实施的条件是(　　)。

A. 卖者愿意卖　　　　　B. 买者愿意买

C. 良好的市场环境　　　D. 资金充足

E. 买者有能力买

17. 股票私募发行分为(　　)。

A. 客户分摊　　　　　　B. 股东分摊

C. 第三者分摊　　　　　D. 公开分摊

E. 混合分摊

18. 现代投资银行业务能力包括(　　)。

A. 良好的产业分析能力

B. 敏锐的经济、社会与政治动向的感知能力

C. 丰富的金融知识和应变能力

D. 强大的金融产品配销能力

E. 正确的设计及执行投资机会的能力

19. 投资银行的发展趋势特点有(　　)。

A. 投资银行业务混业发展趋势

B. 投资银行的国际化

C. 投资银行业务的网络化趋势

D. 投资银行的业务逐渐向多样化和专业化方向发展

E. 对投资银行业放开监管尺度

20. 按照目前上市品种和证券账户用途，证券账户可以分为(　　)。

A. 个人账户　　　　　　B. 股票账户

C. 债券(回购)　　　　　D. 基金账户

E. 法人账户

三、案例分析题

(一) 北方牧场股份有限公司以饲料奶牛和生产原奶为主要业务，每股盈利0.5元。南方乳业制品股份有限公司主要生产液态奶、奶粉和冰激凌等产品，每股盈利1.0元。这两家企业都是民营企业。南方乳业制品股份有限公司管理层通过银行贷款筹集资金，以每股25元的价格购买北方牧场股份有限公司股票，同时以一股本公司股票换取两股北方牧场股份有限公司股票的方式，收购了北方牧场股份有限公司55%的股份。

根据以上资料，回答下列问题：

1. 从企业间的市场关系看，此次并购属于(　　)。

A. 横向并购　　　　　　B. 纵向并购

C. 混合并购　　　　　　D. 水平并购

2. 并购完成后，南方乳业制品股份有限公司对北方牧场股份有限公司形成了(　　)。

A. 吸收合并　　　　　　B. 新设合并

C. 控股关系　　　　　　D. 被控股关系

3. 此次并购的支付方式有(　　)。

A. 现金买资产　　　　　B. 现金买股票

C. 交换发盘　　　　　　D. 以股票换资产

4. 从并购融资渠道看，此次并购属于( )。
   A. 要约收购　　　　B. 资产收购
   C. MBO　　　　　　D. 股份回购

(二) 以下资料选自2009年7月中国建筑股份有限公司首次公开发行A股的发行公告。

中国建筑首次公开发行不超过120亿股人民币普通股(A股)的申请已获中国证券监督管理委员会证监许可2009627号文核准。本次发行的保荐人是中国国际金融有限公司。

本次发行采用网下向询价对象询价配售与网上资金申购发行相结合的方式进行，其中网下初始发行规模不超过48亿股，约占本次发行数量的40%；网上发行数量为本次发行总量减去网下最终发行量。

对网下发行采用询价制，分为初步询价和累计投标询价。发行人及保荐人通过向询价对象和配售对象进行预路演和初步询价确定发行价格区间，在发行价格区间内通过向配售对象累计投标询价确定发行价格。

网上申购对象是持有上交所股票账户卡的自然人、法人及其他机构。各地投资者可在指定的时间内通过与上交所联网的各证券交易网点，以发行价格区间上限和符合本公告规定的有效申购数量进行申购委托，并足额缴付申购款。

根据以上资料，回答下列问题：

5. 股份有限公司首次公开发行股票时，通常由投资银行充当金融中介，因此，中国国际金融公司是此次股票发行的( )。
   A. 做市商　　　　　　B. 承销商
   C. 交易商　　　　　　D. 经纪商

6. 从公告中可知，我国目前对企业首次公开发行股票所采取的监管制度是( )。
   A. 审批制中的指标管理
   B. 核准制中的保荐制
   C. 注册制
   D. 备案制

7. 下列机构中属于我国新股发行的询价对象的有( )。
   A. 商业银行
   B. 证券公司
   C. 财务公司
   D. 证券投资基金管理公司

8. 竞价方式与累计投标咨询方式的共同之处是发行方式与投资者进行信息沟通，发行方由此了解投资者需求信息，但是，二者在发行价格的确定上存在区别，即( )。
   A. 在竞价方式中，发行价格最终由做市商确定
   B. 在竞价方式中，发行价格最终由投资方确定
   C. 在累计投标询价中，发行价格最终由发行方确定
   D. 在累计投标询价中，发行价格最终由承销商确定

参考答案及解析

一、单项选择题

1. 【答案】A
   【解析】投资银行业务中证券经济活动中介类(传统通道服务性质)主要包括证券发行与承销、证券经纪、并购、投资研究咨询、财务顾问等，因此答案选A。

2. 【答案】A
   【解析】作为证券经纪商，在证券承销结束后，投资银行代表着买卖双方，按照客户提出的价格代理进行交易，这种证券经纪行为是最传统的证券交易业务。

3. 【答案】D
   【解析】在资产证券化过程中，投资银行进行的金融创新有：组建特别目的机构、分散规避风险、信用构造及提升和现金流量再包装。

4. 【答案】D
   【解析】资产证券化是指将资产原始权益人或发起人(卖方)具有可预见的未来现金流量的非流动性存量资产，构造和转变成为资本市场可销售和流通的金融产品的过程。

5. 【答案】D
   【解析】投资银行的业务特征包括：专业性、广泛性、创新性。

6. 【答案】B
   【解析】本题考查交换发盘的概念。

7. 【答案】C
   【解析】证券经纪业务的流程包括：开立证券账户、开立资金账户、进行交易委托、委托成交、股权登记、证券存管、清算交割交收。

8. 【答案】A
   【解析】按照委托价格的不同特征，交易委托可以分为市价委托和限价委托。

9. 【答案】C
   【解析】本题考查债券私募发行的特点。

10. 【答案】B
    【解析】本题考查吸收合并的概念。

11.【答案】B

【解析】保证金账户允许客户使用经纪人或银行的贷款购买证券。

12.【答案】B

【解析】本题考查融券的概念。融券是指客户卖出证券时，投资银行以自有、客户抵押或借入的证券，为客户代垫部分或全部的证券以完成交易，以后由客户归还。

13.【答案】D

【解析】本题考查开立证券账户的相关规定。选项A的正确表述是"按照开户人的不同，开立的账户可以分为个人账户和法人账户"；选项B的正确表述是"个人投资者只能凭本人身份证开立一个证券账户，不得重复开户"；选项C的正确表述是"法人投资者不得使用个人证券账户进行交易"。

14.【答案】A

【解析】柜台交易市场是按标购标售方式进行交易，是在股票交易所以外的各种证券交易机构柜台上进行的股票交易市场(也就是没有集中场所的资产交易网络)，简称OTC。其特点实每个证券商大都同时具有经纪人和自营商双重身份。答案选A。

15.【答案】C

【解析】第三市场又称为"店外市场"，它是靠交易所会员直接从事大宗上市股票交易而形成的市场。

16.【答案】C

【解析】证券经纪业务的流程包括：开立证券账户、开立资金账户、进行交易委托、委托成交、股权登记、证券存管、清算交割交收。答案选C。

17.【答案】D

【解析】流动性中介是投资银行为客户提供各种票据、证券以及现金之间的互换机制。

18.【答案】B

【解析】本题考查项目融资的概念。

19.【答案】D

【解析】证券交易所又称为"场内交易市场"，是挂牌上市证券进行交易的场所，是在一定的场所、一定的时间、按一定的规制集中买卖已发行证券而形成的市场，因此选项ABC是对证券交易所的正确描述，证券交易所的组织形式分为会员制和公司制两种，我国采用会员制，选项D描述错误，答案选D。

20.【答案】A

【解析】连续竞价的成交价格决定原则是最高买进申报与最低卖出申报相同。

21.【答案】D

【解析】我国证券交易过程中，证券交易所撮合主机对接受的委托进行合法性检验依照的原则是"价格优先、时间优先"。

22.【答案】B

【解析】本题考查市价委托的概念。

23.【答案】B

【解析】最常用的并购方式是用股票交换股票。

24.【答案】B

【解析】采用包销这种销售方式，承销商要承担销售和价格的全部风险。

25.【答案】C

【解析】通过投资银行的信用经纪业务，投资者可以及时把握投资机会，在缺少资金或证券的情况下，进行证券买卖，而不必被动等待。

26.【答案】B

【解析】在"绿鞋期权"行使期内，若市场股价高于发行价，主承销商根据授权要求发行人按发行价额外配发多达该次募集总量15%的股票，主承销商将其配售给投资者；若市场股价低于发行价，则主承销商用超额的15%的资金在市场按市场价购进股票再按发行价配售给投资者。

27.【答案】B

【解析】纵向并购是并购企业的双方或多方之间有原料生产、供应和加工及销售的关系，分处于生产和流通过程的不同阶段，是大企业全面控制原料生产、销售的各个环节，建立垂直结合控制体系的基本手段。如加工制造企业并购与其有原材料、运输、贸易联系的企业。其主要目的是组织专业化生产和实现产销一体化。

28.【答案】A

【解析】杠杆收购是指由一家或几家公司在金融信贷支持下进行的并购。

29.【答案】C

【解析】20世纪80年代以后，美国对于放松金融管制和废除《格拉斯—斯蒂格尔法》的浪潮不断高涨，直到1999年11月《金融服务现代化法案》得以通过，从而废除了《格拉斯—斯蒂格尔法》及其代表的金融分业管理的教条。

30.【答案】D

【解析】吸收合并是一个或几个公司并入一个存续公司的商业交易行为。即A公司兼并B公司，A公司保留存续(称为兼并公司)，B公司解散(并入A公司，称为被兼并公司)，丧失法人地位，用公式表示就是A+B=A。

二、多项选择题

1.【答案】ABCD
【解析】投资银行在项目融资中的主要工作是：项目的可行性与风险的全面评估；确定项目的资金来源、承担的风险、筹措成本；估计项目投产后的成本超支及项目完工后的投产风险和经营风险；通过贷款人或从第三方获得承诺，转移或减少项目风险；以项目融资专家的身份充当领头谈判人，在设计项目融资方案中起关键作用。

2.【答案】DE
【解析】按持股对象针对性，并购分为要约收购和协议收购。

3.【答案】BCDE
【解析】MBO融资渠道主要有：银行借款、民间借贷、延期支付及MBO基金、担保融资等。

4.【答案】DE
【解析】当前全球投资银行的发展趋势包括：投资银行业务的综合化；投资银行的国际化；投资银行业务的网络化；投资银行业务的多样化和专业化；对投资银行业加强监管的趋势。

5.【答案】ACDE
【解析】证券经纪业务的特点包括：业务对象的广泛性和价格波动性；证券经纪商的中介性；客户指令的权威性；客户资料的保密性。

6.【答案】ABCD
【解析】作为资本市场的直接金融机构，投资银行有四个基本功能：媒介资金供求，构造证券市场，优化资源配置，促进产业集中。

7.【答案】CDE
【解析】MBO价格确定方法有：贴现现金流量法(DCF模型)、经济增加值法(EVA)和市盈率法等。

8.【答案】BCDE
【解析】投资银行是通过四个中介作用来发挥其媒介资金供求的功能的，这四个中介是期限中介、风险中介、信息中介和流动性中介。

9.【答案】ABE
【解析】在证券市场上，投资银行从事多种证券业务的创新，本着分散风险、保持最佳流动性和追求最大利益的原则，不断推出创新的金融工具。

10.【答案】ACDE
【解析】首次公开发行方式是指首次公开发行股票时的定价和将股票分配出售给投资者的整个机制和过程。可以分为询价方式、固定价格方式、竞价方式、混合方式四种类型。

11.【答案】ABC
【解析】在证券交易市场中，投资银行扮演着证券经纪商、证券自营商和证券做市商三重角色，答案选ABC。

12.【答案】ABC
【解析】从各国证券市场的实践看，股票的发行审核制度主要有三种类型：审批制、核准制、注册制。

13.【答案】ABCD
【解析】本题考查证券交易委托的种类。

14.【答案】ABC
【解析】首次公开发行简称IPO，是指股票发行者第一次将其股票在公开市场发行销售，以股票为客观对象，由发行主体、中介结构、投资主体三者通过市场形成有机联系，选项ABC都正确，股权再融资是指股票已经公开上市，在二级市场流通的公司再次增发新股，因此选项D错误，答案选ABC。

15.【答案】ABDE
【解析】本题考查我国投资银行业面临的主要问题。

16.【答案】ABE
【解析】本题考查管理层收购(MBO)顺利实施的条件。

17.【答案】BC
【解析】股票私募发行分为股东分摊(股东配股)和第三者分摊(私人配股)两类。

18.【答案】ABCDE
【解析】本题考查现代投资银行业务能力。

19.【答案】ABCD
【解析】选项ABCD是对投资银行发展趋势特点的正确描述，选项E描述错误，对投资银行业加强监管是其发展趋势，排除不选，答案选ABCD。

20.【答案】BCD
【解析】按照目前上市品种和证券账户用途，可以分为股票账户、债券(回购)和基金账户。

三、案例分析题

(一)

1.【答案】B
【解析】此次并购属于纵向并购，因为两家公司之间是上下游企业之间的关系。

2. 【答案】C

【解析】从案例资料来看，南方乳业制品股份有限公司收购了北方牧场股份有限公司55%的股份，对其形成了控股关系。

3. 【答案】BC

【解析】此案例涉及两种并购的支付方式：现金买股票和股票换股票(即交换发盘)。

4. 【答案】C

【解析】此次并购属于管理层收购，MBO是管理层收购的简称。

(二)

5. 【答案】B

【解析】首次公开发行简称IPO，是指股票发行者第一次将其股票在公开市场发行销售。因此，投资银行承销首次公开发行股票的业务，通常也称IPO业务。

6. 【答案】B

【解析】2004年4月我国开始推出保荐人制度，于2005年1月正式实施。

7. 【答案】BCD

【解析】初步询价阶段，发行人及保荐机构应向不少于20家的符合证监会规定条件的证券投资基金管理公司、证券公司、信托投资公司、财务公司、保险机构投资者和合格境外机构投资者，以及其他证监会认可的机构投资者进行询价。

8. 【答案】BC

【解析】竞价方式的显著特征是价格由需求方决定。累计投标询价阶段，发行人及其保荐机构应在以确定的发行价格区间内向询价对象进行累计投标询价，并根据累计投标询价结果确定发行价格。

第六章　金融创新与发展

　　本章主要讲述有关金融创新和发展的相关知识、金融深化与经济发展的关系，理论内容比较多。

　　从近三年考题情况来看，真题的考点范围较多地出现在金融创新的定义、背景、原因、主要内容。其中金融深化、金融自由化、放松管制、金融约束以及我国金融改革、创新的现状等知识点是历年高频考点，需要考生重点掌握。

本章重要考点分析

　　本章涉及多个重要考点，涵盖了金融创新和发展的相关知识、金融深化与经济发展的关系等相关内容。在历年真题中，金融深化、金融自由化、放松管制、金融约束出现的频率较高。另外，我国金融改革、金融创新等知识点在以往考试中以单选题和多选题的形式出现多次。

　　详细考点分析如图6-1所示。

图6-1　金融创新与发展

本章近三年题型及分值总结

　　由于本章知识点以介绍金融创新与发展为主，在介绍金融创新中，分别涉及金融深化、金融深化与金融抑制、金融自由化、放松管制与金融约束化等概念，因此近三年出现的题型以单项选择题和多项选择题为主，分值7～10分。本章的题型分布与分值情况如表6-1所示。

表6-1　金融创新与发展题型及分值

年　份	单项选择题	多项选择题	案例分析题
2013年	4题	2题	0题
2012年	5题	1题	0题
2011年	5题	2题	0题

第一节　金融创新

　　广义的金融创新包括金融工具、金融机构、金融市场以及金融制度的创新，包括了金融体系方方面面的变革和改进。

　　二战以来，世界经济形势和格局发生了巨大的变化，经济高速增长，高新技术日新月异，经济、金融一体化趋势愈发明显，市场竞争更加激烈，所有这一切都改变了社会公众的经济行为；同时，金融业发展的制度环境、法律环境也已经发生了很大的变化，这些原因促成了世界金融领域创新浪潮的发展。

　　从内容上来看，金融创新可以分为制度创新、业务创新和工具创新。这些创新在推动经济和金融发展的同时，也带来了许多新的矛盾和问题，对金融和经济的发展产生诸多不良影响。但是在金融市场和金融机构的运作效率上，金融资源的开发利用程度和配置效率等方面发挥了十分积极的作用。

 思维导图

　　本节涉及多个知识点和概念，如图6-2所示。

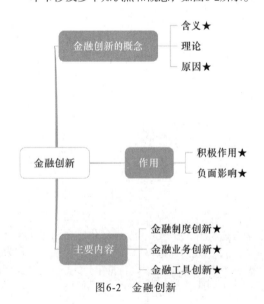

图6-2　金融创新

 知识点测试

　　【2009年单选题】诺斯等学者认为，金融创新就是(　　)。

　　A. 规避管制　　　　　B. 制度变革

　　C. 降低交易成本　　　D. 寻求利润的最大化

　　【答案】B

　　【解析】诺斯等制度学派的金融创新理论认为金融创新是一种与经济制度相互影响、互为因果的制度变革。

　　【2007年多选题】金融创新的经济背景包括欧洲货币市场的兴起以及(　　)。

　　A. 西方国家经济波动加大

　　B. 国际货币体系的改变

　　C. 国际经济一体化

　　D. 石油危机与石油美元回流

　　E. 国际债务危机

　　【答案】BDE

　　【解析】除欧洲货币市场外，国际货币体系的变动、石油危机与石油美元回流、国际债务危机的频繁发生都是导致金融创新的因素。

　　【2011年单选题】金融制度的创新是指(　　)。

　　A. 分业经营到混业经营的改变

　　B. 金融市场监管与发展关系的确定

　　C. 金融体系与金融结构的新变化

　　D. 与国际惯例接轨

　　【答案】C

　　【解析】金融制度的创新是指金融体系与金融结构的大量新变化。

　　【2008年单选题】金融制度的创新使商业银行与投资银行业务领域的界限(　　)。

　　A. 逐渐清晰　　　　　B. 大大强化

　　C. 逐渐模糊　　　　　D. 保持不变

　　【答案】C

　　【解析】随着金融制度的创新，世界上大多数国家的商业银行的传统特征和分业界限逐渐消失，商业银行的经营范围不断扩大，与投资银行业务领域的界限逐渐模糊。

【2010年单选题】商业银行将不良贷款证券化的做法属于( )。

A. 负债业务的创新
B. 资产业务的创新
C. 中间业务的创新
D. 信息咨询方面的创新

【答案】B

【解析】贷款证券化是商业银行资产业务创新四种主要表现形式之一。

【2010年单选题】下面属于资产业务的创新的是( )。

A. 贷款证券化
B. 结算业务的创新
C. 扩大借入款的范围与用途
D. 信息咨询方面的创新

【答案】A

【解析】资产业务的创新主要表现在贷款业务上:(1)贷款结构的变化;(2)贷款证券化;(3)与市场利率密切联系的贷款形式不断推出;(4)贷款业务"表外化"。

【2012年单选题】商业银行负债业务创新的最终目的是创造( )。

A. 低成本的存款来源
B. 存款账户的灵活性
C. 存款的获利能力
D. 更多的派生存款

【答案】D

【解析】商业银行负债业务创新的最终目的就是扩大商业银行原始存款的资金来源,并且通过各种合理、合规的创新业务的技术处理,减少或逃避法定存款准备金率的约束,从而创造更多的派生存款。

【2008年多选题】在金融创新过程中,商业银行的贷款有逐渐"表外化"的倾向,具体业务包括贷款额度、周转性贷款承诺、循环贷款协议和( )。

A. 贷款打包出售
B. 回购协议
C. 票据发行便利
D. 大额可转让存单
E. 可转让支付命令

【答案】BC

【解析】商业银行贷款业务"表外化",具体业务包括回购协议、贷款额度、周转性贷款承诺、循环贷款协议、票据发行便利等。

【2011年单选题】期权与其他衍生金融工具的主要区别在于买卖双方之间交易风险分布的( )。

A. 确定性
B. 不确定性
C. 对称性
D. 非对称性

【答案】D

【解析】期权与其他衍生金融工具的主要区别在于其他衍生金融工具所产生的风险格局是对称的,而期权交易的风险在买卖双方之间的分布却不对称。期权买方损失有限、获利无限;而卖方正好相反。

【2012年单选题】金融期货最主要的功能是( )。

A. 风险转移和价格发现
B. 风险转移和收益
C. 价格发现和收益
D. 价格发现和收益

【答案】A

【解析】金融期货的最主要的功能就在于风险转移和价格发现。风险转移功能是指套期保值者通过金融期货交易将价格风险转移给愿意承担风险的投机者。价格发现功能是指在一个公开、公平、高效、竞争的期货市场中,通过集中竞价形成期货价格的功能。

【2010年单选题】对于看涨期权的买方来说,当( )时会选择执行。

A. 市场价格高于合约执行价
B. 市场价格低于合约执行价
C. 市场价格等于合约执行价
D. 市场价格高于或者等于合约执行价

【答案】A

【解析】对于看涨期权的买方来说,当市场价格高于合约的执行价格时,他会行使期权,取得收益;当市场价格低于执行价格时,他会放弃合约,亏损金额即为期权费。对于看跌期权的买方来说,情况则恰好相反。

【2010年单选题】( )从事衍生品交易是为了减少未来的不确定性,降低甚至消除风险。

A. 投机者
B. 套期保值者
C. 套利者
D. 经纪人

【答案】B

【解析】根据交易目的的不同,金融衍生品市场上的交易主体分为四类:套期保值者、投机者、套利者和经纪人。其中套期保值者又称风险对冲者,他们从事衍生品交易是为了减少未来的不确定性,降低甚至消除风险。

【2009年单选题】在金融衍生工具中,远期合约的最大功能是( )。

A. 增加收益
B. 增加交易量
C. 方便交易
D. 转嫁风险

【答案】D

【解析】远期合约的最大功能是转嫁风险。

【2008年单选题】互换是指两个或两个以上的当事人依据预先约定的规则,在未来的一段时期内互相交换某种资产( )的交易。

A. 现金流量　　　　B. 证券组合

C. 货币组合　　　　D. 衍生工具

【答案】A

【解析】互换也称为掉期,是指两个或两个以上的当事人依据预先约定的规则,在未来的一段时期内,互相交换一系列现金流量(本金、利息、价差等)的交易。

【例题 多选题】金融创新按创新的主体进行分类可以分为( )。

A. 市场主导型　　　　B. 逃避管制型

C. 政府主导型　　　　D. 规避风险型

E. 技术推动型

【答案】AC

【解析】金融创新按创新的主体进行分类可以分为市场主导型和政府主导型。

【例题 多选题】金融创新按创新动因进行分类可以分为( )。

A. 逃避管制型　　　　B. 市场主导型

C. 规避风险型　　　　D. 技术推动型

E. 理财型

【答案】ACDE

【解析】金融创新按创新动因分类可以分为:逃避管制型、规避风险型、技术推动型、理财型。

【例题 多选题】按照创新内容的不同,金融创新可以分为( )。

A. 制度创新　　　　B. 业务创新

C. 工具创新　　　　D. 技术推动

【答案】ABC

【解析】按照创新内容的不同,金融创新可以分为制度创新、业务创新和工具创新。

【例题 多选题】商业银行的负债业务创新主要表现在存款业务上,体现在( )。

A. 贷款结构的变化

B. 改造传统业务,创设与拓展新型存款方式

C. 创设新型存款账户

D. 扩大借入款的范围与用途

E. 贷款证券化

【答案】BCD

【解析】本题考查商业银行的负债业务的创新,其存款业务创新主要体现在以下几个方面:

(1) 改造传统业务,创设与拓展新型存款方式;

(2) 创设新型存款账户;

(3) 扩大借入款的范围与用途。

【例题 多选题】下面选项中对于商业银行的负债业务创新的描述正确的是( )。

A. 改造传统业务,创设与拓展新型存款方式

B. 创设新型存款账户

C. 扩大借入款的范围与用途

D. 最终目的就是扩大商业银行原始存款的资金来源,并且通过各种合理、合规的创新业务的技术处理,减少法定存款准备金率的约束,从而创造更多的派生存款

E. 贷款业务"表外化"

【答案】ABCD

【解析】本题考查商业银行的负债业务,负债业务的创新主要表现在存款业务上:

(1) 改造传统业务,创设与拓展新型存款方式;

(2) 创设新型存款账户;

(3) 扩大借入款的范围与用途。

负债业务创新的最终目的就是扩大商业银行原始存款的资金来源,并且通过各种合理、合规的创新业务的技术处理,减少法定存款准备金率的约束,从而创造更多的派生存款。选项E是贷款业务的创新表现。

【例题 多选题】资产业务的创新主要表现在贷款业务上,主要体现在( )。

A. 贷款结构的变化

B. 贷款证券化

C. 与市场利率密切联系的贷款形式不断推出

D. 贷款业务"表外化"

E. 创设新型存款账户

【答案】ABCD

【解析】本题考查商业银行的资产业务。资产业务的创新主要表现在贷款业务上,主要表现在:

(1) 贷款结构的变化;

(2) 贷款证券化;

(3) 与市场利率密切联系的贷款形式不断推出;

(4) 贷款业务"表外化"。

【例题 多选题】下列选项中对于资产业务的创新,描述正确的是( )。

A. 主要的目的是为了降低风险、服务客户、扩大收益、减少资本充足率指标对于商业银行资金运用能力的限制,以及业务范围方面的监管限制

B. 扩大借入款的范围与用途

C.贷款证券化

D. 与市场利率切联系的贷款形式不断推出

E.贷款业务"表外化"

【答案】ACDE

【解析】本题考查资产业务的创新，资产业务的创新主要表现在贷款业务上：

(1) 贷款结构的变化；

(2) 贷款证券化；

(3) 与市场利率密切联系的贷款形式不断推出；

(4) 贷款业务"表外化"。

另外，证券投资业务上的创新主要有：股指期权、股票期权等形式。其主要的目的是为了降低风险、服务客户、扩大收益、减少资本充足率指标对于商业银行资金运用能力的限制，以及业务范围方面的监管限制等。

【例题　多选题】中间业务的创新主要表现在( )。

A. 存款业务的创新

B. 结算业务的创新

C. 信托业务的创新

D. 现金管理业务的创新

E. 信息咨询方面的创新

【答案】BCDE

【解析】本题考查中间业务的创新，中间业务的创新主要表现在以下几个方面：

(1)结算业务的创新；

(2)信托业务的创新；

(3)现金管理业务的创新；

(4)信息咨询方面的创新；

(5)自动化服务的创新。

除了选项BCDE之外，还有一个自动化服务的创新。

【例题　多选题】下面有关中间业务的创新描述错误的是( )。

A. 商业银行发展、创新表外业务通过保持资产负债表的良好外观来维持自身稳健经营的形象

B. 表现在存款业务的创新上

C. 表现在贷款证券化上

D. 与中间业务联系密切的表外业务，是商业银行业务创新的重要内容

E. 商业银行发展、创新表外业务的直接动机是规避金融监管当局对资本金的特殊要求

【答案】BC

【解析】本题考查中间业务与中间业务联系密切的表外业务，是商业银行业务创新的重要内容，商业银行发展、创新表外业务的直接动机是规避金融监管当局对资本金的特殊要求，通过保持资产负债表的良好外观来维持自身稳健经营的形象。

【例题　单选题】商业银行发展、创新表外业务的直接动机是( )。

A. 规避金融监管当局对资本金的特殊要求，通过保持资产负债表的良好外观来维持自身稳健经营的形象

B. 是为了降低风险、服务客户、扩大收益、减少资本充足率指标对于商业银行资金运用能力的限制，以及业务范围方面的监管限制等

C.是扩大商业银行原始存款的资金来源

D. 是通过各种合理、合规的创新业务的技术处理，减少法定存款准备金率的约束，从而创造更多的派生存款

【答案】A

【解析】本题考查商业银行发展、创新表外业务的直接动机，规避金融监管当局对资本金的特殊要求，通过保持资产负债表的良好外观来维持自身稳健经营的形象是商业银行发展、创新表外业务的直接动机。选项B为了降低风险、服务客户、扩大收益、减少资本充足率指标对于商业银行资金运用能力的限制，以及业务范围方面的监管限制等是资产业务的创新的目的。选项CD扩大商业银行原始存款的资金来源，通过各种合理、合规的创新业务的技术处理，减少法定存款准备金率的约束，从而创造更多的派生存款是负债业务的创新。

第二节　金融深化

金融深化是指随着一个国家或地区的经济发展对金融服务不断提出的新的要求，其金融中介、金融工具和金融市场不断进行创新，市场可以运用的资金潜力不断被挖掘，市场规模不断增加，同时不断走向专业化和复杂化的过程。它既包括金融机构和产品的创新，也包括金融制度和技术的创新；既包含数量的增加，也包含质量的提高。

金融深化是金融体系的变化作用于经济体系程度的一种反映。

思维导图

本节涉及多个知识点和概念，如图6-3所示。

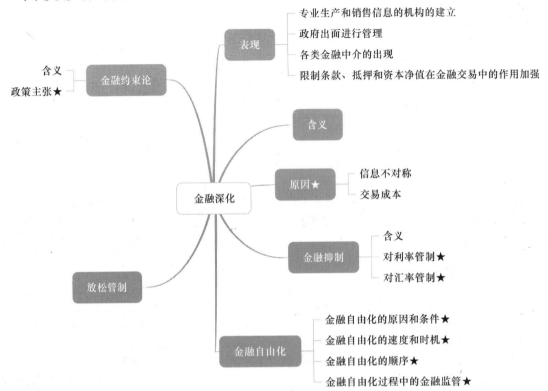

图6-3 金融深化

知识点测试

【2012年单选题】金融发展不单是指金融数量或质量上的变化，更主要的是指（　）。

A. 农村金融市场的发展

B. 外资金融机构的增加

C. 金融产品的复杂化

D. 金融效率的提高

【答案】D

【解析】金融发展不单是指数量或质量上的变化，更主要的是指金融效率的提高，体现为对经济发展需要的满足程度和贡献作用。

【2007年单选题】金融深化一个最基本的衡量方法是所谓"货币化"程度，即（　）。

A. 社会信用总额与国民收入额的比例

B. 实物资产总额与对外净资产之比

C. 某一时点上现存金融资产总额与国民财富之比

D. 国民生产总值中货币交易总值所占的比例

【答案】D

【解析】货币化程度指标＝货币交易总值/国民生产总值，即有多少交易是通过货币而不是通过实物完成的。

【2011年多选题】现代金融深化的表现包括（　）。

A. 专业生产和销售信息的机构的建立

B. 各类金融中介的出现

C. 限制条款、抵押和资本净值在金融交易中的作用加强

D. 大银行的资产规模急速扩张

E. 中央银行对商业银行的管制越来越细

【答案】ABC

【解析】现代金融深化的表现包括专业生产和销售信息的机构的建立；政府出面进行管理；各类金融中介的出现；限制条款、抵押和资本净值在金融交易中的作用加强。

【2010年单选题】( )是指交易的一方对交易的另一方的信息掌握的不充分而无法做出准确的决策。

A. 信息不对称

B. 逆向选择

C. 道德风险

D. 交易成本

【答案】A

【解析】信息不对称是指交易的一方对交易的另一方的信息掌握的不充分而无法做出准确的决策。信息不对称会降低市场的运作效率。

【2009年单选题】在金融深化的测量中，货币化程度是指( )。

A. 物物交换总值占货币交易总值的比例

B. 国民生产总值中货币交易总值所占的比例

C. 货币交易总值占物物交换总值的比例

D. 国民生产总值中现金交易总值所占的比例

【答案】B

【解析】货币化程度即国民生产总值中货币交易总值所占的比例。

【2010年单选题】 麦金农和肖将( )描述为包括利率和汇率在内的金融价格的扭曲以及其他手段使实际增长率下降，并使金融体系的实际规模下降，因而阻止或严重妨碍了经济发展的过程。

A. 金融抑制

B. 金融管制

C. 金融自由化

D. 放松管制

【答案】A

【解析】麦金农和肖将金融抑制描述为包括利率和汇率在内的金融价格的扭曲以及其他手段使实际增长率下降，并使金融体系的实际规模下降，因而阻止或严重妨碍了经济发展的过程。

【2009年多选题】金融抑制的原因包括( )。

A. 计划经济体制

B. 不适当的金融管制

C. 经济不发达

D. 缺乏金融发展的良好环境

E. 外资金融机构的恶性竞争

【答案】BD

【解析】事实上，金融抑制除了表现为利率和汇率的价格扭曲外，更多的是表现为一种金融"欠发达"状态，其原因除了可能是不适当的金融管制外，更多的可能是因为缺乏金融发展的良好环境。

【2009年多选题】利率管制对经济行为和经济增长有损害作用，其表现是( )。

A. 使政府无所适从，无能为力

B. 引导生产者、投资者不按意愿持有资金

C. 促使人们减少储蓄

D. 鼓励对贷款的超额需求

E. 导致资金外逃

【答案】CD

【解析】利率管制的结果是：使储蓄减少；鼓励了对贷款的超额需求，因而从微观和宏观多个层面对正常的经济行为和经济增长进行干扰和损害。

【2012年单选题】即使是赞同金融自由化的人，也认为政府的适当干预是必要的，因此，金融自由化并不否认( )。

A. 放松管制　　　　B. 金融约束

C. 金融监管　　　　D. 金融深化

【答案】C

【解析】金融自由化并不否认金融监管，即使是赞同金融自由化的人，也主张政府的适当干预是必要的。

【2008年单选题】金融约束论与金融抑制论的根本区别是( )。

A. 创造租金，提供适当的激励机制

B. 金融抑制是严格管制

C. 金融约束是软管制，金融抑制是硬管制

D. 金融约束是主动的，金融抑制是被动的

【答案】A

【解析】租金创造的直接目的是为竞争者提供适当的激励，诱发出一种对社会有益的活动。这是"金融约束论"与"金融抑制论"的根本区别。

第三节　金融深化与经济发展

在存在储蓄与投资的经济活动中，资金有盈余的一方就成为储蓄者，有赤字的一方就是投资者，金融的作用就是把储蓄转化为投资，从而提高全社会的经济增长水平。

金融除了直接承担商品和服务交换的资金清算外，还对经济增长主要发挥积极作用。同时金融深化与经济发展之间遵循一定的科学规律，比较著名的有三种模型。

思维导图

本节涉及多个知识点和概念，如图6-4所示。

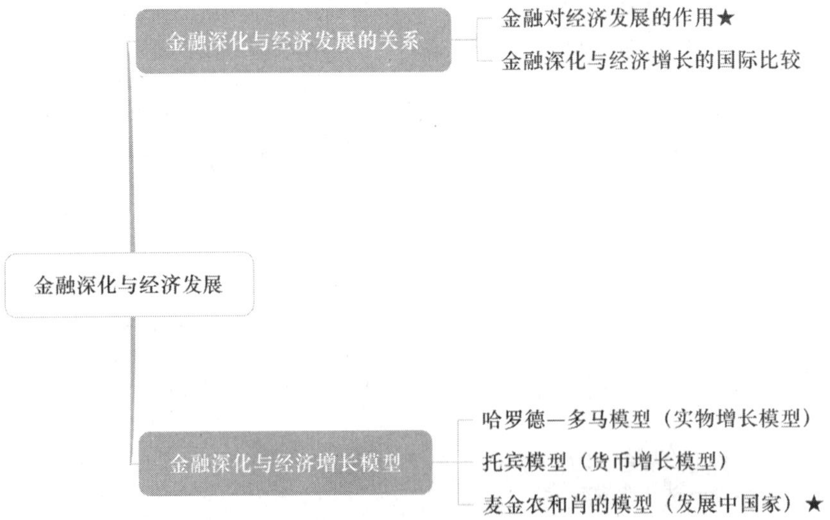

金融深化与经济发展的关系
— 金融对经济发展的作用★
— 金融深化与经济增长的国际比较

金融深化与经济发展

金融深化与经济增长模型
— 哈罗德—多马模型（实物增长模型）
— 托宾模型（货币增长模型）
— 麦金农和肖的模型（发展中国家）★

图6-4　金融深化与经济发展

 知识点测试

【2011年单选题】金融相关比率是指(　　)。

A. 实物资产总额与对外净资产之比

B. 与金融行业财务分析的有关比率

C. 某一时点上现存金融资产总额与国民财富之比

D. 描述国家经济金融发展的相关时期指标

【答案】C

【解析】金融相关比率，即某一时点上现存金融资产总额与国民财富——实物资产总额加上对外净资产之比。经济发展与金融发展之间存在着大致平行的关系。

【2008年单选题】戈德史密斯提出了衡量一国金融发展水平的相关指标——金融相关比率，即某一时点上(　　)。

A. 社会信用总额与国民收入额之比

B. 实物资产总额与对外净资产之比

C. 金融资产总额与国民财富之比

D. 国民生产总值中货币交易总值所占的比例

【答案】C

【解析】戈德史密斯在《金融结构与金融发展》中提出的金融相关比率指标等于金融资产总额与国民财富之比。

【2010年单选题】若边际储蓄倾向为0.2，则投资乘数为(　　)。

A. 2　　　　　　　　　　B. 1

C. 5　　　　　　　　　　D. 10

【答案】C

【解析】公式为：投资乘数=1/边际储蓄倾向，代入数据，投资乘数为5。

第四节　我国的金融改革与金融创新

我国的金融改革为金融创新提供了内在动力和外在压力。金融改革使金融机构体系逐步建立与完善，金融机构逐渐走向了商业化。现代企业制度的引入，使金融机构成为独立的经济组织和经营实体，追求利润成为其重要的经营目标，而金融创新提供了利润的新的增长点。

同时，金融改革也为金融创新创造了基础条件和保障条件，带来了金融市场的建立和发展，为金融产品创新提供了市场基础条件，金融改革带来了金融监管体制和机制的变化，使金融监管更为科学化、市场化。

 思维导图

本节涉及多个知识点和概念，如图6-5所示。

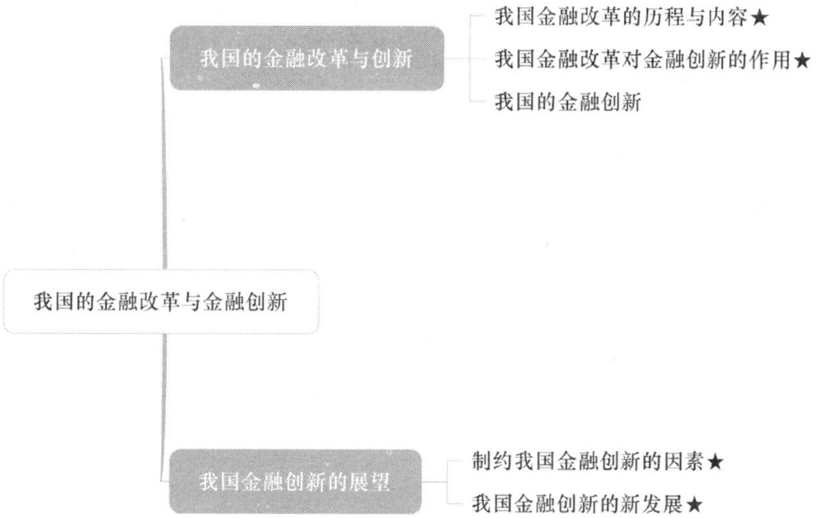

图6-5　我国的金融改革与金融创新

知识点测试

【例题　多选题】制约我国金融创新的因素有(　　)。

A. 金融体制僵化

B. 利率的市场化程度不高

C. 金融市场不完整

D. 金融创新的环境不够理想

E. 科学技术水平以及通讯业的发达程度也在一定程度上制约了金融创新的发展

【答案】ABCDE

【解析】本题考查制约我国金融创新的因素内容，主要表现在：金融体制僵化，金融业缺乏足够的独立性，金融体制仍未能彻底摆脱传统体制脐带的束缚，行政干预仍会不时再现，金融制度的创新受到压抑。利率的市场化程度不高，利率机制缺乏弹性，不能真正反映资金的价格，从而影响了金融机构创新引导资金正确流向的金融工具。金融市场不完整。金融创新的环境不够理想。科学技术水平以及通讯业的发达程度也在一定程度上制约了金融创新的发展。

考题预测及强化训练

一、单项选择题

1. 中国保险监督管理委员会的建立是在(　　)。

A. 1992年　　　　　　　B. 2002年

C. 1996年　　　　　　　D. 1998年

2. 金融业务创新的核心内容是(　　)。

A. 分业管理制度的改革

B. 商业银行的业务创新

C. 金融工具的创新

D. 金融服务的创新

3. 希克斯和尼汉斯认为金融创新的支配因素是(　　)。

A. 制度变革　　　　　　B. 规避管制

C. 市场竞争　　　　　　D. 降低交易成本

4. 我国金融创新里程碑式的文件是(　　)。

A. 商业银行法

B. 证券投资基金法

C. 商业银行金融创新指引

D. 中华人民共和国外汇管理条例

5. 实现有保证的增长率，要求满足的条件是(　　)。

A. $S=sY$　　　　　　　B. $S=I$

C. $I=Vy$　　　　　　　D. $S=V$

6. 金融约束论批评金融自由化的主要理由是(　　)。

A. 金融自由化不符合发展中国家的实际

B. 金融自由化只是满足了发达国家的需要

C. 金融市场更容易失败

D. 永远没有绝对的自由化

7. 金融深化最基本的衡量方法是(　　)。

A. 货币化程度　　　　　B. 金融相关比率

C. 流动性比率　　　　　D. 资本充足率

8. 资产业务的创新主要体现在( )上。
   A. 贷款业务　　　　　　B. 负债业务
   C. 存款业务　　　　　　D. 以上都不是

9. 以下四类衍生金融工具中，( )是其他三类衍生工具的始祖。
   A. 金融期货　　　　　　B. 远期合约
   C. 金融期权　　　　　　D. 金融互换

10. 商业银行在资产业务方面进行创新的主要目的在于( )。
    A. 扩大资金来源，创造派生存款
    B. 套期保值，回购交易，贷款证券化
    C. 扩大业务范围，强化银企关系
    D. 降低风险，服务客户，扩大收益

11. 金融创新以1961年美国花旗银行首次推出的( )为典型标志。
    A. 远期合同　　　　　　B. 大额可转让定期存单
    C. 金融期货　　　　　　D. 金融期权

12. 放松或取消对金融业的某些政策限制，更加强调市场对利率、汇率等的决定作用，称为( )。
    A. 金融深化　　　　　　B. 金融抑制
    C. 金融发展　　　　　　D. 金融自由化

13. 金融创新的负面影响主要体现在( )。
    A. 增加了金融业的系统风险
    B. 导致的融资证券化、银行非中介化，使得金融资源的配置方式和配置结构都发生了重大变化
    C. 提高了支付清算能力和速度
    D. 以上都不是

14. 下面对于货币化程度的描述中正确的是( )。
    A. 货币化程度越高，表明"自然经济"和"物物交换总值"的比重越高，经济的市场化程度也越高
    B. 货币化程度越高，表明"自然经济"和"物物交换总值"的比重越低，经济的市场化程度就越高
    C. 货币化程度越高，表明"自然经济"和"物物交换总值"的比重越高，经济的市场化程度就越低
    D. 货币化程度越高，表明"自然经济"和"物物交换总值"的比重越低，经济的市场化程度也越低

15. 麦金农和肖将金融抑制描述为( )。
    A. 金融市场的取缔
    B. 金融结构的失衡
    C. 利率和汇率等金融价格的扭曲

    D. 对贷款的超额需求

16. 当金融体系和金融结构发生大量深刻变化的时候，就是( )。
    A. 金融工具创新　　　　B. 金融业务创新
    C. 金融制度创新　　　　D. 金融政策创新

17. 金融创新是指( )。
    A. 在金融领域内金融机构数量增加
    B. 在金融市场上金融资产规模扩大
    C. 在金融领域内投资者数量增加
    D. 在金融领域内各种要素之间实行新的组合

18. 金融约束论的核心思想是( )。
    A. 强调市场调节的作用
    B. 强调自由化的作用
    C. 强调政府干预金融的作用
    D. 强调发展的作用

19. 下面对于金融抑制的描述错误的是( )。
    A. 对利率进行管制，一方面使储蓄减少，另一方面又鼓励了对贷款的超额需求
    B. 对汇率进行管制，使得市场参与者并不能根据自己的意愿自由决定外汇的持有量
    C. 对汇率进行管制，不能根据汇率水平的高低变化调整外汇供求数量
    D. 对于外汇供求弹性比较大

20. 在几种主要的衍生金融工具中，远期合约的最大功能在于( )。
    A. 转嫁风险　　　　　　B. 价格发现
    C. 套期保值　　　　　　D. 组合套利

21. 在我国，最具有代表性的商业银行中间业务创新是( )。
    A. 信托存款　　　　　　B. 质押贷款
    C. 回购协议　　　　　　D. 信用卡业务

22. 下列属于我国21世纪以来金融管理制度创新内容的是( )。
    A. 中央银行体制的形式
    B. 对于混业经营的尝试
    C. 设立同业拆借市场
    D. 黄金市场开锣

23. 利用市场不完全条件下，有内在联系的金融工具之间的价格背离来获取利润的金融技术称为( )。
    A. 金融期货　　　　　　B. 金融期权
    C. 掉期　　　　　　　　D. 套利

24. 银行特许权价值是指( )。
    A. 掌握审批权所特有的价值
    B. 经过特殊批准而获得的价值

C. 由实施金融约束为银行创造的平均租金

D. 由实施金融约束为银行创造的收入

25. 在金融交易中，逆向选择和道德危害产生的根源在于(　　)。

A. 垄断　　　　　　　　B. 局部性

C. 公共产品　　　　　　D. 信息不对称

26. 商业银行资产业务创新的主要目的是(　　)。

A. 降低风险

B. 存款账户的灵活性

C. 创造更多的派生存款

D. 规避金融监管当局对资本金的特殊要求

27. 我国发布的第一个规范金融创新的文件——《商业银行金融创新指引》是我国金融创新里程碑式的文件，它于(　　)开始实施。

A. 2006年　　　　　　B. 2008年

C. 2009年　　　　　　D. 2004年

28. 社会的货币化程度，是指(　　)。

A. 金融资产总额与实物资产总额的比重

B. GNP中货币交易总值所占的比例

C. 一定时期内社会金融活动总量与经济活动总量的比值

D. 各经济部门拥有的金融资产与负债的总额

29. 下列属于商业银行负债业务创新项目的是(　　)。

A. 回购协议　　　　B. 可转让支付命令账户

C. 备用信用证　　　D. 金融互换

30. 在期权交易中，对于交易双方的损失与获利机会说法正确的是(　　)。

A. 从理论上讲，买方和卖方的获利机会都到无限的

B. 从理论上讲，买方的损失是有限的，卖方的获利机会是无限的

C. 从理论上讲，买方的获利机会是无限的，卖方的损失是无限的

D. 从理论上讲，买方和卖方的损失都是有限的

二、多项选择题

1. 金融对经济增长的作用体现在(　　)等方面。

A. 动员增加社会储蓄

B. 分配社会资本资源

C. 监督企业经理人员的管理活动

D. 转移和分散金融风险

E. 吸收存款和发放贷款

2. 金融创新对于提高金融市场运作效率的积极作用体现在(　　)。

A. 提高了市场价格对信息反映的灵敏度

B. 增加了可供选择的金融工具类型

C. 增强了防范非系统风险的能力

D. 避免金融创新中出现的泡沫经济

E. 有效预防过度投机

3. 随着金融机构竞争的加剧，CDs出现了许多新的变种，主要有(　　)。

A. 不变利率定期存单

B. 可变利率定期存单

C. 牛市定期存单

D. 扬基定期存单

E. 欧洲或亚洲美元存单

4. 金融互换的优越性有(　　)。

A. 互换的期限相当灵活

B. 互换能满足交易者对非标准化交易的要求

C. 互换能满足交易者对标准化交易的要求

D. 进行互换可以进行套期保值，可以省却其他产品对头寸的日常管理和经常性重组的麻烦

E. 互换的期限相对固定

5. 金融期货的最主要的功能在于(　　)。

A. 逃避管制　　　　B. 转移风险

C. 追逐利润　　　　D. 价格发现

E. 平衡权益

6. 商业银行的贷款业务有逐步"表外化"的倾向，具体业务包括(　　)。

A. 票据发行便利　　B. 贷款额度

C. 回购协议　　　　D. 循环贷款协议

E. 大额可转让定期存单

7. 金融创新的直接动因是(　　)。

A. 金融管制的放松　B. 市场竞争日趋激烈

C. 利润最大化的驱动　D. 科学技术进步

E. 金融管制的加强

8. 金融自由化的条件至少包括(　　)。

A. 微观经济稳定　　B. 资本充足率高

C. 财政纪律良好　　D. 法规、制度完善

E. 金融监管充分

9. 西方经济学家有关金融创新的理论主要有(　　)。

A. 西尔伯的约束诱致假说

B. 凯恩斯的流动性偏好理论

C. 制度学派与戴维斯的交易成本理论

D. 凯恩的"自由—管制"博弈

E. 希克斯与尼汉斯的交易成本理论

10. 金融创新对于提高金融机构运作效率的积极作用体现在(　　)。

A. 金融创新通过大量提供具有特定内涵和特性的金融工具、金融服务、交易方式或融资技术等成果，提高需求者的满足程度

B. 提高了支付清算能力和速度

C. 提高金融机构的盈利能力

D. 避免金融创新中出现的泡沫经济

E. 有效预防过度投机

11. 金融自由化与金融监管的关系是( )。

A. 两者互不相干

B. 金融自由化是相对金融监管而言的

C. 要加强金融监管，就是放弃金融自由化

D. 金融自由化否认了金融监管

E. 既要赞同金融自由化，也要主张政府适当干预的金融监管

12. 下列对我国金融创新的特点表述正确的是( )。

A. 起步晚、发展快

B. 吸纳性创新多，原始性创新少

C. 金融手段多样，重质量、轻数量

D. 负债类业务创新少、资产类业务创新少

E. 金融创新有明显的区域性特征

13. 制约一国金融深化和金融创新的因素有( )。

A. 经济制度　　　　B. 经济发展水平

C. 现有技术条件　　D. 居民消费观念

E. 金融电子化水平

14. 金融对经济增长的作用除提供资金清算外，主要表现在( )。

A. 动员增加社会储蓄

B. 分配社会资本资源

C. 提高劳动生产率

D. 转移和分散金融风险

E. 监督企业经理人员的管理活动

15. 我国金融创新的环境不够理想，主要体现在( )。

A. 金融创新缺乏系统性

B. 金融创新缺乏规范性

C. 创新的风险、价格和效益均无理性相关

D. 金融体系仍存在一定的垄断

E. 金融管制仍相当严重

16. 金融自由化的顺序是( )。

A. 先国内实际部门的自由化，再国内金融部门的自由化

B. 先国内金融部门的自由化，再对外金融部门的自由化

C. 先金融自由化，再贸易自由化

D. 先国内金融部门的自由化，国内实际部门的自由化

E. 先对外金融部门的自由化，再国内金融部门的自由化

17. 金融创新对于提高金融资源的开发利用程度和配置效率的积极作用体现在( )。

A. 金融创新使得发展中国家的经济货币化程度提高，而发达国家则从经济货币化推进到金融化的高级阶段

B. 金融创新增加了许多新的货币性金融资产，增大了货币乘数，增强了金融机构派生存款的创造能力，扩大了货币供给量

C. 提高了支付清算能力和速度

D. 金融创新导致的融资证券化、银行非中介化使得金融资源的配置方式和配置结构都发生了重大变化

E. 提高金融机构的盈利能力

18. 下面( )属于资本市场工具的创新。

A. 企业债券　　　　B. 受益债券

C. 大额可转让存单　D. 股权证

E. 中长期政府债券

19. 金融约束论的主要观点包括( )。

A. 金融市场更容易以失败为由批评金融管制政策

B. 对存款利率、贷款利率加以控制

C. 对准入加以限制和对来自资本市场的竞争加以限制

D. 为金融部门和生产部门制造租金机会，并提供必要的激励

E. 把汇率和某种国际货币固定

参考答案及解析

一、单项选择题

1.【答案】D

【解析】1998年，中国保险监督管理委员会建立，答案选D。

2.【答案】B

【解析】商业银行的业务创新构成了金融业务创新的核心内容。

3.【答案】D

【解析】希克斯和尼汉斯提出的金融创新的交易成本理论，认为金融创新的支配因素是降低交易成本。

4.【答案】C

【解析】2006年12月11日实施的《商业银行金融创新指引》是我国金融创新里程碑的文件。

5.【答案】B

【解析】保证的增长率要求$S=1$。

6.【答案】C

【解析】金融约束论者以金融市场更容易失败为由批评金融自由化。

7.【答案】A

【解析】金融深化最基本的衡量方法是货币化程度。

8.【答案】A

【解析】资产业务的创新主要体现在贷款业务上，答案选A。

9.【答案】B

【解析】远期合约是其他三种衍生工具的始祖，金融期货、期权和互换均可以认为是远期合约的延伸或变形。

10.【答案】D

【解析】资产业务的创新，主要目的是为了降低风险、服务客户、扩大收益、减少资本充足率指标对于商业银行资金运用能力的限制，以及业务范围方面的监管限制等。

11.【答案】B

【解析】金融创新以1961年美国花旗银行首次推出的大额可转让定期存单(CDs)为典型标志。

12.【答案】D

【解析】金融自由化是指放松或取消对金融业的某些政策限制，更加强调市场对利率、汇率等的决定作用。

13.【答案】A

【解析】金融创新的负面影响主要体现在增加了金融业的系统风险，答案选A。

14.【答案】B

【解析】测量金融深化一个最基本的衡量方法是所谓"货币化"程度，即国民生产总值中货币交易总值所占的比例。货币化程度越高，表明"自然经济"和"物物交换总值"的比重越低，经济的市场化程度就越高。正确答案选B。

15.【答案】C

【解析】本题考查金融抑制的相关内容。麦金农和肖将金融抑制描述为包括利率和汇率在内的金融价格的扭曲以及其他手段使实际增长率下降，并使金融体系的实际规模下降，因而阻止或严重妨碍了经济发展的过程。

16.【答案】C

【解析】所谓金融制度的创新是指金融体系与金融结构的大量新变化。

17.【答案】D

【解析】本题考查金融创新的概念。金融创新就是在金融领域内各种要素之间实行新的组合。

18.【答案】C

【解析】金融约束论的核心思想是强调政府干预金融的作用。

19.【答案】D

【解析】金融抑制的表现有：对利率进行管制：一方面使储蓄减少，另一方面又鼓励了对贷款的超额需求，从微观和宏观多个层面对正常的经济行为和经济增长进行干扰和损害。对汇率进行管制，使得市场参与者并不能根据自己的意愿自由决定外汇的持有量。不能根据汇率水平的高低变化调整外汇供求数量，外汇供求极具刚性，其价格弹性近乎为零，使外汇市场的配置及运行效率低下。因此答案选D。

20.【答案】A

【解析】远期合约是根据买卖双方的特殊需求由买卖双方自行签订的合约。其最大功能在于转嫁风险。

21.【答案】D

【解析】信用卡业务是我国最具代表性的商业银行中间业务创新，它从无到有，从单一的消费功能到目前的实现本、外币的存取汇兑、贷款、清算、投资、消费一条龙服务，这是我国商业银行从未有过的新型金融服务。

22.【答案】B

【解析】只有"对于混业经营的尝试"才是金融管理制度创新的内容。而"黄金市场开锣""设立同业拆借市场"是金融市场创新的内容。"中央银行体制的形式"是金融体制的内容。

23.【答案】D

【解析】套利是指利用市场不完全条件下，有内在联系的金融工具之间的价格背离来获取利润的金融技术。套利的目的在于从价格的差异中获利，却不承担风险。

24.【答案】C

【解析】银行特许权价值是指实施金融约束为银行创造的平均租金。

25.【答案】D

【解析】由于信息不对称，就容易导致所谓"逆向选择"，形成"道德风险"。

26.【答案】A

【解析】资产业务的创新，主要的目的是为了降低风险、服务客户、扩大收益、减少资本充足率指标对于商业银行资金运用能力的限制，以及业务范围方面的监管限制等。

27.【答案】A

【解析】《商业银行金融创新指引》是2006年实施的。答案选A。

28.【答案】B

【解析】测量金融深化一个最基本的衡量方法是所谓"货币化"程度。即国民生产总值中货币交易总值所占的比例。

29.【答案】B

【解析】商业银行为了迎合市场上不同客户的不同需求，不断推出新型存款账户，主要有：可转让支付命令账户(NOW)；超级可转让支付命令账户(Super NOW)；电话转账服务和自动转账服务(ATS)；股金汇票账户；货币市场互助基金；协议账户；个人退休金账户；定活两便存款账户(TDA)；远距离遥控业务(RSU)等。

30.【答案】C

【解析】在期权交易中，从理论上讲期权买卖双方的权利与义务并不对等，期权的买方有权利无义务，而卖方只有义务没有自由选择的权利，答案选C。

二、多项选择题

1.【答案】ABCD

【解析】本题考查金融对经济增长的作用。

2.【答案】ABC

【解析】金融创新对于提高金融市场运作效率的积极作用体现在：首先，提高了市场价格对信息反映的灵敏度；其次，增加了可供选择的金融工具类型；最后，增强了防范非系统风险的能力。因此答案选ABC。

3.【答案】BCDE

【解析】本题考查大额可转让定期存单(CDs)的新品种。

4.【答案】ABD

【解析】本题考查金融互换的优越性。

5.【答案】BD

【解析】金融期货的最主要的功能在于风险转移和价格发现。

6.【答案】ABCD

【解析】贷款业务"表外化"具体业务有：回购协议、贷款额度、周转性贷款承诺、循环贷款协议、票据发行便利等。

7.【答案】ABCD

【解析】金融创新的直接动因有：金融管制的放松、市场竞争日趋激烈、利润最大化的驱动和科学技术的进步。

8.【答案】CDE

【解析】金融自由化的条件：①宏观经济稳定；②财政纪律良好；③法规、会计制度、管理体系完善；④充分谨慎的商业银行监管；⑤取消对金融体系歧视性的税负(如利率上限、信贷管制、高储备率等)。此外，还必须有一些监管配套的条件，包括合格的专业人才，加强对银行的审计监督，全面检查考核银行的贷款结构和贷款质量等。

9.【答案】ACDE

【解析】金融创新的理论主要有：①西尔伯的约束诱致假说；②制度学派与戴维斯的交易成本理论；③凯恩的"自由—管制"的博弈；④希克斯与尼汉斯的交易成本理论。而"凯恩斯的流动性偏好理论"是指货币需求函数方面的内容。

10.【答案】ABC

【解析】金融创新对于提高金融机构运作效率的积极作用体现在:首先，金融创新通过大量提供具有特定内涵和特性的金融工具、金融服务、交易方式或融资技术等成果，提高需求者的满足程度；其次，提高了支付清算能力和速度；最后，提高金融机构的盈利能力。因此答案选ABC。

11.【答案】BE

【解析】金融自由化并不否认金融监管，即使是赞同金融自由化的人，也主张政府的适当干预是必要的。

12.【答案】ABE

【解析】我国金融创新的特点是：起步晚、发展快；突破金融管制的创新少，伴随市场建立和发展的创新产品多；金融手段单一，重数量、轻质量；负债类业务创新多，资产类业务创新少；创新的区域性特征明显；靠外部力量推动的被动创新居多。

13.【答案】ABCD

【解析】制约一国金融深化和金融创新的因素有：经济制度；经济发展水平；现有技术条件；居民消费观念。

14.【答案】ABDE

【解析】金融对经济增长的作用表现为：①动员增加社会储蓄；②分配社会资本资源；③监督企业经理人员的管理活动；④转移和分散金融风险。

15.【答案】DE

【解析】我国金融创新的环境不够理想，具体表现在：①金融体系仍存在一定程度的垄断；

②金融管制仍相当严重。

16. 【答案】AB

【解析】金融自由化的顺序是：先国内实际部门的自由化，再国内金融部门的自由化；先国内金融部门的自由化，再对外金融部门的自由化。

17. 【答案】ABD

【解析】金融创新提高了金融资源的开发利用程度和配置效率，体现在：首先，金融创新使得发展中国家的经济货币化程度提高，而发达国家则从经济货币化推进到金融化的高级阶段；其次，金融创新增加了许多新的货币性金融资产，增大了货币乘数，增强了金融机构派生存款的创造能力，扩大了货币供给量；最后，金融创新导致的融资证券化、银行非中介化使得金融资源的配置方式和配置结构都发生

了重大变化。因此选项ABD正确，而选项CE是金融创新对于提高金融机构运作效率的积极作用，排除不选。

18. 【答案】ABDE

【解析】资本市场工具的创新主要有：企业债券、受益债券、股票、股权证、基金证券、投资连接保险和分红型保险，选项C属于货币市场工具创新，排除不选，答案选ABDE。

19. 【答案】BCD

【解析】金融约束论是指通过选择一组金融政策，如对存款利率、贷款利率加以控制，对准入加以限制和对来自资本市场的竞争加以限制等，为金融部门和生产部门制造租金机会，从而为这些部门提供必要的激励，促进它们在追逐租金中把私人信息并入到配置决策中。

第七章　货币供求及其均衡

本章主要讲述货币需求、货币均衡等的含义，货币需求理论和货币供给机制。

从近三年考题情况来看，本章主要考查货币需求理论、货币供应量、货币均衡的实现机制等。这些知识点需要考生重点把握。

本章重要考点分析

本章涉及多个重要考点，涵盖了货币需求及其理论、货币供给过程、货币层次、多倍存款创造和货币乘数，以及货币均衡的条件及标志和实现机制等内容，涉及的知识点较之前面几章而言不多，但是有关货币均衡曲线、货币均衡条件和标志以及货币均衡的实现机制等内容仍然是易考点和难点，需要引起考生注意。

详细考点分析如图7-1所示。

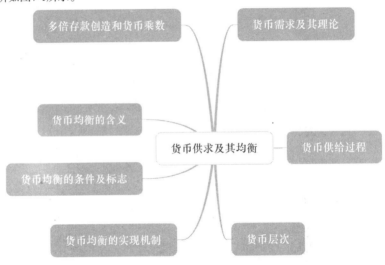

图7-1　货币供求及其均衡

本章近三年题型及分值总结

本章知识点虽然总体内容不多，但是在历年考试中所占的考题比例却不低，其中2011年和2012年共出现6道选择题，平均分值8～10分，因此仍需要考生重点理解掌握。本章题型分布及分值情况如表7-1所示。

表7-1　货币供求及其均衡题型及分值

年　份	单项选择题	多项选择题	案例分析题
2013年	5题	2题	0题
2012年	4题	2题	0题
2011年	4题	2题	0题

第一节 货币需求

货币需求是指经济主体对执行流通手段和价值贮藏手段的货币的需求，本节介绍了包括马克思的货币需求理论、货币数量论的货币需求理论、凯恩斯的货币需求函数和弗里德曼的货币需求函数四种货币需求理论。

 思维导图

本节涉及多个知识点和概念，如图7-2所示。

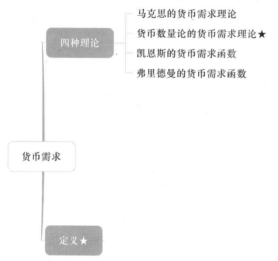

图7-2 货币需求

知识点测试

【2010年多选题】费雪方程式中，不受货币存量变动影响的是( )。

A. 价格水平

B. 各类商品的交易数量

C. 货币流通速度

D. 利率水平

【答案】BC

【解析】费雪方程式：$MV=PY$，其中M是总货币存量，P是价格水平，Y为各类商品的交易数量，V是货币流通速度，它代表了单位时间内货币的平均周转次数。费雪认为，交易方程式中的V和Y两个变量在长期中都不受M变动的影响。V是制度因素影响的，它取决于人们的支付习惯、信用发达程度、运输条件等社会因素，而Y则取决于资本、

劳动力及自然资源的供给状况和生产技术等非货币因素。

【2009年单选题】与弗里德曼的货币需求函数不同，凯恩斯的货币需求函数更重视( )的主导作用。

A. 恒常收入   B. 汇率

C. 利率   D. 货币供给

【答案】C

【解析】凯恩斯的货币需求函数非常重视利率的主导作用。

【2009年单选题】弗里德曼认为，在货币需求函数的诸多自变量中，最重要的自变量是( )。

A. 债券利率   B. 存款利率

C. 市场利率   D. 恒常收入

【答案】D

【解析】尽管弗里德曼在他的货币需求函数中列举的因素相当多，但他十分强调恒常收入的主导作用。

【例题 多选题】弗里德曼的货币需求函数与凯恩斯的货币需求函数的差别主要表现在( )。

A. 凯恩斯的货币需求函数非常重视利率的主导作用

B. 在货币政策传导变量的选择上，凯恩斯主义认为应是利率，货币主义坚持是货币供应量

C. 凯恩斯认为货币需求量受未来利率不确定性的影响，因而不稳定，货币政策应"相机行事"

D. 弗里德曼认为，货币需求量是稳定的，可以预测的，因而"单一规则"可行

E. 在货币政策传导变量的选择上，凯恩斯主义认为应是货币供应量，货币主义坚持是利率

【答案】ABCD

【解析】本题考查弗里德曼的货币需求函数与凯恩斯的货币需求函数的差别，主要表现在以下几个方面：

(1) 二者强调的侧重点不同。凯恩斯的货币需求函数非常重视利率的主导作用。凯恩斯认为，利率的变动直接影响就业和国民收入的变动，最终必然影响货币需求量。而弗里德曼则强调恒常收入对货币需求量的重要影响，认为利率对货币需求量的影响是微不足道的。

(2) 由于上述分歧，导致凯恩斯主义与货币主

义在货币政策传导变量的选择上产生分歧。凯恩斯主义认为应是利率,货币主义坚持是货币供应量。

(3)凯恩斯认为货币需求量受未来利率不确定性的影响,因而不稳定,货币政策应"相机行事"。而弗里德曼认为,货币需求量是稳定的,可以预测的,因而"单一规则"可行。

货币供给行为和货币供给量两大内容。西方学者主张把"流动性"原则作为划分货币层次的主要依据。所谓流动性是指某种金融资产转化为现金或现实购买力的能力。"流动性"好的金融资产,价格稳定、还原性强,可随时在金融市场上转让、出售。同时本节还涉及多倍存款创造和货币乘数的概念。

第二节 货币供给

货币供给是相对于货币需求而言的,它包括

 思维导图

本节涉及多个知识点和概念,如图7-3所示。

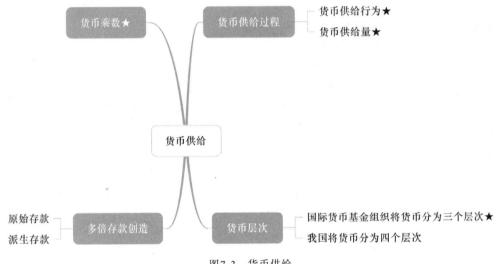

图7-3 货币供给

 知识点测试

【2012年单选题】下列选项中,流动性最强的是( )。

A. 定期存款

B. 有价证券

C. 活期存款

D. 大额可转让存单

【答案】C

【解析】现金和活期存款是直接的购买手段和支付手段,随时可形成现实的购买力,流动性最强。而储蓄存款一般需转化为现金才能用于购买,定期存款到期才能用于支付,如果要提前支付,还要蒙受一定损失,因而流动性较差。票据、债券、股票等有价证券,要转化为现实购买

力,必须在金融市场上出售之后,才能还原为现金或活期存款。

【2009年多选题】在不同层次的货币中,流动性较强,可以直接作为购买手段和支付手段的是( )。

A. 现金

B. 有价证券

C. 活期存款

D. 大额可转让存单

E. 定期存款

【答案】AC

【解析】现金和活期存款是直接的购买手段和支付手段,随时可形成现实的购买力,流动性最强。

【2008年多选题】狭义货币M_1包括(　　)。

A. 居民储蓄存款

B. 单位定期存款

C. 活期存款

D. 银行票据

E. 流通中的现金

【答案】CE

【解析】国际货币基金组织将货币划分为三个层次，其中M_1这一层次为：$M_1=M_0+$活期存款(包括邮政汇划制度或国库接受的私人活期存款)，M_0为流通于银行体系之外的现金。

【2012年多选题】影响货币供应量的因素主要有(　　)。

A. 商业银行的信贷收支

B. 黄金外汇储备

C. 国际收支

D. 商业银行规模

E. 财政收支状况

【答案】ABCE

【解析】影响货币供应量的因素主要有商业银行的信贷收支、黄金外汇储备、国际收支、财政收支状况。

【2011年单选题】黄金收购量大于销售量，基础货币量(　　)。

A. 减少　　　　　　　B. 不变

C. 增加　　　　　　　D. 不确定

【答案】C

【解析】在一定时期内，黄金收购量大于销售量，黄金储备增加，中央银行投入的基础货币增加；相反，黄金销售量大于收购量，黄金储备减少，中央银行收回基础货币，使货币供应量减少。

【2009年单选题】在影响货币乘数的诸多因素中，由商业银行决定的因素是(　　)。

A. 活期存款准备金率

B. 定期存款准备金率

C. 超额存款准备金率

D. 提现率

【答案】C

【解析】超额存款准备金是商业银行的存款准备金减去法定存款准备金后的剩余部分，是商业银行随时可以调度、使用的资金头寸。超额存款准备金率是这个剩余部分与存款准备金之间的比例。

【2008年单选题】财政出现赤字对货币供应量的影响主要取决于(　　)。

A. 赤字的多少

B. 弥补赤字的时间

C. 弥补赤字的地点

D. 弥补赤字的办法

【答案】D

【解析】财政支出大于财政收入，出现赤字，对货币供应量的影响如何，主要取决于财政赤字的弥补办法。

【2008年单选题】一个国家在一定时期内，国际收支如果是顺差，则增加外汇储备，中央银行增加基础货币投资，货币供应量(　　)。

A. 等额扩张　　　　　B. 数倍扩张

C. 等额收缩　　　　　D. 数倍收缩

【答案】B

【解析】一个国家在一定时期内，国际收支如果是顺差，则增加外汇储备，中央银行增加基础货币投放，货币供应量扩张。增加基础货币投放所引起的货币供应量扩张必然是数倍扩张。

【例题　单选题】货币供给的参与者不包括(　　)。

A. 中央银行

B. 存款机构

C. 储户

D. 政府机构

【答案】D

【选择】货币供给的参与者主要包括：中央银行，负债发行货币、实施货币政策；存款机构，从个人和机构手中吸收存款并发放贷款，包括商业银行、储蓄机构和信用社；储户，持有银行存款的机构和个人。

第三节　货币均衡

货币均衡又称货币供求均衡，是指在一定时期经济运行中的货币需求与货币供给在动态上保持一致的状态。

西方学者在研究货币均衡($M=L$)与经济均衡($S=I$)的关系时，是借助著名的一般均衡分析模型：$IS—LM$曲线展开的。货币能否均衡就主要取决于国民收入Y和利率r这两种因素，物价变动率是衡量货币是否均衡的主要标志。

思维导图

本节涉及多个知识点和概念，如图7-4所示。

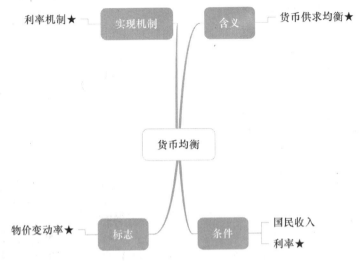

图7-4　货币均衡

知识点测试

【2008年单选题】一定时期内的国民收入，既是货币需求的本源，又是货币供给的最高界限。由于价值分配具有相对独立性，因而往往出现货币供给量超过实际国民收入的情况。这种现象被称为(　　)。

A. 国民收入超额分配　B. 积累超过消费

C. 消费需求不足　　　D. 投资需求不足

【答案】A

【解析】本题考查国民收入超额分配的定义。

【2007年单选题】在国民收入分配体系中，能够导致国民收入超额分配的部门一个是财政，另一个是(　　)。

A. 银行　　　　　　B. 企业

C. 家庭　　　　　　D. 个人

【答案】A

【解析】财政可以通过预算事先将未能生产出来的产品分配，银行也可以通过发放贷款的形式将尚未生产出来的物品预先分配出去。

【2008年单选题】货币供不应求，利率上升；货币供过于求，利率下降。因而适当调节利率水平，就可以直接调节(　　)。

A. 投资支出　　　　B. 消费支出

C. 出口量　　　　　D. 货币供求

【答案】D

【解析】均衡利率水平的形成是由货币供求的条件决定的。货币供不应求，利率上升；货币供过于求，利率下降。同样的道理，适当调节利率水平，就可以有效调节货币供求，使其处于均衡状态。

【2007年多选题】在市场经济条件下，实现货币均衡的重要条件有(　　)。

A. 信贷收支平衡

B. 企业收支平衡

C. 国民收入无超额分配

D. 均衡利率水平

E. 财政收支平衡

【答案】CD

【解析】在市场经济条件下，国民收入无超额分配和均衡利率水平是实现货币均衡的两大条件。

【2012年单选题】货币的容纳量弹性是指(　　)。

A. 货币供应量对通货膨胀的反映

B. 货币需求量对货币供应量有适应性

C. 货币需求量对经济的发展情况有适应性

D. 货币供应量对货币需求量有适应性

【答案】D

【解析】货币供应量对于货币需求量具有一定的弹性或适应性，即货币容纳量弹性。

【2009年单选题】在市场经济制度下，判定货币供求是否均衡的主要指标是(　　)。

A. 货币流通速度

B. 国际收支水平

C. 社会就业率

D. 物价变动率

【答案】D

【解析】在市场经济制度下，物价变动率是衡量货币是否均衡的主要标志。

考题预测及强化训练

一、单项选择题

1. 凯恩斯认为，由交易动机和预防动机引起的货币需求主要取决于( )。
   A. 利率
   B. 收入
   C. 资本边际效率
   D. 劳动边际效率

2. 黄金储备对货币供应量的影响取决于黄金( )。
   A. 输出量与输入量的变化
   B. 开采量的多少
   C. 销售量的增减
   D. 收购量与销售量的变化

3. 提现率越大，货币乘数则( )。
   A. 越大
   B. 越小
   C. 不变
   D. 不确定

4. 凯恩斯主义认为货币政策传导变量为( )。
   A. 利率
   B. 货币供应量
   C. 超额准备
   D. 基础货币

5. 在货币供给形成过程中，假定其他条件不变，如果黄金收购量小于销售量，基础货币量( )。
   A. 减少
   B. 增加
   C. 不变
   D. 既可能增加也可能减少

6. 货币需求是指经济主体对执行( )的货币的需求。
   A. 流通手段和价值贮藏手段
   B. 流通手段和支付手段
   C. 价值尺度和支付手段
   D. 价值尺度和价值贮藏手段

7. 在完全市场经济条件下，货币均衡最主要的实现机制是( )。
   A. 央行调控机制
   B. 货币供给机制
   C. 自动恢复机制
   D. 利率机制

8. 如果经济活动位于 IS 曲线右边的区域，说明存在( )。
   A. 超额商品供给
   B. 超额商品需求
   C. 超额货币供给
   D. 超额货币需求

9. 马克思在对纸币流通条件下货币量与价格之间关系的分析中指出，纸币为唯一流通手段的条件下，商品价格水平会随纸币数量的增加而( )。
   A. 上涨
   B. 下跌
   C. 不变
   D. 以上都不对

10. 货币乘数是货币供应量同( )之比。
    A. 流通中现金
    B. 广义货币
    C. 基础货币
    D. 存款准备金

11. 当中央银行向银行体系供给1元准备金时，存款的增加是准备金的倍数，这个过程被称为( )。
    A. 货币均衡
    B. 货币乘数
    C. 多倍存款创造
    D. 以上都不是

12. 外汇储备对货币供应量的影响主要取决于( )。
    A. 信贷收支状况
    B. 国际收支状况
    C. 进口与出口状况
    D. 财政收支状况

13. 在黄金外汇储备与货币供应量的关系中，除黄金外汇储备量影响货币供应量外，对货币供应量有影响的因素还有( )。
    A. 金价、汇价的变动
    B. 信贷收支状况
    C. 财政收支状况
    D. 一国国际收支状况

14. 商业银行的存款准备金与非银行公众所持有的通货这两者之和是( )。
    A. 货币供给量
    B. 货币需求量
    C. 不兑现信用货币
    D. 基础货币

15. 下列式子中，费雪提出的"交易方程式"为( )。
    A. $M_d=f(y,i)$
    B. $MV=pY$
    C. $M'_d=n'+p'-v'$
    D. $M_d/P=MY$

16. 与弗里德曼的货币需求函数不同，凯恩斯的货币需求函数更重视( )的主导作用。
    A. 恒常收入
    B. 汇率
    C. 利率
    D. 货币供给

17. 马克思货币必要量规律的理论基础是( )。
    A. 劳动价值论
    B. 资本积累理论
    C. 剩余价值生产论
    D. 资本有机构成理论

18. 货币主义认为货币政策传导变量为( )。
    A. 利率
    B. 货币供应量
    C. 超额准备
    D. 基础货币

19. IS 曲线表示经济均衡，LM 曲线表示货币均衡，把两条曲线放在同一直角坐标系内，两条曲线的交点E必然同时满足( )。
    A. $I>S$，$L>M$
    B. $I<S$，$L<M$
    C. $I>S$，$L<M$
    D. $I=S$，$L=M$

20. 西方学者划分货币层次的主要依据是( )。
    A. 流动性
    B. 稳定性
    C. 风险性
    D. 收益性

21. 发行政府债券对货币供应量的影响，取决于( )。
    A. 债券发行量的多少
    B. 认购主体及其资金来源
    C. 认购主体的多元化程度
    D. 购买资金的性质

22. 财政收支状况对货币供应量有重要影响，如果财政收支平衡，货币供应量( )。
    A. 增加
    B. 减少
    C. 不变
    D. 不确定

23. 货币供不应求，利率上升；货币供过于求，利率下降。因而适当调节利率水平，就可以直接调节( )。
    A. 投资支出　　　　　　B. 消费支出
    C. 出口量　　　　　　　D. 货币供求

24. 凯恩斯认为，投机性货币需求受未来( )的影响。
    A. 利率不确定性　　　　B. 收入不稳定性
    C. 证券行市不稳定　　　D. 国家政策

25. 在市场经济制度下，衡量货币是否均衡的主要标志是( )。
    A. 货币流通速度与汇率变动率
    B. 货币流通速度变化率
    C. 物价变动率
    D. 汇率变动率

26. 弗里德曼认为，货币政策的传导变量应为( )。
    A. 基础货币　　　　　　B. 超额储备
    C. 货币供应量　　　　　D. 利率

27. 弗里德曼的货币需求函数强调的是( )。
    A. 恒常收入的影响　　　B. 资本积累的影响
    C. 利率的主导作用　　　D. 税收收入的影响

28. 马克思货币必要量规律的前提条件是( )。
    A. 黄金是货币商品
    B. 商品价格总额是既定的
    C. 执行流通手段职能的货币量
    D. 以上均正确

29. 货币乘数的计算公式为( )。
    A. 存款总额/原始存款额
    B. 派生存款总额/原始存款额
    C. 货币供给量/基础货币
    D. 货币流通量/存款准备金

二、多项选择题

1. 货币供给包括的主要内容有( )。
   A. 货币供给原理　　　　B. 货币供给机制
   C. 货币供给行为　　　　D. 货币供应量
   E. 货币流量与商品流量是否相适应

2. 马克思的货币需求必要量公式受以下因素影响( )。
   A. 货币需求量　　　　　B. 商品价格
   C. 利率水平　　　　　　D. 商品交易量
   E. 货币流通的平均速度

3. 马克思的货币需求理论中，货币量取决于( )。
   A. 价格水平　　　　　　B. 进入流通的商品数量
   C. 货币的流通速度　　　D. 通货膨胀水平
   E. 以上都对

4. 可能引起货币供应量减少的因素有( )。

   A. 黄金销售量大于收购量
   B. 国际收支逆差　　　　C. 财政收支结余
   D. 国际收支顺差　　　　E. 财政有赤字

5. 具有"流动性"的金融资产，有以下特征( )。
   A. 价格稳定　　　　　　B. 购买力强
   C. 不兑现　　　　　　　D. 还原性强
   E. 可随时出售、转让

6. 中央银行投放基础货币的渠道有( )。
   A. 对商业银行等金融机构的再贷款
   B. 商业银行在中央银行的存款
   C. 收购金、银、外汇等储备资产投放的货币
   D. 购买政府部门的债券
   E. 卖出政府部门的债券

7. 在市场经济制度下，货币均衡主要取决于( )。
   A. 稳定的物价水平　　　B. 大量的国际储备
   C. 健全的利率机制　　　D. 发达的金融市场
   E. 有效的中央银行调控机制

8. 影响货币供应量的因素主要有( )。
   A. 商业银行的信贷收支　B. 黄金外汇储备
   C. 国际收支　　　　　　D. 商业银行规模
   E. 财政收支状况

9. 基础货币包括( )。
   A. 活期存款准备金
   B. 商业银行在中央银行的贴现票据
   C. 商业银行持有库存现金
   D. 超额准备金
   E. 定期存款准备金

10. 在弗里德曼的货币需求函数中，与货币需求成反比的因素有( )。
    A. 定期存单的收益率　　B. 股票的收益率
    C. 恒常收入　　　　　　D. 债券的收益率
    E. 人力资本比重

11. 凯恩斯把人们持有货币的三个动机划分为两类需求，即( )。
    A. 对消费品的需求　　　B. 对投资品的需求
    C. 对奢侈品的需求　　　D. 对保险品的需求
    E. 对资本品的需求

12. 凯恩斯主义的货币需求函数中，影响货币需求的变量包括( )。
    A. 物价水平　　　　　　B. 货币供应量
    C. 预期物价变动率　　　D. 利率水平
    E. 国民收入水平

13. 下面对于货币供给的描述中正确的是( )。
    A. 货币供给是指银行体系通过自己的业务活动向再生产领域提供货币的全过程，研究的是

货币供给的原理和机制

B. 货币供给中中央银行负责发行货币、实施货币政策

C. 货币供给中的存款机构指的是商业银行，不包括其他金融机构

D. 货币供给中的储户是指持有银行存款的机构和个人

E. 以上都不对

14. 有关下面IS曲线见图7-5的描述中正确的是（　　）。

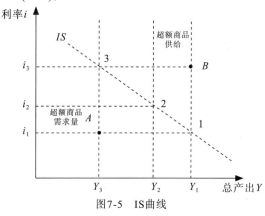

图7-5　IS曲线

A. 在B点总产出Y_1大于IS曲线上的均衡产出水平Y_3

B. 在A点总产出Y_3低于IS曲线上的均衡产出水平Y_1

C. 在B点总产出Y_1小于IS曲线上的均衡产出水平Y_3

D. 在A点总产出Y_3高于IS曲线上的均衡产出水平Y_1

15. 下面对于利率与货币供给量的变动关系描述正确的是（　　）。

A. 利率升高时，社会公众以持币机会成本加大而减少现金提取，这样就使现金比率缩小，货币乘数加大，货币供给增加

B. 银行因贷款收益增加而减少超额准备金来扩大贷款规模，使超额准备金率下降，货币乘数变大，货币供给增加

C. 均衡利率水平时，货币供给与货币需求会出现不均衡的状况

D. 均衡利率水平时，货币供给与货币需求相等

E. 以上都不对

16. 弗里德曼把影响货币需求量的因素划分为（　　）。

A. 恒常收入和财富结构

B. 金融资产

C. 有价证券

D. 各种资产的预期收益和机会成本

E. 各种随机变量

17. 根据货币供给理论，影响基础货币量的主要因素是（　　）。

A. 资本收支差额　　　B. 商业银行信贷规模

C. 财政收支状况　　　D. 国际储备增减状况

E. 贸易收支差额

18. 在货币需求理论中，费雪方程式认为长期中不受总货币存量影响的变量是（　　）。

A. 物价　　　　　　　B. 货币流通速度

C. 各类商品交易量　　D. 恒常收入

E. 国民收入

19. 下面对于我国的货币层次划分正确的是（　　）。

A. M_0=流通中现金(银行体系外流通的现金)

B. M_1=M_0+单位活期存款

C. M_2=M_1+个人储蓄存款+单位定期存款

D. M_3=M_2商业票据

E. 以上都不对

20. 凯恩斯认为，人们的货币需求行为是由（　　）决定的。

A. 交易动机　　　　　B. 预防动机

C. 投机动机　　　　　D. 原始动机

E. 以上都不对

三、案例分析题

为调控宏观经济，应对就业及经济增长乏力的态势，中国人民银行同时采取了以下货币政策措施：买入商业银行持有的国债200亿元；购回300亿元商业银行持有的到期央行票据。假定当时商业银行的法定存款准备金率为15%，超额准备金率为2%，现金比率为3%。

根据以上资料，回答下列问题：

1. 此次货币政策操作，中国人民银行基础货币的净投放是（　　）亿元。

A. 100　　　　　　　　B. 200

C. 300　　　　　　　　D. 500

2. 通过此次货币政策操作，中国人民银行每投放1元的基础货币，就会使货币供给(M_1)增加（　　）元。

A. 5　　　B. 5.15　　　C. 6.06　　　D. 20

3. 中国人民银行此次货币投放产生的货币供给量(M_1)是（　　）亿元。

A. 500　　　B. 2000　　　C. 2575　　　D. 3030

4. 关于此次货币政策操作的说法，正确的有（　　）。

A. 买入200亿元国债是回笼货币

B. 买入200亿元国债是投放货币

C. 购回300亿元央行票据是回笼货币

D. 购回300亿元央行票据是投放货币

参考答案及解析

一、单项选择题

1.【答案】B

【解析】本题考查凯恩斯主义的相关知识。凯恩斯认为，由交易动机和预防动机引起的货币需求主要取决于收入；基于投机动机的货币需求则取决于利率水平。

2.【答案】D

【解析】黄金储备的增减变化，主要取决于一个国家黄金收购量与销售量的变化。

3.【答案】B

【解析】$m=1/(h+r+t \cdot s+e)$，h表示提现率，所以答案为B。

4.【答案】A

【解析】凯恩斯主义认为货币政策传导变量为利率。

5.【答案】A

【解析】在一定时期内，黄金收购量大于销售量，黄金储备增加，中央银行投入的基础货币增加；相反，黄金收购量小于销售量，黄金储备减少，中央银行收回基础货币，使货币供应量减少。

6.【答案】A

【解析】货币需求是指经济主体对执行流通手段和价值贮藏手段的货币的需求。

7.【答案】D

【解析】在完全市场经济条件下，货币均衡最主要的实现机制是利率机制。

8.【答案】A

【解析】如果经济活动位于IS曲线右边的区域，说明存在超额商品供给。

9.【答案】A

【解析】纸币为唯一流通手段的条件下，商品价格水平会随纸币数量的增减而涨跌，因此正确答案选A。

10.【答案】C

【解析】本题考查货币乘数的公式。在中央银行体制下，货币供应量(M_s)等于基础货币(B)与货币乘数(m)之积。即$M_s= m \cdot B$。

11.【答案】C

【解析】题干描述的是多倍存款创造的概念，答案选C。

12.【答案】B

【解析】外汇储备对货币供应量的影响主要取决于一个国家的国际收支状况。

13.【答案】D

【解析】除黄金外汇储备量影响货币供应量外，外汇储备主要取决于一个国家的国际收支状况。

14.【答案】D

【解析】基础货币又称高能货币、强力货币或货币基础，是指商业银行的存款准备金与非银行公众所持有的通货之和。

15.【答案】B

【解析】费雪在《货币的购买力》一书中提出了著名的"交易方程式"(费雪方程式)，即$MV=pY$。

16.【答案】C

【解析】凯恩斯的货币需求函数非常重视利率的主导作用。

17.【答案】A

【解析】马克思货币必要量规律的理论基础是劳动价值论。

18.【答案】B

【解析】货币主义认为货币政策传导变量为货币供应量。

19.【答案】D

【解析】IS曲线表示经济均衡，LM曲线表示货币均衡，把两条曲线放在同一直角坐标系内，两条曲线的交点E必然同时满足$I=S$，$L=M$。

20.【答案】A

【解析】西方学者划分货币层次的主要依据是流动性。

21.【答案】B

【解析】财政发行政府债券弥补赤字对货币供应量的影响，取决于承购债券主体及其资金来源的性质，如果债券由商业银行、企业、个人自愿认购，通常不会影响货币供应量；如果政府债券由中央银行认购就会增加基础货币，从而扩大货币供应量；如果企业或个人用现金购买，则货币供应量不变。

22.【答案】C

【解析】财政收支平衡对货币供应量没有影响，答案选C。

23.【答案】D

【解析】此题考查货币供求。货币供不应求，利率上升；货币供过于求，利率下降。因而适当调节利率水平，就可以直接调节货币供求。

24.【答案】A

【解析】凯恩斯认为，投机性货币需求受未来利率不确定性的影响，因而不稳定，货币政策应"相机行事"。

25.【答案】C

【解析】在市场经济制度下，衡量货币是否均衡的主要标志是物价变动率。

26.【答案】C

【解析】凯恩斯主义与货币主义在货币政策传导变量的选择上有分歧，凯恩斯主义认为应是利率，货币主义坚持是货币供应量。

27.【答案】A

【解析】弗里德曼认为货币需求量是稳定的，他强调恒常收入对货币需求量的重要影响，认为利率对货币需求量的影响微不足道。

28.【答案】D

【解析】马克思揭示的货币必要量规律，是以他的劳动价值论为基础的，该理论的前提条件是：黄金是货币商品；商品价格总额是既定的；只考察执行流通手段职能的货币量，而没有考察与整个再生产过程密切相联系的储蓄、投资、资本运动等引起的货币需求，甚至连同商品交易有关的信用交易、转账结算也排除在外。

29.【答案】C

【解析】本题考查货币乘数的定义。货币乘数=货币供给量/基础货币。

二、多项选择题

1.【答案】CD

【解析】货币供给是相对于货币需求而言的，它包括货币供给行为和货币供给量两大内容。

2.【答案】BDE

【解析】马克思的货币需求必要量公式是：商品价格总额/同名货币的流通次数=执行流通手段职能的货币量。

3.【答案】ABC

【解析】马克思的货币需求理论中，货币量取决于价格的水平、进入流通的商品数量和货币的流通速度这几个因素，答案选ABC。

4.【答案】ABC

【解析】本题考查财政收支、国际外汇储备与货币供应量的关系。此知识点考生务必掌握牢固。

5.【答案】ADE

【解析】具有"流动性"的金融资产，价格稳定，还原性强，可随时在金融市场上转让、出售。

6.【答案】ACD

【解析】本题考查中央银行投放基础货币的渠道。

7.【答案】CDE

【解析】市场经济条件下货币均衡的实现有赖于三个条件，即健全的利率机制、发达的金融市场以及有效的中央银行调控机制。

8.【答案】ABCE

【解析】本题考查影响货币供应量的因素。

9.【答案】ACDE

【解析】B=流通中通货(C)+活期存款准备金(Rr)+定期存款准备金(Rt)+超额存款准备金(Re)。

10.【答案】ABD

【解析】恒常收入越高，所需货币越多。人力资本比重越大，创造的收入越多，从而所需准备的货币就越多。所以选项CE与货币需求成正比。金融资产的预期收益率越高，持有货币的机会成本就越大，持有货币的数量就会减少。所以ABD三项与货币需求成反比。

11.【答案】AB

【解析】凯恩斯把人们持有货币的三个动机划分为两类需求，即对消费品的需求和对投资品的需求。

12.【答案】DE

【解析】凯恩斯的货币需求函数可以分为两个部分，一个是消费品的货币需求，一个是投资品的货币需求。其中消费品的货币需求，主要取决于国民收入的水平，而投资品货币需求取决于利率水平的变化。

13.【答案】ABD

【解析】货币供给是指银行体系通过自己的业务活动向再生产领域提供货币的全过程，研究的是货币供给的原理和机制，参与者包括：中央银行，负责发行货币、实施货币政策；存款机构，从个人和机构手中吸收存款并发放贷款，包括商业银行、储蓄机构和信用社；储户，持有银行存款的机构和个人，因此选项ABD描述正确，答案选ABD。

14.【答案】AB

【解析】曲线上的点表示：①在B点总产出Y_1大于IS曲线上的均衡产出水平Y_3。②在A点总产出Y_3低于IS曲线上的均衡产出水平Y_1。对于给定的利率水平，IS曲线表明为使商品市场达到均衡总产出必须达到的水平。如果经济活动位于IS曲线右边的区域，说明存在超额的商品供给。这种商品的超额供应会导致非计划的存货增加，促使企业减少生产，这又使产出下降到 *IS* 曲线上。答案选AB。

15.【答案】ABD

【解析】本题考查利率与货币供给量的变动关系。均衡利率水平时，货币供给与货币需求相等，因此选项C不正确，答案选ABD。

16.【答案】ADE

【解析】弗里德曼把影响货币需求量的因素分为：恒常收入和财富结构、各种资产的预期收益和机会成本、各种随机变量。

17.【答案】BCD

【解析】本题考查影响基础货币量的主要因素。影响基础货币量的主要因素有三个方面：(1)受商业银行信贷收支状况的影响；(2)受财政收支状况的影响；(3)受国际收支状况影响。

18.【答案】BC

【解析】本题考查费雪方程式的相关知识。费雪方程式为 $MV=pY$，*M* 是总货币存量，*p* 是价格水平，*Y* 为各类商品的交易数量，*V* 是货币流通速度。费雪认为，交易方程式中的 *V* 和 *Y* 两个变量在长期中都不受 *M* 变动的影响。

19.【答案】ABD

【解析】题干中选项ABC都对，选项D $M_3=M_2+$ 商业票据+大额可转让定期存单，排除不选。因此正确答案是ABD。

20.【答案】ABD

【解析】凯恩斯认为，人们的货币需求行为是由交易动机、预防动机和投机动机三种动机决定的。答案选ABD。

三、案例分析题

1.【答案】D

【解析】基础货币的投放是200+300=500亿元。

2.【答案】B

【解析】本题考核货币乘数的计算，(1+3%)/(15%+2%+3%)=5.15亿元。

3.【答案】C

【解析】本题考查货币供应量的计算。货币供应量=基础货币×货币乘数=500×5.15=2575亿元。

4.【答案】BD

【解析】本题考查货币政策的操作。

第八章　通货膨胀与通货紧缩

　　本章主要考查有关通货膨胀和通货紧缩等经济现象的性质、成因与影响，治理通货膨胀和通货紧缩的一般对策。

　　从近三年考题情况来看，主要考点有通货膨胀理论及治理、通货紧缩及治理的基本理论等，需要考生掌握。

本章重要考点分析

　　本章涉及的知识点主要有通货膨胀的概念、原因以及影响；通货紧缩的概念、原因以及影响；同时包括治理通货膨胀和通货紧缩的对策与措施。涉及的知识点结构比较清楚，主要是通货膨胀和通货紧缩的相关概念和理论，是多项选择题中容易出现的考点，需要引起考生注意。

　　本章详细考点分析如图8-1所示。

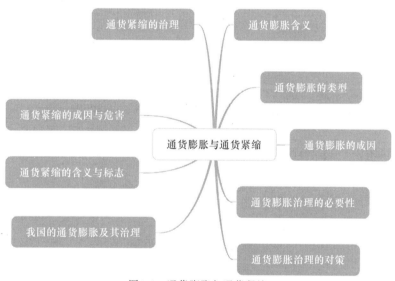

图8-1　通货膨胀与通货紧缩

本章近三年题型及分值总结

　　本章知识点总体内容不多，但在历年考试都有出现，因此仍需要考生重点理解掌握，平均分值为9分。本章题型分布及分值情况如表8-1所示。

表8-1　通货膨胀与通货紧缩题型及分值

年　份	单项选择题	多项选择题	案例分析题
2013年	5题	4题	4题
2012年	5题	2题	0题
2011年	5题	2题	0题

第一节 通货膨胀概述

通货膨胀在20世纪60年代以后对发达国家和发展中国家都产生了不同程度的影响。从其性质上来讲，通货膨胀是在一定时间内一般物价水平持续上涨的现象。通货膨胀按照不同的划分方式可以分为不同的类型。需要注意的是按照成因可以划分为需求拉上型通货膨胀、成本推进型通货膨胀和结构型通货膨胀，这种划分方式从理论上阐述了通货膨胀的成因。

 思维导图

本节涉及多个知识点和概念，如图8-2所示。

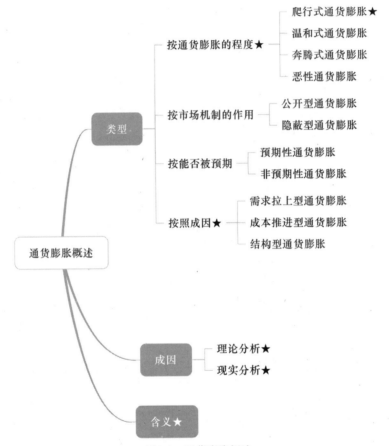

图8-2 通货膨胀概述

 知识点测试

【2009年多选题】通货膨胀所指的物价上涨是( )。
　　A. 个别商品或劳务价格的上涨
　　B. 一定时间内物价的持续上涨
　　C. 物价一次性的大幅上涨
　　D. 全部物品及劳务的加权平均价格的上涨
　　E. 季节性因素引起的部分商品价格的上涨
　　【答案】BD

【解析】通货膨胀是在一定时间内一般物价水平的持续上涨的现象。

【2011年单选题】公开型通货膨胀和隐蔽型通货膨胀的划分标准是( )。
　　A. 按照通货膨胀的程度划分
　　B. 按照市场机制划分
　　C. 按照预期划分
　　D. 按照成因划分
　　【答案】B
　　【解析】按市场机制的作用，通货膨胀分为公开型通货膨胀和隐蔽型通货膨胀。

【2010年单选题】通货膨胀的程度最小的是( )。

A. 爬行式通货膨胀　　B. 恶性通货膨胀

C. 奔腾式通货膨胀　　D. 温和式通货膨胀

【答案】A

【解析】按通货膨胀的程度，通货膨胀分为爬行式、温和式、奔腾式和恶性通货膨胀四种。爬行式通货膨胀是指价格总水平上涨的年率不超过2%~3%，并且在经济生活中没有形成通货膨胀的预期。温和式通货膨胀是价格总水平上涨比爬行式高，但又不是很快，具体百分比没有一个统一的说法。奔腾式通货膨胀是物价总水平上涨率在两位数以上，且发展速度很快。恶性通货膨胀又称超级通货膨胀，是指物价上升特别猛烈，且呈加速趋势。

【2012年单选题】"太多的货币追求太少的商品"的情形属于( )通货膨胀。

A. 爬行式　　　　　B. 需求拉上型

C. 成本推进型　　　D. 结构型

【答案】B

【解析】需求拉上型通货膨胀可以通俗地表述为是"太多的货币追求太少的商品"。当"太多的货币追求太少的商品"时，就会使对商品和服务的需求超出了现行价格条件下可得到的供给，从而导致一般物价水平的上涨。

【2009年单选题】经济学家一般认为，能够产生真实效应的通货膨胀是( )通货膨胀。

A. 公开型　　　　　B. 抑制型

C. 隐蔽型　　　　　D. 非预期性

【答案】D

【解析】一般认为只有非预期性通货膨胀才有真实效应。

【2009年单选题】垄断性企业为了获取垄断利润而人为提高产品售价，由此引起的通货膨胀属于( )通货膨胀。

A. 需求拉上型　　　B. 成本推进型

C. 供求混合型　　　D. 结构型

【答案】B

【解析】垄断性企业为了获取垄断利润而人为提高产品价格，由此引起"利润推进型通货膨胀"，它属于成本推进型通货膨胀的一种。

【2011年单选题】形成通货膨胀的直接原因是( )。

A. 货币供给过度　　B. 货币供给不足

C. 货币需求不足　　D. 货币需求过度

【答案】A

【解析】本题考查形成通货膨胀的成因。形成通货膨胀的直接原因是货币供给过度。

【2012年单选题】通货膨胀作为一种经常性现象，出现在( )。

A. 信用货币制度下　　B. 实物货币制度下

C. 银本位制度下　　　D. 金本位制度下

【答案】A

【解析】通货膨胀是信用货币制度下的一种经常性现象，是经济学家们非常关注的理论问题。

【例题　单选题】按通货膨胀的程度，物价总水平上涨率在两位数以上，且发展速度很快指的是( )。

A. 爬行式通货膨胀　　B. 温和式通货膨胀

C. 奔腾式通货膨胀　　D. 恶性通货膨胀

【答案】C

【解析】奔腾式通货膨胀指的是物价总水平上涨率在两位数以上，且发展速度很快。

【例题　单选题】按通货膨胀的程度，物价上升特别猛烈，且呈加速趋势。当局如不采取断然措施，货币制度将完全崩溃指的是( )。

A. 爬行式通货膨胀　　B. 温和式通货膨胀

C. 奔腾式通货膨胀　　D. 恶性通货膨胀

【答案】D

【解析】恶性通货膨胀又称超级通货膨胀，是指物价上升特别猛烈，且呈加速趋势。当局如不采取断然措施，货币制度将完全崩溃。

【例题　多选题】有关"成本推进论"的描述正确的是( )。

A. 通货膨胀的根源并非总需求过度，而是由于总供给方面生产成本上升所引起

B. 商品的价格是以生产成本为基础加上一定的利润而构成的

C. 生产成本的上升必然导致物价水平的上升

D. 在现代经济中有组织的工会对工资成本具有操纵能力，即产生"工资成本推进型通货膨胀"

E. 生产成本的上升必然导致物价水平的下降

【答案】ABCD

【解析】本题考查"成本推进论"。"成本推进论"认为：通货膨胀的根源并非总需求过度，而是由于总供给方面生产成本上升所引起。商品的价格是以生产成本为基础加上一定的利润而构成的。因此，生产成本的上升必然导致物价水平的上升。促使产品成本上升的原因有三个：

(1) 在现代经济中有组织的工会对工资成本具有操纵能力，即产生"工资成本推进型通货膨胀"；

(2) 垄断性大公司也具有对价格的操纵能力，是提高价格水平的重要力量，引起"利润推进型通货膨胀"；

(3) 汇率变动引起进出口产品和原材料成本上升，以及石油危机、资源枯竭、环境保护政策不当等造成原材料、能源生产成本的提高，都是引起成本推进型通货膨胀的原因。

【例题 多选题】"成本推进论"认为促使产品成本上升的原因有(　　)。

A. 汇率变动引起进出口产品和原材料成本上升，以及石油危机、资源枯竭、环境保护政策不当等造成原材料、能源生产成本的提高，都是引起成本推进型通货膨胀的原因

B. 在现代经济中有组织的工会对工资成本具有操纵能力

C. 垄断性大公司不具有对价格的操纵能力

D. 垄断性大公司也具有对价格的操纵能力

E. 提高价格水平的重要力量，引起"利润推进型通货膨胀"

【答案】ABDE

【解析】本题考查"成本推进论"中促使产品成本上升的原因。"成本推进论"认为：通货膨胀的根源并非总需求过度，而是由于总供给方面生产成本上升所引起。商品的价格是以生产成本为基础加上一定的利润而构成的。因此，生产成本的上升必然导致物价水平的上升。促使产品成本上升的原因有三个：

(1) 在现代经济中有组织的工会对工资成本具有操纵能力，即产生"工资成本推进型通货膨胀"；

(2) 垄断性大公司也具有对价格的操纵能力，是提高价格水平的重要力量，引起"利润推进型通货膨胀"；

(3) 汇率变动引起进出口产品和原材料成本上升，以及石油危机、资源枯竭、环境保护政策不当等造成原材料、能源生产成本的提高，都是引起成本推进型通货膨胀的原因。

第二节　通货膨胀的治理

通货膨胀对社会再生产，对金融秩序以及对社会稳定都有负面影响，因此通常用紧缩的需求政策、积极的供给政策，从严的收入政策来进行治理。

 思维导图

本节涉及多个知识点和概念，如图8-3所示。

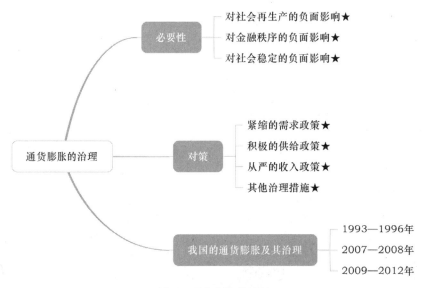

图8-3 通货膨胀的治理

知识点测试

【2007年单选题】通货膨胀的过程是一种强制性的( )过程。

A. 财政收入分配

B. 财政收入再分配

C. 国民收入初次分配

D. 国民收入再分配

【答案】D

【解析】通货膨胀通过价格的变化改变了每个社会成员原有的收入和财富占有的实际水平，因而是一种国民收入的再分配。

【2009年单选题】通货膨胀对生产具有一定的刺激作用，这主要发生在通货膨胀的( )。

A. 初期

B. 中期

C. 中后期

D. 后期

【答案】A

【解析】通货膨胀初期会对生产有一定的刺激作用，但这种刺激作用是递减的，随之而来的就是对生产的破坏性影响。

【2011年单选题】政府发行公债后，可以利用"挤出效应"使民间部门的投资( )。

A. 期限变长

B. 效益增加

C. 规模减小

D. 规模增大

【答案】C

【解析】发行公债是紧缩性财政政策措施之一，政府发行公债后，可以利用"挤出效应"使民间部门的投资规模减小。

【2008年单选题】为治理通货膨胀，中央银行一般会在市场上( )。

A. 出售有价证券

B. 购入有价证券

C. 加大货币投放量

D. 降低利率

【答案】A

【解析】出售有价证券属于公开市场卖出业务，是一种紧缩性货币政策，是常见的治理通货膨胀的措施之一。

【例题 多选题】通货膨胀对金融秩序的负面影响体现在( )。

A. 银行业出现危机

B. 证券市场处于不稳定和过度投机的状态

C. 严重的通货膨胀会使社会公众失去对本位币的信心

D. 通货膨胀加剧腐败，加剧社会两极化和社会矛盾

E. 通货膨胀降低了政府的声誉和权威

【答案】ABC

【解析】通货膨胀对金融秩序的负面影响体现在：

(1) 银行业出现危机。通货膨胀使货币贬值，当名义利率低于通货膨胀率，实际利率为负值时，贷出货币得不偿失，常常会引发居民挤提存款，而企业争相贷款，将贷款所得资金用于囤积商品，赚取暴利。对经营信用业务的银行来讲，其存贷款活动承担着很大的风险，不如将资金抽回转向商业投机。

(2) 证券市场处于不稳定和过度投机的状态。金融市场的融资活动也会由于通货膨胀使名义利率被迫上升，导致证券价格下降，陷于困境。由于通货膨胀使生产领域受到打击，生产性投资的预期收益率普遍低落，而流通领域则存在过度的投机，工商业股票市场也因此处于不稳定和过度投机的状态。

(3) 严重的通货膨胀会使社会公众失去对本位币的信心，人们大量抛出纸币，甚至会出现以物易物的排斥货币的现象。到了这种程度，一国的货币制度就会走向崩溃。

选项D通货膨胀加剧腐败，加剧社会两极化和社会矛盾和选项E通货膨胀降低了政府的声誉和权威是通货膨胀对社会稳定的影响，不属于通货膨胀对金融秩序的负面影响。

【例题 单选题】紧缩性的财政政策是指直接从限制支出、减少需求等方面来减轻通货膨胀压力，下面( )不属于紧缩性的财政政策。

A. 减少政府支出

B. 增加税收

C. 发行公债

D. 减少税收

【答案】D

【解析】紧缩性的财政政策是直接从限制支出、减少需求等方面来减轻通货膨胀压力，概括地说就是增收节支、减少赤字，体现在：

(1) 减少政府支出。主要包括削减购买性支

出、削减转移性支出。

(2) 增加税收。增加税收可以直接减少企业和个人的收入，降低投资支出和消费支出，以抑制总需求膨胀。同时，增加税收还可以增加政府收入，减少因财政赤字引起的货币发行。

(3) 发行公债。可以利用"挤出效应"减少民间部门的投资和消费，抑制社会总需求。

【例题　单选题】紧缩性的货币政策可以减少社会需求，促使总需求与总供给趋向一致，以下( )不属于紧缩性的货币政策的举措。

A. 提高法定存款准备率

B. 提高再贴现率

C. 公开市场卖出业务

D. 直接降低利率

【答案】D

【解析】紧缩性的货币政策可以减少社会需求，促使总需求与总供给趋向一致，主要举措有：

(1) 提高法定存款准备率；

(2) 提高再贴现率；

(3) 公开市场卖出业务；

(4) 直接提高利率。

【例题　单选题】( )指将工资、利息等各种名义收入部分地或全部地与物价指数相联系，使其自动随物价指数的升降而升降。

A. 收入指数化

B. 支出指数化

C. 提高再贴现率

D. 提高法定存款准备率

【答案】A

【解析】本题考查收入指数化的定义。收入指数化是指将工资、利息等各种名义收入部分地或全部地与物价指数相联系，使其自动随物价指数的升降而升降。

【例题　多选题】以下选项中对于收入指数化的描述正确的是( )。

A. 指将工资、利息等各种名义收入部分地或全部地与物价指数相联系，使其自动随物价指数的升降而升降

B. 收入指数化政策减轻通货膨胀给收入阶层带来的损失的同时可以消除通货膨胀本身

C. 指数化政策可以缓解通货膨胀造成的收入再分配不公平的现象，从而消除许多不必要的扭曲

D. 指数化条款加重了作为净债务人的政府的还本付息负担，从而减少了政府从通货膨胀中获得的好处

E. 当政府的紧缩性政策使得实际通货膨胀率低于签订劳动合同时的预期通货膨胀率时，指数化条款会使名义工资相应下降，从而避免因实际工资上升而造成的失业增加

【答案】ACDE

【解析】本题考查收入指数化，选项B中的描述错误，收入指数化政策可以减轻通货膨胀给收入阶层带来的损失，但是不能消除通货膨胀本身。

【例题　单选题】币制改革指政府下令废除旧币，发行新币，变更钞票面值，对货币流通秩序采取一系列强硬的保障性措施等，币制改革一般针对( )通货膨胀。

A. 温和式　　　　　　B. 爬行式

C. 奔腾式　　　　　　D. 恶性

【答案】D

【解析】本题考查币制改革的相关内容。当物价上涨已经显示出不可抑制的状态，货币制度和银行体系濒临崩溃时，政府会被迫进行币制改革，以增强社会公众对本位币的信心，从而使银行信用得以恢复，存款增加，货币能够重新发挥正常的作用。

第三节　通货紧缩及其治理

通货紧缩是一种宏观经济现象，其含义与通货膨胀相反，是指商品和服务价格的普遍持续下跌，表明单位货币所代表的商品价值在增加，货币在不断地升值。除包括货币因素外，还包括许多非货币因素，如生产能力过剩、有效需求不足、资产泡沫破坏、新技术的普及和市场开放度的不断加快等等，使商品和劳务价格下降的压力不断增大，从而可能形成物价的普遍持续下跌。

 思维导图

本节涉及多个知识点和概念，如图8-4所示。

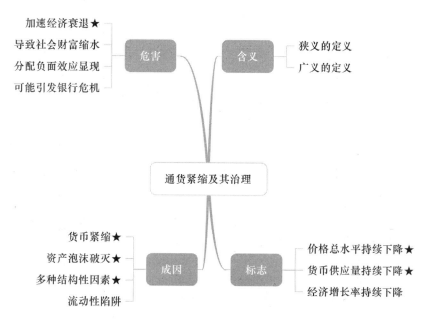

图8-4 通货紧缩及其治理

知识点测试

【2009年单选题】通货紧缩的基本标志是( )。

A. 国民收入持续下降

B. 物价总水平持续下降

C. 货币供应量持续下降

D. 经济增长率持续下降

【答案】B

【解析】通货紧缩的基本标志是一般物价水平持续下降。

【2012年单选题】凯恩斯把货币供给量的增加并未带来利率的相应降低，而只是引起人们手持现金增加的现象叫( )。

A. 资产泡沫

B. 货币紧缩

C. 流动性陷阱

D. 货币膨胀

【答案】C

【解析】凯恩斯把货币供给量的增加并未带来利率的相应降低，而只是引起人们手持现金增加的现象叫流动性陷阱。

【例题 多选题】通货紧缩是一种宏观经济现象，以下有关通货紧缩的描述正确的有( )。

A. 商品和服务价格的普遍持续下跌

B. 单位货币所代表的商品价值在增加

C. 货币在不断地升值

D. 单位货币所代表的商品价值在减少

E. 货币在不断地贬值

【答案】ABC

【解析】通货紧缩下，商品和服务价格普遍持续下跌，单位货币所代表的商品价值在增加，货币在不断地升值，因此正确答案选ABC。

【2011年多选题】治理通货紧缩的政策和措施有( )。

A. 扩张性的财政政策

B. 扩张性的货币政策

C. 扩大对外贸易

D. 加快产业结构的调整

E. 推进金融政策制度建设

【答案】ABDE

【解析】治理通货紧缩的政策和措施有扩张性的财政政策、扩张性的货币政策、加快产业结构的调整、推进金融政策制度建设、对工资和物价的管制政策。

【2011年案例分析题】欧洲债务危机仍在持续；美国经济数据远逊预期；摩根士丹利下调全球经济增长预期；穆迪下调日本主权信用评级，这些因素都令投资者担心全球经济或将再次探底。

根据以上资料，回答下列问题：

1. 为了使经济迅速走出低谷，保持较快的经济增长，中央银行配合财政部门应该采取的对策是( )。

A. 松的货币政策和松的财政政策

B. 松的货币政策和紧的财政政策

C. 紧的货币政策和松的财政政策

D. 紧的货币政策和紧的财政政策

【答案】A

【解析】治理通货紧缩的政策措施是扩张性的财政和货币政策。

2. 通货紧缩的标志是( )。

A. 财政赤字持续增加

B. 价格总水平持续上升

C. 价格总水平持续下降

D. 货币供应量持续下降

【答案】CD

【解析】通货紧缩的标志是价格总水平持续下降、货币供应量持续下降。

3. 通货紧缩的危害有( )。

A. 加剧国际收支不平衡

B. 可能引发银行危机

C. 导致社会财富缩水

D. 加速经济衰退

【答案】BCD

【解析】通货紧缩的危害有加速经济衰退、导致社会财富缩水、分配负面效应显现、可能引发银行危机。

4. 为了治理通货紧缩问题，可以采取的货币政策措施为( )。

A. 调低利率

B. 提高利率

C. 中央银行在公开市场卖出国债

D. 中央银行在公开市场购入国债

【答案】AD

【解析】选项BC属于紧缩性的货币政策措施，所以不选。

5. 根据近代世界各国发生通货紧缩的情况，通货紧缩的成因可以分为( )。

A. 货币紧缩

B. 资产泡沫破灭

C. 流动性陷阱

D. 多种结构性因素

【答案】ABCD

【解析】通货紧缩的成因有资产泡沫破灭、货币紧缩、多种结构性因素、流动性陷阱。

考题预测及强化训练

一、单项选择题

1. 价格总水平上涨的年率不超过2%～3%，并且在经济生活中没有形成通货膨胀的预期指的是( )。

A. 爬行式通货膨胀   B. 温和式通货膨胀

C. 奔腾式通货膨胀   D. 恶性通货膨胀

2. 治理通货紧缩，凯恩斯主义认为刺激经济的有效手段是实行( )。

A. 国际收支逆差政策   B. 增加收入政策

C. 赤字财政政策   D. 收入指数化政策

3. 通货膨胀治理中从严的收入政策被称为"工资—价格政策"，主要针对( )的通货膨胀。

A. 需求拉上型

B. 结构型

C. 成本推动型

D. 以上都不是

4. 在通货膨胀情况下，由于投机利益的驱动，商品会长期滞留在( )。

A. 生产领域   B. 消费领域

C. 流通领域   D. 分配领域

5. 通货膨胀时，实际利率为( )。

A. 正值   B. 负值

C. 不变   D. 零

6. 对于通货紧缩的治理，货币主义在猛烈抨击凯恩斯主义经济理论与政策主张的同时，提出了以( )为中心的政策主张。

A. 增加货币供应量

B. 压低利率以刺激消费

C. 稳定货币，反对通货膨胀

D. 以上都不对

7. 隐蔽型通货膨胀的物价表现是( )。

A. 明显下降   B. 剧烈波动

C. 总水平未提高   D. 明显上涨

8. 中长期内治理通货紧缩的有效手段是( )。

A. 扩张性的财政政策

B. 扩张性的货币政策

C. 加快产业结构的调整

D. 以上都不对

9. 治理通货紧缩的政策措施中，货币政策的重点不包括( )。

A. 寻找稳定币值、经济增长和防范金融风险的结合点

B. 在需求管理的同时可以暂时不考虑供给管理的影响

C. 调控货币总量与调节货币层次相结合

D. 以间接调控为主

10. 当通货膨胀率上升快于名义利率上升并超过名义利率时,实际利率( )。

A. 大于零　　　　　　B. 等于零

C. 小于零　　　　　　D. 不能确定

11. 由于货币供应量的减少或货币供应量的增幅滞后于生产的增幅,致使对商品和劳务的总需求小于总供给,从而出现物价总水平的下降这种现象指的是( )。

A. 通货紧缩　　　　　B. 通货膨胀

C. 货币扩张　　　　　D. 以上都不是

12. 当市场功能完全发挥,价格对供求反应灵敏,过度需求通过价格的变动得以消除,价格总水平明显地、直接地上涨,就会发生( )的通货膨胀。

A. 公开型　　　　　　B. 隐蔽型

C. 预期性　　　　　　D. 非预期性

13. 通货紧缩有可能引发银行危机,其原因是通货紧缩( )。

A. 有利于债权人而有损于债务人

B. 有利于债务人而有损于债权人

C. 有利于银行而有损于储蓄者

D. 有利于企业而有损于银行

14. 可用于治理通货膨胀的货币政策措施是( )。

A. 提高法定存款准备金率

B. 降低利率

C. 降低再贴现率

D. 公开市场上买入政府债券

15. 在总需求不变的情况下,一部分需求转移到其他部门,而劳动力和生产要素却不能及时转移,由此引发的通货膨胀属于( )导致的通货膨胀。

A. 需求拉上　　　　　B. 成本推进

C. 供求混合作用　　　D. 经济结构变化

16. 在经济中已积累了难以消除的过度需求压力,但由于政府对商品价格和货币工资进行严格控制,过度需求不能通过物价上涨而吸收,商品供不应求的现实通过准价格形式表现出来就会发生( )通货膨胀。

A. 公开型　　　　　　B. 隐蔽型

C. 预期性　　　　　　D. 非预期性

17. 从通货膨胀的程度来看,物价上涨幅度最小的是( )通货膨胀。

A. 温和式　　　　　　B. 爬行式

C. 奔腾式　　　　　　D. 恶性

18. 通货膨胀时期,政府部门应该( )。

A. 减少税收　　　　　B. 增加税收

C. 增加开支　　　　　D. 增加补贴

19. 加快产业结构的调整是治理通货紧缩的政策措施之一,以下( )不是其措施。

A. 推进产业结构的升级、培育新的经济增长点、同时形成新的消费热点

B. 对于生产过剩的部门或行业要控制其生产、减少产量

C. 对其他新兴行业或有发展前景的行业应采取措施鼓励其发展,以增加就业机会、提高居民收入、增强社会购买力

D. 对股票市场进行干预

20. 通货膨胀打乱了正常的商品流通秩序,使商品迟迟不能进入( )。

A. 生产领域　　　　　B. 分配领域

C. 流通领域　　　　　D. 消费领域

21. 提高法定存款准备金率,会使商业银行的信用能力( )。

A. 提高　　　　　　　B. 下降

C. 不受影响　　　　　D. 变幻不定

22. 财政赤字能否引起通货膨胀,取决于( )。

A. 赤字的多少　　　　B. 赤字的弥补办法

C. 赤字形成的原因　　D. 赤字发生的时间

23. 在通货膨胀理论中,"北欧模型"探讨的是( )。

A. 需求拉上型通货膨胀

B. 成本推进型通货膨胀

C. 结构型通货膨胀

D. 体制型通货膨胀

24. 通货膨胀属于( )。

A. 经济现象　　　　　B. 社会现象

C. 政治现象　　　　　D. 货币现象

25. 在通货膨胀的情况下,实际利率会( )。

A. 不受影响　　　　　B. 升高

C. 降低　　　　　　　D. 上下波动

26. 在货币主义的政策主张中,扩张性的财政政策如果没有相应的货币政策配合,就只能产生( )。

A. 乘数效应　　　　　B. 排挤效应

C. 紧缩效应　　　　　D. 扩张效应

27. 治理通货紧缩,启动需求的关键在于( )。

A. 实行扩张性的财政政策

B. 实行扩张性的货币政策

C. 实行扩张性的财政政策和货币政策

D. 调动企业投资的积极性和居民消费愿望

28. 在治理通货紧缩中，货币政策应以（　　）为主。

A. 直接调控　　　　B. 间接调控

C. 调整货币数量　　D. 调整货币结构

29. 我国在（　　）发生过通货紧缩。

A. 1978—1983年　　B. 1993—1996年

C. 1998年　　　　D. 2008年

二、多项选择题

1. 下面有关通货膨胀的特点描述正确的是（　　）。

A. 通货膨胀所指的物价上涨并非个别商品或劳务价格的上涨，而是指一般物价水平，即全部物品及劳务的加权平均价格的上涨

B. 在通货膨胀中，一般物价水平的上涨是一定时间内的持续上涨，而不是一次性、暂时性的上涨

C. 通货膨胀所指的物价上涨必须超过一定的幅度，一般来说，物价上涨的幅度在2%以内都不被当作通货膨胀

D. 部分商品因季节性或自然灾害等原因引起的物价上涨和经济萧条后恢复时期的商品价格正常上涨属于通货膨胀

E. 以上都正确

2. 政府为治理恶性通货膨胀而进行的币制改革，其措施主要有（　　）。

A. 冻结存款　　　　B. 废除旧币

C. 发行新币　　　　D. 提高利率

E. 变更钞票面值

3. 紧缩性的货币政策有（　　）。

A. 降低法定存款准备金率

B. 提高再贴现率

C. 公开市场卖出业务

D. 增加税收

E. 直接提高利率

4. 如果判定某个时期出现了通货紧缩，其主要依据是，在该时期出现了（　　）。

A. 个别商品或劳务价格的下降

B. 物价的持续下降

C. 物价一次性的大幅下降

D. 通货膨胀率由正转负

E. 季节性因素引起的部分商品价格下降

5. 隐蔽型通货膨胀往往表现为（　　）。

A. 物价变动不明显　　B. 物价降幅大

C. 黑市　　　　　　D. 商品短缺

E. 凭票购买

6. 下面物价上涨现象属于通货膨胀的是（　　）。

A. 一次性的大涨

B. 暂时性的大涨

C. 季节性的上涨

D. 一般商品的持续上涨

E. 一般劳务的持续上涨

7. "成本推进论"认为通货膨胀的根源是由于总供给方面生产成本上升所引起，促使产品成本上升的原因有（　　）。

A. 过度需求就会拉动价格总水平持续上涨，从而引起通货膨胀

B. 汇率变动引起进出口产品和原材料成本上升，以及石油危机、资源枯竭、环境保护政策不当等造成原材料、能源生产成本的提高，都是引起成本推进型通货膨胀的原因

C. 在现代经济中有组织的工会对工资成本具有操纵能力，即产生"工资成本推进型通货膨胀"

D. 垄断性大公司也具有对价格的操纵能力，是提高价格水平的重要力量，引起"利润推进型通货膨胀"

E. 以上都不对

8. 积极的供给政策有（　　）。

A. 减少税收

B. 消减社会福利开支

C. 适当增加货币供给，发展生产

D. 增加税收

E. 精简规章制度

9. 下列政府支出中属于购买性支出的是（　　）。

A. 福利支出

B. 政府投资

C. 财政补贴

D. 行政事业费

E. 以上答案都不对

10. 通货膨胀的成因包括（　　）。

A. 需求拉上

B. 生产力发展水平

C. 经济结构变化

D. 成本推进

E. 供求混合作用

11. 从总量上讲，导致通货膨胀的压力主要来自（　　）。

A. 需求方面

B. 供给方面

C. 进口方面　　　　D. 出口方面

E. 交换方面

12. 关于通货膨胀定义的理解，共同的内容包括(　　)。

A. 有效需求大于有效供给

B. 货币数量的过度增加

C. 商品和生产要素价格总水平的持续不断的上涨

D. 物价持续上涨

E. 任何时空条件下的一种货币现象

13. 通货膨胀治理的必要性体现在对(　　)的负面影响。

A. 社会再生产

B. 金融秩序

C. 社会稳定

D. 过度需求

E. 以上都是

14. 减轻通货膨胀压力的方法有直接限制支出和减少需求，主要包括(　　)。

A. 减少政府支出

B. 增加税收

C. 利用"挤出效应"减少民间部门的投资和消费，抑制社会总需求

D. 发行公债

E. 以上都不对

15. 通货膨胀对社会再生产的破坏作用主要表现在(　　)。

A. 破坏生产发展

B. 扰乱流通秩序

C. 供应货币不足，出现抢购商品行为

D. 强制性的国民收入再分配

E. 降低实际消费水平

16. 下列选项中，对通货膨胀的表述正确的是(　　)。

A. 它是在货币流通条件下产生的

B. 由于货币供应量过多引起

C. 有支付能力的货币购买力大于商品可供量

D. 货币供应量不足引起

E. 是货币贬值、物价上涨的经济现象

17. 下列选项中，属于治理通货紧缩的积极财政政策措施的有(　　)。

A. 改革存款准备金制度

B. 增加财政支出

C. 加大再贴现力度

D. 减税

E. 发展公开市场业务

18. 隐蔽型通货膨胀的形成条件包括(　　)。

A. 市场价格发挥调节作用

B. 严格的价格管制

C. 单一的行政管理体制

D. 过度的需求压力

E. 价格双轨制

三、案例分析题

(一) 从2010年开始，我国居民消费价格指数(CPI)涨幅呈现出逐月逐季加快的趋势，2010年和2011年居民消费价格指数分别同比上涨3.3%和5.4%。为实现当年宏观经济目标，中国人民银行在2011年6次上调法定存款准备金率，3次上调存贷款基准利率。2012年以来，随着国内经济增长有所放缓和稳健货币政策效果进一步显现，主要价格指数也呈现出回落走势，2012年居民消费价格指数同比上涨2.6%。

根据以上资料，回答下列问题：

1. 从我国多年来的金融宏观调控实践和2010年以来的实际情况看，我国的货币政策目标是(　　)。

A. 以防通货膨胀为主的单一目标制

B. 以促经济增长为主的单一目标制

C. 以防通货膨胀为主的多目标制

D. 以促经济增长为主的多目标制

2. 从2010年到2012年居民消费价格指数的涨幅看，该期间的通货膨胀在程度上属于(　　)通货膨胀。

A. 爬行式　　　　　　B. 温和式

C. 奔腾式　　　　　　D. 恶性

3. 中国人民银行在2011年多次上调法定存款准备金率和存贷款基准利率，其政策效果是(　　)。

A. 降低商业银行创造货币的能力，提高企业借贷成本

B. 提高商业银行创造货币的能力，提高企业借贷成本

C. 提高商业银行创造货币的能力，降低企业借贷成本

D. 降低商业银行创造货币的能力，降低企业借贷成本

4. 在2010年至2012年期间，我国通货膨胀产生的原因主要有(　　)。

A. 2010年前流动性紧缩的滞后影响

B. 重要农产品和关键生活品价格涨幅较大

C. 共同理性预期放大效应

D. 成本推进

(二) 受国际金融危机冲击以及经济周期变化的双重影响，我国的物价在过去两年多的时间里经历了较大的起伏。2007年CPI上涨4.8%，2008年上涨5.9%，2009年上半年下降1.1%。表8-2是2008年以

来有关物价指数的月度同比数据。

表8-2 物价指数月度同比数据

年月	2008—01	2008—02	2008—03	2008—04	2008—05	2008—06	2008—07	2008—08	2008—09
CPI	7.1%	8.7%	8.3%	8.5%	7.7%	7.1%	6.3%	4.9%	4.6%
PPI	6.1%	6.6%	8.0%	8.1%	8.2%	8.8%	10.0%	10.1%	9.1%
年月	2008—10	2008—11	2008—12	2009—01	2009—02	2009—03	2009—04	2009—05	2009—06
CPI	4.0%	2.4%	1.2%	1.0%	−1.6%	−1.2%	−1.5%	−1.4%	−1.7%
PPI	6.6%	2.0%	−1.1%	−3.3%	−4.5%	−6.0%	−6.6%	−7.2%	−7.8%

根据以上资料，回答下列问题：

5. 从物价数据来看，2009年后我国面临的主要风险是( )。
   A. 通货膨胀　　　　B. 通货紧缩
   C. 通货复缩　　　　D. 通货复胀

6. 2008年我国发生了( )通货膨胀。
   A. 温和式　　　　　B. 爬行式
   C. 隐蔽型　　　　　D. 公开型

根据以上资料，回答下列问题：

7. 2008年的物价形势导致的负面影响有( )。
   A. 企业利润下降
   B. 实际消费水平下降
   C. 流通领域过度投机
   D. 债权人受损失

8. 针对题干中2008—2009年的数据，治理当时物价问题可供选择的措施有( )。
   A. 宽松的货币政策
   B. 积极的财政政策
   C. 从严的收入政策
   D. 加快产业结构调整

参考答案及解析

一、单项选择题

1. 【答案】A
   【解析】爬行式通货膨胀指的价格总水平上涨的年率不超过2%～3%，并且在经济生活中没有形成通货膨胀的预期。答案选A。

2. 【答案】C
   【解析】针对西方世界通货紧缩、经济萧条，凯恩斯提出赤字财政政策发展经济，扩大有效需求。

3. 【答案】C
   【解析】从严的收入政策主要针对成本推动型通货膨胀，答案选C。

4. 【答案】C
   【解析】在通货膨胀情况下，由于投机利益的驱动，商品会长期滞留在流通领域。

5. 【答案】B
   【解析】通货膨胀使货币贬值，当名义利率低于通货膨胀率，实际利率为负值。

6. 【答案】C
   【解析】货币主义在猛烈抨击凯恩斯主义经济理论与政策主张的同时，提出了以稳定货币，反对通货膨胀为中心的政策主张。

7. 【答案】C
   【解析】隐蔽型通货膨胀是表面上货币工资没有下降，物价总水平也未提高，但居民实际消费水准却下降的现象。

8. 【答案】C
   【解析】治理通货紧缩的有效手段中，加快产业结构的调整是中长期内的有效手段，答案选C。

9. 【答案】C
   【解析】本题考查治理通货紧缩的货币政策，其重点一是以间接调控为主；二是调控货币总量与调节货币层次相结合；三是在需求管理的同时兼顾供给管理；四是寻找稳定币值、经济增长和防范金融风险的结合点，因此选项B描述错误，答案选B。

10. 【答案】C
    【解析】通货膨胀使货币贬值，当名义利率低于通货膨胀率，实际利率为负值。

11. 【答案】A
    【解析】本题考查通货紧缩的定义，答案选A。

12. 【答案】A
    【解析】按市场机制的作用可以将通货膨胀分为：公开型通货膨胀和隐蔽型通货膨胀，本题考查公开型通货膨胀的前提，答案选A。

13. 【答案】A
    【解析】本题考查通货紧缩的危害。与通货膨胀相反，通货紧缩有利于债权人而有损于债务人。通货紧缩使货币越来越昂贵，这实际上加重了借款人的债务负担，使借款人无力偿还贷款，从而导致银行形成大量不良资产，甚至使银行倒闭，金融体系崩溃。所以说，通货紧缩有可能引发银行危机，其原因是通货紧缩有利于债权人而有损于债务人。

14.【答案】A
【解析】本题考查治理通货膨胀的货币政策。治理通货膨胀需要采用紧缩性的货币政策。紧缩性的货币政策措施主要包括提高法定存款准备金率、提高再贴现率、在公开市场上卖出政府债券。

15.【答案】D
【解析】本题考查通货膨胀成因中的经济结构变化。经济结构变化具体情况可分为三种：需求转移、部门差异和国际因素。需求转移是指由于社会对产品和服务的需求不是一成不变的，在总需求不变的情况下，一部分需求转移到其他部门，而劳动力和生产要素却不能及时转移。

16.【答案】B
【解析】本题考查隐蔽型通货膨胀的特点，答案选B。

17.【答案】B
【解析】本题考查爬行式通货膨胀的概念。爬行式通货膨胀是指价格总水平上涨的年率不超过2%～3%，并且在经济生活中没有形成通货膨胀的预期。所以说，爬行式通货膨胀是物价上涨幅度最小的。

18.【答案】B
【解析】通货膨胀时期，政府部门应该增加税收、减少开支和补贴。

19.【答案】D
【解析】本题考查治理通货紧缩的政策措施中加快产业结构调整的内容，选项ABC均是其内容，选项D不属于加快产业结构的调整内容，答案选D。

20.【答案】D
【解析】通货膨胀打乱了正常的商品流通秩序，使商品迟迟不能进入消费领域。

21.【答案】B
【解析】商业银行的信用能力与法定存款准备金率成反比。

22.【答案】B

【解析】财政赤字是否引起通货膨胀，关键在于弥补赤字所采取的办法。如果财政赤字采用发行债券的办法弥补，一般不会扩大货币总量；如果财政赤字采用直接向银行透支或借款的办法弥补，中央银行增发货币时，就会导致通货膨胀。

23.【答案】C
【解析】结构型通货膨胀成型于北欧学派，故称"北欧模型"。

24.【答案】A
【解析】通货膨胀是一种特有的经济现象。

25.【答案】C
【解析】在通货膨胀的情况下，实际利率会降低。

26.【答案】B
【解析】货币主义认为，扩张性的财政政策如果没有相应的货币政策配合，就只能产生"排挤效应"，不可能产生"乘数效应"。

27.【答案】D
【解析】治理通货紧缩，调动企业投资的积极性和居民消费愿望，是启动需求的关键。

28.【答案】B
【解析】在治理通货紧缩中，货币政策的重点主要有：①以间接调控为主；②调控货币总量与调节货币层次相结合；③在需求管理的同时兼顾供给管理；④寻找稳定币值、经济增长和防范金融风险的结合点。

29.【答案】C
【解析】长期以来困扰我国经济的难题是需求过旺，供给相对不足。但1998年，受到亚洲金融危机的影响，我国经济也出现了通货紧缩现象。

二、多项选择题
1.【答案】ABC
【解析】本题考查通货膨胀的具体含义。部分商品因季节性或自然灾害等原因引起的物价上涨和经济萧条后恢复时期的商品价格正常上涨不叫作通货膨胀，因此排除D选项。答案选ABC。

2.【答案】BCE
【解析】为治理恶性通货膨胀而进行的币制改革，是指政府下令废除旧币，发行新币，变更钞票面值，对货币流通秩序采取一系列强硬的保障性措施等。

3.【答案】BCE
【解析】选项A属于扩张性的货币政策措施，选项D属于紧缩性的财政政策措施。

4. 【答案】BD

【解析】本题考查通货紧缩的概念。判断某个时期的物价下降是否是通货紧缩，一看通货膨胀率是否由正变负；二看这种下降是否持续了一定的时限。

5. 【答案】ACDE

【解析】隐蔽型通货膨胀是表面上货币工资没有下降，物价总水平也未提高，但居民实际消费水准却下降的现象。商品供不应求的现实通过准价格形式表现出来 如黑市、排队、凭证购买、有价无货以及一些产品在价格不变的情况下，质量下降等。

6. 【答案】DE

【解析】本题考查考生对通货膨胀概念的深入理解。通货膨胀是一定时间内一般物价水平的持续上涨的现象。对于这个概念一定要明确以下几个关键词 "一定时间内" "一般物价水平" "持续上涨"。

7. 【答案】BCD

【解析】选项A描述的是过度需求引起的通货膨胀，选项BCD是成本推进论中产品成本的原因分析，答案选BCD。

8. 【答案】ABCE

【解析】本题考查积极的供给政策的措施。

9. 【答案】BD

【解析】购买性支出包括政府投资、行政事业费等。

10. 【答案】ACDE

【解析】通货膨胀的成因有需求拉上、成本推进、供求混合作用、经济结构变化。

11. 【答案】AB

【解析】从总量上讲，导致通货膨胀的压力主要来自需求方面和供给方面。

12. 【答案】AD

【解析】关于通货膨胀定义有两点是共同的：一是有效需求大于有效供给；二是物价持续上涨。

13. 【答案】ABC

【解析】通货膨胀治理的必要性体现在对社会再生产、对金融秩序以及对社会稳定的负面影响方面，选项D过度需求是通货膨胀的原因，答案选ABC。

14. 【答案】ABCD

【解析】紧缩性的财政政策有：直接从限制支出、减少需求等方面来减轻通货膨胀压力——增收节支、减少赤字。减少政府支出，主要包括削减购买性支出、削减转移性支出。增加税收：增加税收可以直接减少企业和个人的收入，降低投资支出和消费支出，以抑制总需求膨胀。同时，增加税收还可以增加政府收入，减少因财政赤字引起的货币发行。发行公债，可以利用"挤出效应"减少民间部门的投资和消费，抑制社会总需求。因此正确答案选ABCD。

15. 【答案】ABDE

【解析】通货膨胀对社会再生产的负面影响包括：不利于生产的正常发展；打乱了正常的商品流通秩序；强制性的国民收入再分配；降低了人们的实际消费水平。

16. 【答案】ABCE

【解析】通货膨胀是在货币符号流通条件下，由于货币供应量过多，使有支付能力的货币购买力大于商品可供量，从而引起货币贬值、物价上涨的经济现象。

17. 【答案】BD

【解析】治理通货紧缩的政策措施中，积极的财政政策的内容主要包括减税和增加财政支出两种方法。

18. 【答案】BCD

【解析】隐蔽型通货膨胀的形成条件包括：严格的价格管制；单一的行政管理体制；过度的需求压力。

三、案例分析题

(一)

1. 【答案】C

【解析】我国的货币政策目标是以防通胀为主的多目标制。

2. 【答案】B

【解析】从通货膨胀程度来看，爬行式不超过2%～3%，因此判断属于温和式通胀。

3. 【答案】A

【解析】央行上调法定存款准备金率降低了商业银行的货币创造能力，上调存贷款基准利率提高了企业借贷成本。

4. 【答案】BCD

【解析】选项A错误在于：应该是2010年前流动性过剩的滞后影响。

(二)

5. 【答案】B

【解析】2009年1月以来，CPI、PPI都呈现出负增长，所以答案是B。

6.【答案】AD

【解析】温和式通货膨胀是价格总水平上涨比爬行式高，但又不是很快，具体百分比没有一个统一的说法。

7.【答案】BCD

【解析】通货膨胀较严重时，投机活动猖獗、价格信号扭曲，降低了人们的实际消费水平，那些

以一定利息为报酬持有债权的人，则由于实际利率下降而受到损失。

8.【答案】ABD

【解析】本题间接考查治理通货紧缩的政策措施。2008—2009年我国存在通货紧缩的情况，所以要采用宽松的货币和财政政策，加快产业结构调整，推进金融制度建设。

第九章 中央银行与货币政策

　　本章主要考查中央银行的产生、中央银行的性质与职能、中央银行的业务；金融宏观调控与货币政策的理论概述；货币政策的目标与工具；货币政策的传导机制与中介指标；货币政策的实施依据，货币政策的效益以及我国的货币政策等。

　　从近三年考题情况来看，主要考点分布在中央银行的性质与职能、货币政策的目标与工具、金融宏观调控与货币政策的实施等相关章节上，其中我国的货币政策是比较热门的考点，需要引起考生注意。本章考试在近几年的考试中所占分值比例较大，平均分值是17分。

本章重要考点分析

　　本章涉及的重要考点主要包括中央银行的性质与职能、中央银行的业务、货币政策的目标与工具、我国的货币政策等，其中有关我国的货币政策这一知识点涉及我国的货币政策目标、我国的货币政策工具、我国的货币政策传导机制以及近年我国的金融宏观调控情况等重要考点和热点，在近几年的考试中均以案例分析题的形式出现，需要考生重点掌握。

　　详细考点分析如图9-1所示。

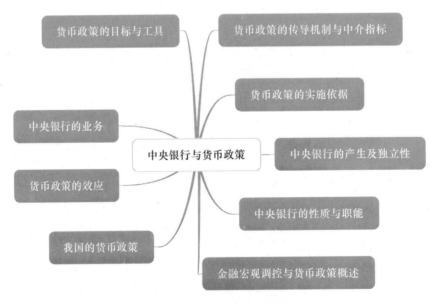

图9-1　中央银行与货币政策

本章近三年题型及分值总结

本章知识点总体篇幅比较多，但是高频考点比较集中，在近几年的考试中，每年会出现5道单项选择题，2道多项选择题，集中考查中央银行的职能和业务、货币政策的目标、货币政策工具、货币政策效应等，而其他内容涉及的考试题目不多。一般出现 4 道实例分析题，主要涵盖了我国的货币政策等知识点，平均分值17分。本章的题型分布与分值情况如表9-1所示。

表9-1　中央银行与货币政策题型及分值

年　份	单项选择题	多项选择题	案例分析题
2012年	5题	2题	4题
2011年	5题	2题	4题
2010年	5题	2题	4题

第一节　中央银行概述

中央银行的产生有其基本前提，一是商品经济的发展比较成熟，二是金融业的发展对此有客观需求。最早设立的中央银行是瑞典银行。

中央银行的产生有三个途径，即由商业银行转化为中央银行、专门设置的中央银行和由综合型银行改革为单一职能的中央银行。它是金融管理机构，它代表国家管理金融，制定和执行金融方针政策，主要采用经济手段对金融经济领域进行调节和控制。中央银行是一国最高的货币金融管理机构，在各国金融体系中居于主导地位。其职能包括发行的银行、政府的银行、银行的银行、管理金融的银行四个方面，本节主要介绍了中央银行的定义、性质、职能，以及中央银行的业务等内容。

 思维导图

本节涉及多个知识点和概念，如图9-2所示。

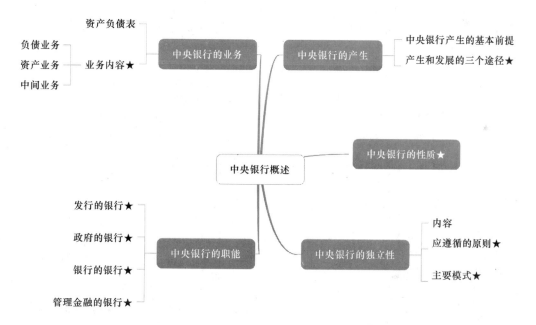

图9-2　中央银行概述

知识点测试

【2011年单选题】近代中央银行的鼻祖是( )。

A. 美联储

B. 法兰西银行

C. 英格兰银行

D. 瑞典银行

【答案】C

【解析】最早设立的中央银行是瑞典银行。其次是1694年成立的英格兰银行，被公认为是近代中央银行的鼻祖。

【2010年单选题】属于中央银行的负债业务是( )。

A. 集中办理票据交换

B. 货币发行

C. 再贴现

D. 证券买卖

【答案】B

【解析】中央银行的负债业务主要有：①货币发行；②代理国库；③集中存款准备金。

【例题 多选题】中央银行产生的基本前提有( )。

A. 商品经济的发展比较成熟

B. 金融业的发展对此有客观需求

C. 集中办理票据交换

D. 货币发行

E. 证券买卖

【答案】AB

【解析】本题考查中央银行产生的基本前提。中央银行的产生有两个基本前提：一是商品经济的发展比较成熟，二是金融业的发展对此有客观需求。

【例题 多选题】中央银行制度的建立是出于( )。

A. 经济发展的需要

B. 代理国库和为政府筹措资金的需要

C. 管理金融业(如票据清算和银行最后贷款人)的需要

D. 集中货币发行权的需要

E. 国家对社会经济发展实行干预的需要

【答案】BCDE

【解析】中央银行制度的建立，大致出于四个方面的需要：集中货币发行权的需要、代理国库和为政府筹措资金的需要、管理金融业(如票据清算

和银行最后贷款人)的需要、国家对社会经济发展实行干预的需要。

【例题 多选题】中央银行的相对独立性主要包括( )。

A. 独立进行证券买卖

B. 独立办理票据交换

C. 建立独立的货币发行制度，稳定货币

D. 独立制定实施货币政策

E. 独立监管、调控整个金融体系和金融市场

【答案】CDE

【解析】中央银行的相对独立性体现在：

(1) 建立独立的货币发行制度，稳定货币；

(2) 独立制定实施货币政策；

(3) 独立监管、调控整个金融体系和金融市场。

【例题 多选题】从其独立性考虑，中央银行的应该遵循的基本原则有( )。

A. 建立独立的货币发行制度，稳定货币

B. 中央银行应以一国宏观经济目标为出发点制定货币政策，从事业务操作

C. 独立制定实施货币政策

D. 中央银行应按照金融运行规律，制定实施货币政策，规避政府短期行为的干扰

E. 独立监管、调控整个金融体系和金融市场

【答案】BD

【解析】本题考查中央银行应该遵循的基本原则。或央行应遵循的原则有：

(1) 中央银行应以一国宏观经济目标为出发点制定货币政策，从事业务操作；

(2) 中央银行应按照金融运行规律，制定实施货币政策，规避政府短期行为的干扰。

【例题 多选题】以下对于中央银行性质的描述正确的是( )。

A. 中央银行是金融管理机构，代表中央企业管理金融

B. 中央银行主要采取经济手段对金融经济领域进行调节和控制

C. 中央银行是一国最高的货币金融管理机构

D. 中央银行在各国金融体系中居于主导地位

E. 中央银行制定和执行金融方针政策

【答案】BCDE

【解析】本题考查中央银行性质。中央银行的性质是中央银行是金融管理机构，它代表国家管理金融，制定和执行金融方针政策，主要采用经济手段对金融经济领域进行调节和控制。中央银行是一

国最高的货币金融管理机构，在各国金融体系中居于主导地位。

【例题 多选题】对于中央银行发行的银行职能，下列选项中描述正确的是(　　)。

A. 指中央银行垄断货币发行，具有货币发行的特权、独占权，是一国唯一的货币发行机构

B. 适时适度发行货币

C. 宏观经济角度控制信用规模，调节货币供给量

D. 根据货币流通需要，适时印刷、铸造或销毁票币，调拨库款，调剂地区间货币分布、货币面额比例

E. 代理国库

【答案】ABCD

【解析】中央银行是发行的银行，指中央银行垄断货币发行，具有货币发行的特权、独占权，是一国唯一的货币发行机构，职能体现在：

(1) 适时适度发行货币；

(2) 从宏观经济角度控制信用规模，调节货币供给量；

(3) 根据货币流通需要，适时印刷、铸造或销毁票币，调拨库款，调剂地区间货币分布、货币面额比例。

因此选项ABCD描述正确，选项E是政府的银行职能，排除，答案选ABCD。

【例题 单选题】(　　)指中央银行作为一国金融体系的核心、首脑，致力于货币政策的制定实施，对整个银行业的运行进行调控监管。

A. 发行的银行

B. 政府的银行

C. 银行的银行

D. 管理金融的银行

【答案】D

【解析】本题考查中央银行职能。中央银行是管理金融的银行，是指中央银行作为一国金融体系的核心、首脑，致力于货币政策的制定实施，对整个银行业的运行进行调控监管。

【例题 多选题】中央银行是政府的银行，中央银行为政府提供服务，是政府管理一国金融的专门机构。其职能主要体现在(　　)。

A. 适时适度发行货币

B. 对政府融通资金

C. 代理政府金融事务，如代理国债发行及到期国债的还本付息等

D. 代表政府参加国际金融活动，进行金融事务的协调、磋商等

E. 充当政府金融政策顾问，为一国经济政策的制定提供各种资料、数据和方案

【答案】BCDE

【解析】本题考查中央银行是政府的银行的职能，主要体现在：

(1) 代理国库。

(2) 对政府融通资金。

(3) 代理政府金融事务。如代理国债发行及到期国债的还本付息等。

(4) 代表政府参加国际金融活动，进行金融事务的协调、磋商等。

(5) 充当政府金融政策顾问，为一国经济政策的制定提供各种资料、数据和方案。

第二节 货币政策体系

本节介绍了金融宏观调控和货币政策的相关概念。

金融宏观调控是以中央银行或货币当局为主体，以货币政策为核心，借助于各种金融工具调节货币供给量或信用量，影响社会总需求进而实现社会总供求均衡，促进金融与经济协调稳定发展的机制与过程。金融宏观调控存在的前提是商业银行是独立的市场主体，实行二级银行体制，另外介绍了金融宏观调控的类型。

而货币政策是中央银行为实现特定的经济目标而采取的各种控制、调节货币供应量或信用量的方针、政策、措施的总称，本节介绍了货币政策的基本特征和类型，金融宏观调控的机制的构成要素以及金融宏观调控的两个领域和三个阶段。

货币政策的目标是解决宏观经济问题，而宏观经济的最佳状态一般可以理解为在保持物价的稳定的同时有较高的经济增长速度、劳动力实现充分就业、国际收支也维持基本平衡。但是在实际经济生活中难以达到，四个政策性目标之间存在矛盾性。

思维导图

本节涉及多个知识点和概念，如图9-3所示。

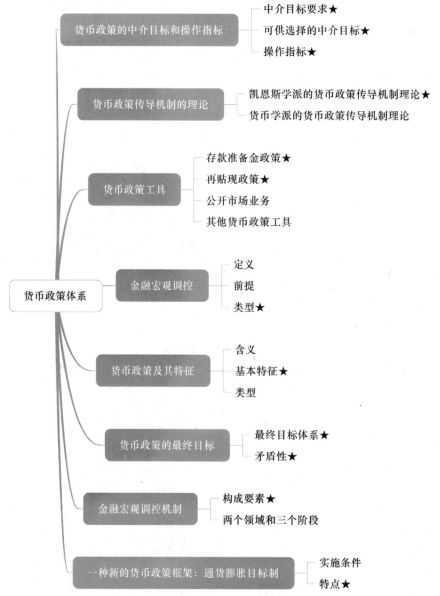

图9-3 货币政策体系

知识点测试

【2009年单选题】宏观调控是国家运用宏观经济政策对宏观经济运行进行的调节和干预。其中，金融宏观调控是指( )的运用。

A.收入政策   B.货币政策

C.财政政策   D.产业政策

【答案】B

【解析】金融宏观调控以中央银行或货币当局为主体，以货币政策为核心，借助于各种金融工具调节货币供给量或信用量，影响社会总需求进而实现社会总供求均衡，促进金融与经济协调稳定发展的机制与过程。

【2012年单选题】一般而言，中央银行货币政策的首要目标是( )。

A.充分就业   B.稳定物价

C.国际收支平衡   D.经济增长

【答案】B

【解析】就中央银行来说，作为一家货币管理机关，其首要的职责就是稳定物价，保持币值的稳定。

【2009年单选题】货币政策的最终目标是稳定物价、充分就业、促进经济增长和平衡国际收支。在经济学中，关于充分就业的说法正确的是( )。

A. 社会劳动者100%就业

B. 所有有能力的劳动力都能随时找到任何条件的工作

C. 存在摩擦性失业，但不存在自愿失业

D. 存在摩擦性失业和自愿失业

【答案】D

【解析】充分就业是指有能力并愿意参加工作者，都能在较合理的条件下，随时找到适当的工作。并不等于社会劳动力的100%就业，通常是将摩擦性失业和自愿失业排除在外。

【2010年单选题】再贴现的主动权在( )。

A. 中央银行

B. 商业银行

C. 中央银行及商业银行

D. 既不在中央银行也不在商业银行

【答案】B

【解析】再贴现的主动权在商业银行，而不在中央银行。如商业银行可通过其他途径筹资而不依赖于再贴现，则中央银行就不能用再贴现控制货币供应总量及其结构。

【2009年单选题】在席卷全球的金融危机期间，中央银行为了对抗经济衰退，刺激国民经济增长，不应该采取的措施是( )。

A. 降低商业银行法定存款准备金率

B. 降低商业银行再贴现率

C. 在证券市场上卖出国债

D. 下调商业银行贷款基准利率

【答案】C

【解析】对抗经济衰退，刺激国民经济增长的措施应该是扩张性的货币政策。选项ABD都属于扩张性的货币政策，只有选项C在证券市场卖出国债，收回流通中的货币，属于紧缩性的货币政策。

【2008年单选题】中央银行再贴现政策的缺点是( )。

A. 作用猛烈、缺乏弹性

B. 政策效果很大程度受超额准备金的影响

C. 主动权在商业银行，而不在中央银行

D. 从政策实施到影响最终目标时滞较长

【答案】C

【解析】中央银行再贴现政策的主要缺点是：再贴现的主动权在商业银行，而不在中央银行。如商业银行可通过其他途径筹资而不依赖于再贴现，则中央银行就不能用再贴现控制货币供应总量及其结构。

【例题 多选题】货币政策的最终目标是( )。

A. 物价稳定　　　B. 充分就业

C. 经济增长　　　D. 国际收支平衡

E. 以上都不对

【答案】ABCD

【解析】货币政策的最终目标是物价稳定、充分就业、经济增长和国际收支平衡，因此正确答案选ABCD。

【2009年单选题】货币供应量作为货币政策中介指标的主要不足是( )。

A. 内生性太强　　B. 可测性欠佳

C. 相关性欠佳　　D. 可控性欠佳

【答案】C

【解析】货币供应量作为货币政策中介指标的主要不足是相关性欠佳。

【例题 多选题】货币政策的类型包括( )。

A. 调节性货币政策

B. 扩张性货币政策

C. 紧缩性货币政策

D. 非调节性货币政策

E. 积极性货币政策

【答案】ABCD

【解析】本题考查货币政策的类型，货币政策的类型有调节性货币政策、扩张性货币政策、紧缩性货币政策、非调节性货币政策。

【例题 单选题】中央银行通过减少货币供应量，使利率升高，从而抑制投资，压缩总需求，限制经济增长的货币政策指的是( )。

A. 调节性货币政策

B. 扩张性货币政策

C. 紧缩性货币政策

D. 非调节型货币政策

【答案】C

【解析】本题考查货币政策的类型。紧缩性货币政策是指中央银行通过减少货币供应量，使利率升高，从而抑制投资，压缩总需求，限制经济增长。

【例题 单选题】金融宏观调控机制的调控主体是( )。

A. 商业银行

B. 中央银行

C. 货币供应量

D. 企业与居民

【答案】B

【解析】本题考查金融宏观调控机制的构成要素。中央银行是金融宏观调控机制的调控主体。

【例题 单选题】金融宏观调控机制的中介指标是（　　）。

A. 商业银行

B. 中央银行

C. 货币供应量

D. 企业与居民

【答案】C

【解析】本题考查金融宏观调控机制的构成要素。货币供应量是金融宏观调控机制的中介指标。

【例题 单选题】金融宏观调控机制的构成要素中，商业银行是（　　）。

A. 调控主体

B. 中介指标

C. 变换中介

D. 操作目标

【答案】C

【解析】本题考查金融宏观调控机制的构成要素。金融宏观调控的变换中介是商业银行。

第三节　货币政策的实施

宏观经济分析是货币政策实施的最重要依据。货币政策工具、货币政策中介目标、货币政策最终目标三大基本要素构造了货币政策调控系统，而货币政策的实施对实现货币政策目标的绩效或有效性，分为时滞效应和数量效应。

在我国金融界，关于货币政策目标选择曾存在"单一目标论""双重目标论"和"多元目标论"等多种观点。我国中央银行法规定，我国中央银行货币政策工具包括要求金融机构按规定比例交存存款准备金；确定中央银行基准利率；为在中央银行开立账户的金融机构办理再贴现；在公开市场买卖国债和其他政府债券及外汇。因此，我国货币政策工具主要有存款准备金、再贴现与再贷款、公开市场操作和利率工具等。

近年来我国的金融宏观调控情况可以分为几个阶段，每个阶段都有其自身特点，总结起来可以归纳为：我国已建立了以间接手段为主的宏观金融调控模式、我国的货币政策目标是以预防通胀为主的多目标制、存款准备金调整和公开市场操作成为日常的流动性对冲管理的重要工具。

 思维导图

本节涉及多个知识点和概念，如图9-4所示。

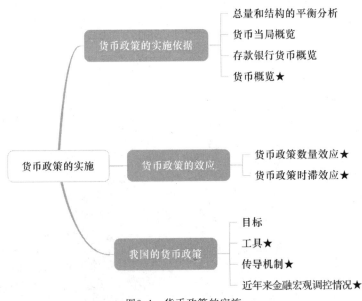

图9-4　货币政策的实施

知识点测试

【2010年单选题】（　　）是指作为货币政策调控对象的金融部门及企业部门对中央银行实施货币政策的反应过程。

A. 外部时滞

B. 内部时滞

C. 认识时滞

D. 决策时滞

【答案】A

【解析】时滞效应是指从决策采取某种政策，到这一政策最终发生作用，其中每一个环节都需要占用一定的时间。如果用时间差来衡量时滞效应，则内部时滞是指作为货币政策操作主体的中央银行制定和实施货币政策的全过程；外部时滞是指作为货币政策调控对象的金融部门及企业部门对中央银行实施货币政策的反应过程。

【2010年单选题】某国货币贬值将导致（　　）。

A. 增加出口、限制进口，缩小逆差

B. 增加进口及出口

C. 增加进口、限制出口，增大逆差

D. 减少进口和出口

【答案】A

【解析】某国货币贬值，使得其生产的产品的外币价格下降，从而增加出口；而进口的产品价格上升，从而减少进口，达到缩小逆差的效果。

【2012年单选题】从中央银行认识到需要改变政策，到提出一种新的政策所需要耗费的时间是（　　）。

A. 认识时滞

B. 外部时滞

C. 操作时滞

D. 决策时滞

【答案】D

【解析】本题考查决策时滞的定义。

考题预测及强化训练

一、单项选择题

1. 下面选项中由商业银行转化为中央银行的是（　　）。

A. 德国的普鲁士银行

B. 美国联邦储备体系

C. 中国的中央银行

D. 以上都不是

2. 中央银行直接以通货膨胀为目标并对外公布针对该目标的货币政策制度指的是（　　）。

A. 通货膨胀目标制

B. 通货紧缩目标制

C. 宏观调控管理制

D. 以上都不对

3. 金融调控是国家对宏观经济运行进行干预的组成部分，市场经济体制下金融调控的主要类型是（　　）。

A. 计划调控与行政调控

B. 计划调控与政策调控

C. 行政调控与法律调控

D. 政策调控与法律调控

4. 金融宏观调控的核心是（　　）。

A. 财政政策　　　　　B. 产业政策

C. 货币政策　　　　　D. 收入政策

5. 一国金融体系的核心是（　　）。

A. 外汇管理局　　　　B. 商业银行

C. 中央银行　　　　　D. 国务院

6. 最早设立的中央银行是（　　）。

A. 英格兰银行　　　　B. 瑞典银行

C. 法兰西银行　　　　D. 荷兰银行

7. 中央银行取消对商业银行贷款规模限制的时间是（　　）。

A. 1995年　　　　　B. 1998年

C. 1999年　　　　　D. 2000年

8. 凯恩斯学派在货币传导机制问题上，最大的特点是（　　）。

A. 非常强调货币供给量的作用

B. 非常强调利率的作用

C. 非常强调通货膨胀的作用

D. 非常强调汇率的作用

9. 窗口指导属于（　　）。

A. 一般性货币政策工具

B. 选择性货币政策工具

C. 直接信用控制的货币政策工具

D. 间接信用控制的货币政策工具

10. 中央银行的公开市场业务的优点是（　　）。

A. 主动权在政府

B. 主动权在企业

C. 主动权在商业银行

D. 主动权在中央银行

11. 金融宏观调控存在的前提是（　　）。

A. 单一银行体制　　　B. 二级银行体制

C. 单一政府体制　　　D. 多级政府体制

12. 专门设置的中央银行是( )。
    A. 英格兰银行　　　　　B. 法兰西银行
    C. 美国联邦储备体系　　D. 中国人民银行

13. 从中央银行提高存款准备金率到该政策抑制通货膨胀的效果显现，这中间的时间跨度称为( )时滞。
    A. 认识　　　　　　　　B. 外部
    C. 决策　　　　　　　　D. 行动

14. 下列关于中央银行业务的描述中，不属于中央银行负债业务的是( )。
    A. 中国人民银行通过贷款渠道发行人民币
    B. 中国人民银行吸收存款准备金
    C. 中国人民银行接受政府委托管理国库
    D. 中国人民银行组织全国商业银行进行资金清算

15. 我国的货币政策目标是( )。
    A. 保持货币币值稳定，并以此促进经济增长
    B. 稳定币值
    C. 促进经济增长
    D. 经济增长，充分就业

16. 菲利普斯曲线说明了货币政策之间存在矛盾的是( )。
    A. 稳定物价与经济增长
    B. 稳定物价与充分就业
    C. 稳定物价与国际收支平衡
    D. 经济增长与国际收支平衡

17. 下面有关存款准备金政策的描述错误的是( )。
    A. 法定存款准备金率高，货币乘数则小，银行原始存款创造的派生存款亦少
    B. 当降低存款准备金率时，超额准备金增加，商业银行的信用扩张能力增强
    C. 存款准备金率上升，说明信用即将收缩，利率随之上升，公众会自动紧缩对信用的需求
    D. 当提高存款准备金率时，超额准备金增加，商业银行的信用扩张能力增强

18. 通货膨胀目标制核心是以确定的通货膨胀率作为货币政策目标或一个目标区间，当预测实际通货膨胀率高于目标或目标区间时就采取( )。
    A. 紧缩性货币政策　　　B. 宽松货币政策
    C. 非调节型货币政策　　D. 中性货币政策

19. 根据"货币概览表"的编制原理，当一国的货币资金是9800亿元，流通中现金为2300亿元，单位定期存款为2850亿元，则准货币的数量是( )亿元。
    A. 4650　　　　　　　　B. 10 350
    C. 7500　　　　　　　　D. 1265

20. 实行非调节型货币政策的理由是( )。
    A. 在短期内货币供应量难以调节
    B. 在长期内货币供应量会自动调节
    C. 在短期内货币供应量会自动调节
    D. 在长期内货币供应量难以调节

21. 可以较好影响信贷结构的货币政策工具是( )。
    A. 再贷款　　　　　　　B. 再贴现
    C. 存款准备金率　　　　D. 公开市场业务

22. 中央银行向一级交易商卖出有价证券，并约定在未来特定日期买回有价证券的交易行为是( )。
    A. 正回购　　　　　　　B. 逆回购
    C. 现券买断　　　　　　D. 现券卖断

23. 对于再贴现政策的描述错误的是( )。
    A. 有利于中央银行发挥最后贷款者的作用
    B. 比存款准备金率的调整更机动、灵活，可调节总量还可以调节结构
    C. 主动权在中央银行
    D. 以票据融资，风险较小

24. 弗里德曼认为，货币政策的传导变量应为( )。
    A. 基础货币　　　　　　B. 超额储备
    C. 货币供应量　　　　　D. 利率

25. 货币发行是中央银行最重要的( )业务。
    A. 负债　　B. 存款　　C. 贷款　　D. 转账结算

26. 一般性货币政策的主要作用在于对( )进行总量调控，对整个经济产生影响。
    A. 货币储存量　　　　　B. 货币供应量
    C. 货币发行量　　　　　D. 现金发行量

27. 下列货币政策工具中，属于选择性货币政策工具的是( )。
    A. 消费者信用控制　　　B. 贷款限额
    C. 公开市场业务　　　　D. 道义劝告

28. 当宏观经济处于消费需求偏旺而投资需求不足的结构性矛盾时期时，运用的货币政策和财政政策的配合形式是( )。
    A. 松的货币政策与松的财政政策
    B. 紧的货币政策与紧的财政政策
    C. 松的货币政策与紧的财政政策
    D. 紧的货币政策与松的财政政策

二、多项选择题

1. 目前中国人民银行采取的利率工具主要包括( )。
    A. 调整中央银行基准利率
    B. 调整金融机构法定存贷款利率
    C. 制定金融机构存贷款利率的浮动范围
    D. 制定相关政策对各类利率结构和档次进行调整
    E. 制定商业银行流动性比率

2. 理想的货币政策中介指标应符合的要求一般可概括为( )。
   A. 相关性　　　　　　B. 可测性
   C. 灵活性　　　　　　D. 可控性
   E. 外生性

3. 选择性货币政策工具包括( )。
   A. 消费者信用控制　　B. 贷款限额
   C. 利率限制　　　　　D. 优惠利率
   E. 直接干预

4. 公开市场业务的优点是( )。
   A. 主动权在央行
   B. 富有弹性
   C. 从政策实施到影响最终目标,时滞较短
   D. 不如存款准备金调整灵活
   E. 容易逆向修正货币政策,可连续进行

5. 在通货紧缩时期,中央银行可以采取的货币政策措施有( )。
   A. 降低再贴现利率
   B. 提高法定存款准备金率
   C. 在公开市场上买进证券
   D. 道义劝告
   E. 社会总供求平衡状况

6. 扩张性货币政策措施包括( )。
   A. 降低法定存款准备金率
   B. 提高再贴现率
   C. 降低再贴现率
   D. 在公开市场上卖出有价证券
   E. 扩张贷款规模

7. 中央银行的职能有( )。
   A. 发行的银行　　　　B. 政府的银行
   C. 银行的银行　　　　D. 管理金融的银行
   E. 经营型银行

8. 在通货膨胀时期,中央银行可以采取的货币政策措施有( )。
   A. 提高再贴现率
   B. 提高存款准备金率
   C. 公开市场上卖出有价证券
   D. 道义劝告
   E. 社会总供求平衡状况

9. 中央银行作为管理金融的银行职能主要体现在( )。
   A. 根据国情合理制定实施货币政策,在稳定货币的前提下谋求经济增长
   B. 制定颁行各种金融法规、金融业务规章,监督管理各金融机构的业务活动

   C. 管理境内金融市场
   D. 主持全国银行间的清算业务
   E. 主持外汇头寸抛补业务

10. 目前,我国中央银行基准利率包括( )。
    A. 再贷款利率　　　　B. 再贴现利率
    C. 通货膨胀率　　　　D. 存款准备金利率
    E. 超额存款准备金利率

11. 公开市场业务作为货币政策工具的主要缺点是( )。
    A. 作用猛烈
    B. 富有弹性
    C. 时滞较长
    D. 中央银行处于被动地位
    E. 干扰其实施效果的因素多

12. 中央银行作为银行的银行主要履行以下职责( )。
    A. 垄断货币发行
    B. 集中保管存款准备金
    C. 充当最后贷款人
    D. 主持全国银行间的清算业务
    E. 代理国库

13. 在中央银行的货币政策工具中,存款准备金政策的主要内容包括( )。
    A. 规定存款准备金计提的基础
    B. 规定存款准备金率
    C. 规定存款准备金运用的方式
    D. 规定存款准备金提取的时间
    E. 规定存款准备金的构成

14. 货币政策的基本特征包括( )。
    A. 是宏观经济政策
    B. 是调节社会总需求的政策
    C. 主要是间接调控政策
    D. 是长期连续的经济政策
    E. 以上都不对

15. 中央银行的负债业务有( )。
    A. 外汇
    B. 通货发行
    C. 国库存款
    D. 商业银行等金融机构存款
    E. 国际储备

16. 货币政策中介目标承担的功能主要有( )。
    A. 管理　　　　　　　B. 补充
    C. 传导　　　　　　　D. 缓冲
    E. 调节

17. 随着利率市场化的进程,中央银行主要控制( ),其他利率将逐步放开,由市场决定。

A. 准备金存款利率　　　B. 再贷款利率

C. 再贴现利率　　　　　D. 再存款利率

E. 商业银行贷款利率

18. 下列选项属于间接信用控制的货币政策工具的有(　　)。

A. 窗口指导　　　　　　B. 公开市场业务

C. 流动性比率　　　　　D. 道义劝告

E. 消费者信用控制

19. 存款准备金率作为货币政策工具的优点是(　　)。

A. 中央银行具有完全的自主权

B. 作用猛烈

C. 对货币供应量的作用迅速

D. 对松紧信用较公平

E. 政策效果在很大程度上受超额准备金的影响

20. 下列选项属于货币政策的内部时滞的有(　　)。

A. 认识时滞　　　　　　B. 移动时滞

C. 接受时滞　　　　　　D. 决策时滞

E. 效果时滞

三、案例分析题

2008年上半年，中国人民银行先后5次上调金融机构人民币存款准备金率，由14.5%调整到了17.5%。下半年以后，随着国际金融动荡加剧，为保证银行体系流动性充分供应，中国人民银行分别于9月25日、10月15日、12月5日和12月25日4次下调金融机构人民币存款准备金率，累计下调2个百分点，截至2008年末，动态测算共释放流动性约8000亿元。

2008年末，广义货币供应量M_2余额为47.5万亿元，狭义货币供应量M_1余额为16.6万亿元，流通中现金M_0余额为3.4万亿元，全年现金净投放3844亿元。

根据上述资料，回答下列问题：

1. 2008年末，我国单位活期存款总额应为(　　)万亿元。

A. 13.2　　　　　　　　B. 27.5

C. 30.9　　　　　　　　D. 44.1

2. 2008年末，我国居民个人储蓄存款和单位定期存款等准货币总额应为(　　)万亿元。

A. 13.2　　　　　　　　B. 27.5

C. 30.9　　　　　　　　D. 44.1

3. 下列属于中央银行投放基础货币的渠道有(　　)。

A. 对金融机构的再贷款

B. 收购外汇等储备资产

C. 购买政府债券

D. 对工商企业贷款

4. 若中央银行要对冲流动性，可采取的措施有(　　)。

A. 使黄金销售量大于收购量

B. 收购外汇等储备资产

C. 债券逆回购

D. 债券正回购

参考答案及解析

一、单项选择题

1. 【答案】A

【解析】德国的普鲁士银行是由商业银行转化为中央银行，美国联邦储备体系是专门设置的中央银行，中国的中央银行是由综合型银行改革为单一职能的中央银行，答案选A。

2. 【答案】A

【解析】本题考查通货膨胀目标制的定义，通货膨胀目标制是中央银行直接以通货膨胀为目标并对外公布针对该目标的货币政策制度。答案选A。

3. 【答案】D

【解析】政策和法律调控是市场经济体制下金融宏观调控的主要形式。

4. 【答案】C

【解析】金融宏观调控以货币政策为核心。

5. 【答案】C

【解析】中央银行是一国金融体系的核心。

6. 【答案】B

【解析】最早设立的中央银行是瑞典银行。

7. 【答案】B

【解析】1998年中央银行取消对商业银行贷款规模限制。

8. 【答案】B

【解析】凯恩斯学派在货币传导机制问题上，最大的特点是非常强调利率的作用。

9. 【答案】D

【解析】间接信用控制工具包括道义劝告、窗口指导等。

10. 【答案】D

【解析】公开市场业务的优点包括：①主动权在中央银行；②富有弹性；③中央银行买卖证券可同时交叉进行，故很容易逆向修正货币政策，可连续进行，能补充存款准备金、再贴现这两个非连续性政策工具实施前后的效果不足；④根据证券市场供求波动，主动买卖证券，可起稳定证券市场的作用。

11. 【答案】B

【解析】金融宏观调控存在的前提是商业银行

是独立的市场主体，实行二级银行体制。

12.【答案】C

【解析】美国联邦储备体系属于专门设置的中央银行。

13.【答案】B

【解析】本题考查外部时滞的概念。外部时滞是指作为货币政策调控对象的金融部门及企业部门对中央银行实施货币政策的反应过程。具体表现为当中央银行开始实施新政策后，金融部门对新政策的认识—金融部门对政策措施所做的反应—企业部门对金融形势变化的认识—企业部门的决策—新政策发生作用，每一步都需要耗费一定的时间。

14.【答案】D

【解析】中央银行的负债业务有 货币发行、代理国库、集中存款准备金。资金结算业务属于中央银行的中间业务。

15.【答案】A

【解析】我国货币政策目标是保持货币币值稳定，并以此促进经济增长。

16.【答案】B

【解析】菲利普斯曲线说明了稳定物价与充分就业之间的矛盾关系。

17.【答案】D

【解析】存款准备金政策对货币乘数的影响。法定存款准备金率高，货币乘数则小，银行原始存款创造的派生存款亦少；反之则相反。对超额准备金的影响。当降低存款准备金率时，超额准备金增加，商业银行的信用扩张能力增强；反之则相反。宣示效果。存款准备金率上升，说明信用即将收缩，利率随之上升，公众会自动紧缩对信用的需求；反之则相反。答案选D。

18.【答案】A

【解析】通货膨胀目标制核心是以确定的通货膨胀率作为货币政策目标或一个目标区间，当预测实际通货膨胀率高于目标或目标区间时就采取紧缩性货币政策。

19.【答案】A

【解析】M_1(狭义货币供应量)=M_0(流通中现金)+单位活期存款，即 M_1=2300+2850=5150亿元。M_2(广义货币供应量)=M_1+准货币，即：准货币＝9800-5150=4650亿元。

20.【答案】C

【解析】非调节性货币政策是指中央银行并不

根据不同时期国家的经济目标和经济状况，不断地调节货币需求，而是把货币供应量固定在预定水平上。其理由是在短时期内，货币供应量的增减会自动地得到调节，国家的经济目标和经济状况不会因此受到影响。

21.【答案】B

【解析】中央银行不仅可以用再贴现影响货币总量，还可以用区别对待的再贴现政策影响信贷结构。

22.【答案】A

【解析】回购交易分为正回购和逆回购两种。正回购为中国人民银行向一级交易商卖出有价证券，并约定在未来特定日期买回有价证券的交易行为，是从市场收回流动性的操作，正回购到期则为向市场投放流动性。

23.【答案】C

【解析】再贴现政策的优点体现在：有利于中央银行发挥最后贷款者的作用，比存款准备金率的调整更机动、灵活，可调节总量还可以调节结构；以票据融资，风险较小，因此选项ABD的描述正确，选项C是公开市场业务的优点，错误，因此答案选C。

24.【答案】C

【解析】货币学派认为，利率在货币传导机制中不起主导作用，而货币供应量在整个传导机制中发挥着直接作用。

25.【答案】A

【解析】货币发行是中央银行最重要的负债业务。

26.【答案】B

【解析】一般性货币政策的主要作用在于对货币供应量进行总量调控，对整个经济产生影响。

27.【答案】A

【解析】选择性货币政策工具是中央银行对于某些特殊领域实施调控所采取的措施或手段，可作为一般性货币政策工具的补充，根据需要选择运用。这类工具主要有以下几种：证券市场信用控制、消费者信用控制、不动产信用控制、优惠利率。

28.【答案】C

【解析】松的货币政策与紧的财政政策较适合在宏观经济处于消费需求偏旺而投资不足的结构性矛盾时期运用。

二、多项选择题

1.【答案】ABCD

【解析】本题考查目前中国人民银行采取的利率

工具。

2. 【答案】ABD

【解析】货币政策中介目标选择的标准可以概括为：可控性、可测性、相关性。

3. 【答案】AD

【解析】选择性货币政策工具包括：证券市场信用控制、优惠利率、不动产信用控制、消费者信用控制。

4. 【答案】ABE

【解析】本题考查公开市场业务的优点。

5. 【答案】ACD

【解析】在通货紧缩时期，中央银行要制定相应的措施和政策来刺激消费和投资，拉动经济增长，所以这时候应该采取扩张性的货币政策。扩张性的货币政策措施包括：降低法定存款准备金率；降低再贴现率；运用公开市场业务购进证券；用"道义劝告"方式影响商业银行及其他金融机构增加放款，以增加货币供应。

6. 【答案】ACE

【解析】扩张型货币政策措施包括：降低法定存款准备金率、降低再贴现率、在公开市场上买进有价证券、扩张贷款规模等。

7. 【答案】ABCD

【解析】中央银行包括发行的银行、政府的银行、银行的银行、管理金融的银行四个方面的职能。

8. 【答案】ABCD

【解析】通货膨胀时应采取紧缩性的货币政策措施。

9. 【答案】ABC

【解析】本题考查中央银行管理金融的银行职能，选项ABC是正确的，选项DE是其银行的银行职能体现，排除不选，答案选ABC。

10. 【答案】ABDE

【解析】本题考查我国中央银行基准利率。

11. 【答案】CE

【解析】本题考查公开市场业务作为货币政策工具的主要缺点。

12. 【答案】BCD

【解析】本题考查中央银行作为银行的银行的职责。

13. 【答案】ABDE

【解析】本题考查存款准备金政策的主要内容。存款准备金政策的主要内容是规定存款准备金计提的基础、规定存款准备金率、规定存款准备金的构成和规定存款准备金提取的时间。

14. 【答案】ABCD

【解析】货币政策是宏观经济政策，是调节社会总需求的政策，主要是间接调控政策，是长期连续的经济政策，因此选项ABCD正确，答案选ABCD。

15. 【答案】BCD

【解析】中央银行的负债业务有：货币发行、代理国库、集中存款准备金。

16. 【答案】CD

【解析】货币政策中介目标承担的功能主要有测度功能、传导功能和缓冲功能。

17. 【答案】ABC

【解析】中央银行主要控制准备金存款利率、再贷款利率和再贴现利率。

18. 【答案】AD

【解析】间接信用控制是指中央银行利用道义劝告、窗口指导等办法间接影响商业银行的信用创造。间接信用控制的货币政策工具有道义劝告和窗口指导。

19. 【答案】ACD

【解析】存款准备金率的优点包括：中央银行具有完全的自主权，在三大货币政策工具中最易实施；对货币供应量的作用迅速，一旦确定，各商业银行及其他金融机构必须立即执行；对松紧信用较公平，一旦变动，能同时影响所有的金融机构。作用猛烈和政策效果在很大程度上受超额准备金的影响，是其缺点。

20. 【答案】AD

【解析】货币政策的内部时滞包括认识时滞和决策时滞。

三、案例分析题

1. 【答案】A

【解析】狭义货币M_1=流通中现金+单位活期存款

也就是：16.6=3.4+单位活期存款

解得：单位活期存款=13.2万亿元。

2. 【答案】C

【解析】M_2=M_1+准货币

也就是：47.5=16.6+准货币

解得：准货币=30.9万亿元。

3. 【答案】ABC

【解析】中央银行投放基础货币的渠道主要包括：对商业银行等金融机构的再贷款；收购金、银、外汇等储备资产投放的货币；购买政府部门的债券。

4.【答案】AD

【解析】所谓正回购，就是央行与某机构签订协议，将自己所持有的国债按照面值的一定比例卖出，在规定的一段时间后，再将这部分国债买回。

逆回购为中国人民银行向一级交易商购买有价证券，并约定在未来特定日期将有价证券卖给一级交易商的交易行为，逆回购为央行向市场上投放流动性的操作，逆回购到期则为央行从市场收回流动性的操作。

题干中说截至2008年末，动态测算共释放流动性约8000亿元，要对冲释放出去的这些流动性就要采取收回流动性的措施。选项AD属于收回流动性。

第十章 金融风险与金融危机

　　本章考试目的在于考查应试人员是否掌握有关金融风险和金融危机的概念、金融风险管理和金融危机管理的知识以及金融危机管理中国际协调的重要性和方法。

　　从近三年考题情况来看，本章主要考查金融风险和金融危机的概念，金融风险管理、金融危机管理，我国的金融风险管理以及我国在应对金融危机中的策略。

本章重要考点分析

　　本章涉及的重要考点主要包括：金融风险的定义和类型，金融风险的管理，金融风险管理的国际规则：("巴塞尔协议Ⅱ"与"巴塞尔协议Ⅲ")，我国金融风险管理的演进与阶段性特征和主要举措，金融危机的概念、类型、成因以及金融管理的主要内容。其中金融风险的类型是每年必考的知识点，多以单项选择题的形式出现，且分值比例较大；而金融危机的定义、分类以及金融危机的应对举措等几乎每年都会出现1～2道题目的考核，需要引起考生注意。

　　本章详细考点分析如图10-1所示。

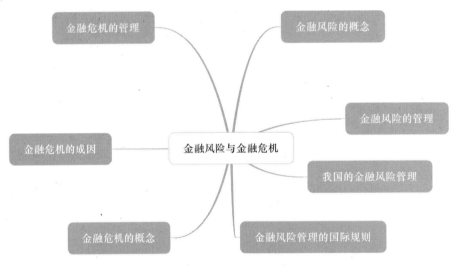

图10-1　金融风险与金融危机

本章近三年题型及分值总结

　　本章知识点主要包括金融风险的定义和类型、金融风险的管理、"巴塞尔协议Ⅱ"与"巴塞尔协议Ⅲ"、我国金融风险管理的演进与阶段性特征和主要举措，在历年的真题考查中多以多项选择题的形式出现。

　　本章涉及考点较多，一般以单项选择和多项选择题的形式出现，题目一般为7道左右。本章的题型分布与分值情况如表10-1所示。

表10-1　金融风险与金融危机题型及分值

年　份	单项选择题	多项选择题	案例分析题
2013年	5题	1题	4道
2012年	5题	2题	0道
2011年	5题	2题	0题

第一节　金融风险及其管理

金融风险指有关主体在从事金融活动中，因某些因素发生意外的变动，而蒙受经济损失的可能性，本节介绍的金融风险分为信用风险、市场风险、流动性风险、操作风险、法律风险与合规风险、国家风险、声誉风险、系统风险八个类型。

而金融风险的管理主要包括内部控制与全面风险管理及风险管理的流程等方面。

另外，金融风险管理遵循一定的国际规则，"巴塞尔协议Ⅱ"与"巴塞尔协议Ⅲ"。"巴塞尔协议Ⅱ"的核心在于全面提高商业银行的风险管理水平，准确识别、计量和控制风险。而"巴塞尔协议Ⅲ"对"巴塞尔协议Ⅱ"有了较大的发展和完善。

 思维导图

本节涉及多个知识点和概念，如图10-2所示。

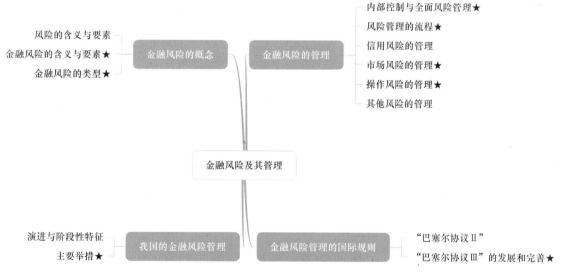

图10-2　金融风险及其管理

知识点测试

【2010年单选题】某国有银行人员收受贿赂后发放的贷款无法收回的风险属于(　　)。
　　A. 流动性风险　　　　B. 操作风险
　　C. 信用风险　　　　　D. 市场风险
【答案】C
【解析】狭义的信用风险是指交易对方在货币资金借贷中还款违约的风险。此题中债务人不能如期、足额还本付息属于信用风险。

【2009年单选题】如果商业银行在外汇交易中以美元兑换客户的欧元，而客户未履行将欧元划到银行指定账户的义务，这种可能性就是商业银行承担的(　　)。
　　A. 狭义的信用风险　　B. 广义的信用风险
　　C. 操作风险　　　　　D. 市场风险
【答案】A
【解析】狭义的信用风险是指有关主体在享有债权时，由于债务人不能如期、足额还本付息，而蒙受经济损失的可能性。

【2009年单选题】某商业银行主管信贷业务的经理，在收受某借款人贿赂的情况下，向该借款人发放了本不该发放的贷款，导致该笔贷款无法收回。此种情形说明该商业银行蒙受了( )的损失。

A. 信用风险　　　　B. 市场风险
C. 法律风险　　　　D. 操作风险

【答案】A

【解析】信用风险的风险事故是有关债务人不能如期、足额还本付息。尽管不如期、足额还本付息是债务人的行为，就债权人而言，如果有关信贷管理人员或操作人员道德沦丧，为了满足个人私利而将不该贷出的资金贷出，也会加大风险事故发生的概率。

【2011年单选题】市场风险是( )而蒙受经济损失的可能性。

A. 金融市场主体发生意外变动
B. 因内部控制缺失或疏忽
C. 金融市场价格发生意外变动
D. 因流动性短缺

【答案】C

【解析】市场风险源于市场中的金融市场。有关主体在金融市场上从事金融产品、金融衍生产品交易时，因金融市场价格发生意外变动，而蒙受经济损失的可能性，就是市场风险。

【2011年多选题】市场风险是金融市场价格发生意外变动，而蒙受经济损失的可能性，它包括( )。

A. 利率风险　　　　B. 投资风险
C. 汇率风险　　　　D. 流动性风险
E. 信用风险

【答案】ABC

【解析】市场风险包括利率风险、投资风险、汇率风险。

【2012年单选题】某商业银行发放贷款后，中央银行宣布降低贷款利率，由此导致的风险属于( )。

A. 汇率风险　　　　B. 利率风险
C. 投资风险　　　　D. 经济风险

【答案】B

【解析】利率风险是指有关主体在货币资金借贷中，因利率在借贷有效期中发生意外变动，而蒙受经济损失的可能性。本题中中央行宣布降低贷款利率，导致商业银行受到损失，因此属于利率风险。

【2009年单选题】我国某企业在出口收汇时正逢人民币升值，结果已收入的外汇兑换到的人民币的金额减少。此种情形说明该企业承受了汇率风险中的( )。

A. 交易风险　　　　B. 折算风险
C. 转移风险　　　　D. 经济风险

【答案】A

【解析】交易风险是指有关主体在因实质性经济交易而引致的不同货币的相互兑换中，因汇率在一定时间内发生意外变动，而蒙受实际经济损失的可能性。

【2011年单选题】金融机构所持流动资金不能正常履行业已存在的对外支付义务，从而导致违约或信誉下降，从而蒙受财务损失的风险属于( )。

A. 流动性风险　　　　B. 汇率风险
C. 信用风险　　　　D. 交易风险

【答案】A

【解析】流动性风险是指金融机构(特别是商业银行)所掌握的现金资产，以合理价格变现资产所获得的资金，或以合理成本所筹集的资金不足以满足即时支付的需要，从而蒙受经济损失的可能性。

【2010年单选题】因内部程序、人员及系统或外部事件造成的风险属于( )。

A. 法律风险　　　　B. 操作风险
C. 系统风险　　　　D. 政治风险

【答案】B

【解析】在巴塞尔银行监管委员会的《巴塞尔新资本协议》中，将操作风险定义为："由不完善或有问题的内部程序、人员及系统或外部事件所造成直接或间接损失的风险。"

【2012年单选题】我国某企业在海外投资了一个全资子公司。该子公司在将所获得的利润汇回国内时，其东道国实行了严格的外汇管制，该子公司无法将所获得的利润如期汇回。此种情形说明该企业承受了( )。

A. 转移风险　　　　B. 主权风险
C. 投资风险　　　　D. 系统风险

【答案】A

【解析】转移风险是指如果与一国居民发生经济金融交易的他国居民为民间主体，国家通过外汇管制、罚没或国有化等证券法规限制民间主体的资金转移，使之不能正常履行其商业义务，从而使该国居民蒙受经济损失。

【2008年多选题】金融风险的高杠杆性表现为( )。

A. 金融机构的资产负债率高
B. 金融机构的注册资本金要求高

C. 金融体系的风险传染快

D. 金融机构资产的流动性高

E. 衍生金融工具以小搏大

【答案】AE

【解析】与工商企业相比，金融企业负债率明显偏高，财务杠杆大，导致负外部性大。此外，金融工具创新日新月异，衍生金融工具有以小搏大的高杠杆效应，也伴随着高度的金融风险。

【2011年单选题】对商业银行而言，信用风险的管理机制不包括( )。

A. 审贷分离机制

B. 授权管理机制

C. 额度管理机制

D. 外部审计机制

【答案】D

【解析】对商业银行而言，信用风险的管理机制主要有：①审贷分离机制。②授权管理机制。③额度管理机制。

【2009年多选题】在信用风险管理中，需要构建的管理机制包括( )。

A. 审贷分离机制

B. 集中分散机制

C. 授权管理机制

D. 额度管理机制

E. 贷后问责机制

【答案】ACD

【解析】信用风险的管理机制主要有审贷分离机制、授权管理机制和额度管理机制。

【2010年多选题】汇率风险的管理办法有( )。

A. 选择有利的货币

B. 提前或推迟收付外币

C. 进行结构性套期保值

D. 做远期外汇交易，做货币衍生产品交易

【答案】ABCD

【解析】汇率风险的管理方法主要有：(1)选择有利的货币，即基于对汇率未来走势的预测，外币债权人或债务人选择有利于自己的硬币、软币或软硬货币组合；(2)提前或推迟收付外币，即当预测到汇率正朝着不利于或有利于自己的方向变动时，外币债权人提前或推迟收入外币，外币债务人提前或推迟偿付外币；(3)进行结构性套期保值，即对方向相反的风险敞口进行货币的匹配和对冲，例如针对交易风险将同种货币的收入和支出相抵，针对折算风险将同种货币的资产和负债相抵，针对经济风险在收入的货币和支出的货币之间建立长期的匹配

关系；(4)做远期外汇交易，提前锁定外币兑换为本币的收入或本币兑换为外币的成本；(5)做货币衍生产品交易，例如通过做货币期货交易或货币期权交易进行套期保值，通过做货币互换交易把不利于自己的软币或硬币转换为对自己有利的硬币或软币。

【2008年单选题】我国银行风险的最主要表现是( )。

A. 法律风险　　　　B. 流动性风险

C. 利率风险　　　　D. 信用风险

【答案】D

【解析】当前我国银行业面临的主要风险是信用风险、市场风险及操作风险，其中又以信用风险最为主要。

【例题 单选题】( )指有关主体在货币资金借贷中，因利率在借贷有效期中发生意外变动，而蒙受经济损失的可能性

A. 折算风险　　　　B. 经济风险

C. 利率风险　　　　D. 投资风险

【答案】C

【解析】本题考查利率风险的概念。利率风险指有关主体在货币资金借贷中，因利率在借贷有效期中发生意外变动，而蒙受经济损失的可能性。

【例题 单选题】( )指有关主体在股票市场、金融衍生产品市场进行投资中，因股票价格、金融衍生产品价格发生意外变动，而蒙受经济损失的可能性。

A. 折算风险　　　　B. 经济风险

C. 利率风险　　　　D. 投资风险

【答案】D

【解析】本题考查投资风险的概念。投资风险指有关主体在股票市场、金融衍生产品市场进行投资中，因股票价格、金融衍生产品价格发生意外变动，而蒙受经济损失的可能性。

【例题 多选题】商业银行的信用风险，过程管理就是针对信用由提供到收回的全过程，在不同的阶段采取不同的管理方法，主要分为( )。

A. 事前管理　　　　B. 事中管理

C. 事后管理　　　　D. 统一管理

E. 分散管理

【答案】ABC

【解析】过程管理就是针对信用由提供到收回的全过程，在不同的阶段采取不同的管理方法，主要包括：事前管理、事中管理和事后管理。

【例题 单选题】商业银行的信用风险，过程管

理中的事中管理指的是对贷款(　　)阶段的管理。

A. 审查与决策

B. 发放与回收

C. 完全回收以后

D. 反馈阶段

【答案】B

【解析】本题考查商业银行信用风险的过程管理。事中管理是对商业银行在贷款的发放与回收阶段的管理，答案选B。

【例题 单选题】商业银行的信用风险，过程管理中的事前管理指的是贷款(　　)阶段的管理。

A. 审查与决策

B. 发放与回收

C. 完全回收以后

D. 反馈阶段

【答案】A

【解析】本题考查商业银行信用风险的过程管理。其中事前管理是对商业银行在贷款的审查与决策阶段的管理，答案选A。

【例题 多选题】利率风险的管理方法有(　　)。

A. 选择有利的利率

B. 调整借贷期限

C. 缺口管理

D. 持续期管理

E. 做远期外汇交易

【答案】ABCD

【解析】本题考查利率风险的管理方法，主要有：选择有利的利率、调整借贷期限、缺口管理、持续期管理、利用利率衍生产品交易。

【例题 多选题】金融衍生产品投资风险的管理方法有(　　)。

A. 加强制度建设

B. 进行限额管理

C. 进行风险敞口的对冲与套期保值

D. 调整借贷期限

E. 持续期管理

【答案】ABC

【解析】本题考查金融衍生产品投资风险的管理方法，主要有：

(1) 加强制度建设，即建立科学合理的内控制度，在金融衍生产品投资中，通过前台后台、职员的合理分工和分离，清楚划分和界定不同层次人员的权力责任，达到相互制约和牵制的效果。

(2) 进行限额管理，即建立风险资本限额、风险限额、交易限额和止损限额等一系列的限额管理

制度，从而把相应的投资风险控制在可接受的水平即风险容忍度上。

(3) 进行风险敞口的对冲与套期保值。

【例题 多选题】操作风险的管理方式主要有(　　)。

A. 制度管理

B. 信息系统管理

C. 流程管理

D. 职员管理

E. 股票投资风险管理

【答案】ABCD

【解析】本题考查操作风险的管理方式，主要有：制度管理、信息系统管理、流程管理、职员管理、风险转移等。

【例题 多选题】法律风险与合规风险管理的主要机制和方法有(　　)。

A. 加强流程管理

B. 加强文化建设

C. 加强组织与制度建设

D. 加强人力资源管理

E. 加强过程管理

【答案】BCDE

【解析】本题考查法律风险与合规风险管理的主要机制和方法，包括：

(1) 加强文化建设。

(2) 加强组织与制度建设。

(3) 加强人力资源管理。

(4) 加强过程管理。

第二节　金融危机及其管理

金融危机是全部或大部分金融指标——短期利率、资产(证券、房地产、土地)价格、商业破产数和金融机构倒闭数的急剧、短暂和超周期的恶化。金融危机除了狭义的金融危机这种“系统性金融危机”外，还包括货币危机、银行危机和外债危机。

金融危机的管理主要包括宏观审慎监管体系的构建、金融安全网的构建、金融危机管理的国际协调与合作等方面的内容。

 思维导图

本节涉及多个知识点和概念，如图10-3所示。

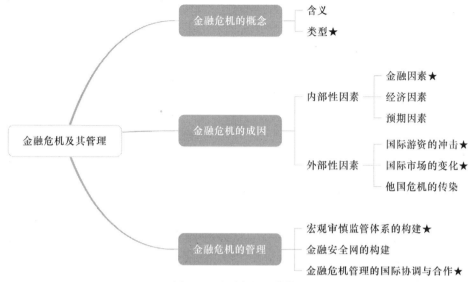

图10-3　金融危机及其管理

知识点测试

【2009年单选题】如果一国出现了短期利率、资产价格的急剧、短暂、超周期的恶化，则说明该国出现了(　　)。

A. 货币危机

B. 银行危机

C. 外债危机

D. 系统性金融危机

【答案】D

【解析】狭义的金融危机也就是系统性金融危机，是全部或大部分金融指标——短期利率、资产(证券、房地产、土地)价格、商业破产数和金融机构倒闭数——的急剧、短暂和超周期的恶化。

【2011年单选题】一国的金融结构失衡是导致该国金融危机的(　　)。

A. 短期性因素

B. 传染性因素

C. 外部性因素

D. 内部性因素

【答案】D

【解析】金融危机的内部因素包括：金融因素、经济因素、预期因素。一国的金融结构失衡是金融因素属于导致该国金融危机的内部性因素。

【2009年多选题】应对金融危机的主要举措包括(　　)。

A. 构建健全、健康、有效的金融监管体系

B. 构建金融安全网

C. 构建金融危机预警和处理机制

D. 构建金融调控体系

E. 进行金融危机管理的国际协调与合作

【答案】ABCE

【解析】金融危机的管理包括：金融监管体系的构建、金融安全网的构建、金融危机预警和处置机制的构建、金融危机管理的国际协调与合作。

【例题 多选题】下列选项中对金融危机的描述正确的是(　　)。

A. 金融危机是宏观的范畴，是有关国家或地区整个金融状况的恶化

B. 金融危机是金融的范畴，只是金融状况的恶化，而不是一般经济状况的恶化

C. 金融危机是突然发作的"急性病"，而不是"慢性病"

D. 金融危机是剧烈发作的"重症病"，而不是"轻症病"

E. 金融危机是周期规律性爆发的

【答案】ABCD

【解析】本题考查金融危机的相关知识。金融危机的特点表现在以下几个方面：

(1) 金融危机是宏观的范畴，是有关国家或地区整个金融状况的恶化。

(2) 金融危机是金融的范畴，只是金融状况的

恶化,而不是一般经济状况的恶化,虽然金融状况的恶化和一般经济状况的恶化完全可能互为因果,但本质上是相区别的。

(3) 金融危机是突然发作的"急性病",而不是"慢性病"。

(4) 金融危机是剧烈发作的"重症病",而不是"轻症病"。

(5) 金融危机是非周期性的范畴,而不是周期规律性爆发的。

【例题 单选题】按金融危机爆发的地理范围,2001年11月阿根廷金融危机属于( )。

A. 本土性金融危机

B. 区域性金融危机

C. 全球性金融危机

D. 单一金融危机

【答案】A

【解析】本题考查金融危机的分类。本土性金融危机指只在一国或地区本土的地理范围内爆发的金融危机。2001年11月阿根廷金融危机属于本土性金融危机。

考题预测及强化训练

一、单项选择题

1. 下列各项中,属于金融风险基本特征的是( )。

A. 隐蔽性   B. 确定性

C. 不相关性   D. 主观性

2. 2008年以来源自美国次贷危机的金融危机属于( )。

A. 区域性金融危机   B. 全球性金融危机

C. 股市危机   D. 货币危机

3. 市场风险源于市场中的金融市场,是( )的风险。

A. 金融市场交易发生意外变动

B. 金融市场产品发生意外变动

C. 金融市场价格发生意外变动

D. 金融市场主体发生意外变动

4. 商业银行信用风险管理5C法所涉及的因素有( )。

A. 经营能力   B. 现金流

C. 事业的连续性   D. 担保品

5. 跨国公司在对海外子公司财务报表进行并表处理时遇到的汇率风险类型属于( )。

A. 流动风险   B. 折算风险

C. 系统风险   D. 经济风险

6. 以固定利率的条件借入长期资金后利率下降,( )蒙受经济损失。

A. 贷方   B. 借方

C. 担保人   D. 中介方

7. 金融机构所持流动资金不能正常履行业已存在的对外支付义务,从而导致违约或信誉下降,从而蒙受财务损失的风险属于( )。

A. 流动性风险   B. 汇率风险

C. 信用风险   D. 交易风险

8. 狭义的信用风险是( )。

A. 交易对方付息违约的风险

B. 交易对方还本违约的风险

C. 交易对方所有违反约定的风险

D. 交易对方还款违约的风险

9. 在不利事件发生时,保险机构的可用资产不能保证所有保险客户索赔的可能性属于金融风险中的( )。

A. 信用风险   B. 索赔风险

C. 偿付能力风险   D. 保险风险

10. 金融风险管理的最终目标是( )。

A. 保证货币资金筹集和经营活动的稳健进行

B. 用经济合理的方法来最大限度地保证金融安全

C. 能对潜在的风险实施全面的分析研究

D. 对可能发生的金融风险进行控制和准备处置方案

11. 《巴塞尔新资本协议》要求商业银行最低资本充足率要达到( )。

A. 7%   B. 8%   C. 9%   D. 9.5%

12. 下列风险中属于系统风险的是( )。

A. 自然灾害或核事故所带来的损失

B. 本国个别银行破产产生多米诺骨牌效应和连锁反应

C. 金融机构因受公众的负面评价而蒙受相应经济损失

D. 金融机构与雇员或客户签署的合同等文件违犯有关法律或法规而蒙受经济损失

13. 下列选项中,不属于金融风险要素的是( )。

A. 风险因素   B. 风险测量

C. 风险事故   D. 损失的可能性

14. 在信用风险的经济损失计量中,债权人丧失了在利率上升的条件下将收回的本金和利息再贷放出去获利的机会收益,指的是( )。

A. 直接财务损失   B. 间接财务损失

C. 流动性损失   D. 以上都不是

15. 金融机构与雇员或客户签署的合同等文件违犯

有关法律或法规，或有关条款在法律上不具备可实施性，或其未能适当地对客户履行法律或法规上的职责，从而蒙受经济损失的可能性，指的是(　　)。

A. 法律风险　　　　　　B. 合规风险

C. 利率风险　　　　　　D. 操作风险

16. 银行因未能遵循法律、监管规定、规则、自律性组织制度的有关准则，以及适用于银行自身业务活动的行为准则，而可能遭受法律制裁或监管处罚、重大财务损失或声誉损失的风险，指的是(　　)。

A. 合规风险　　　　　　B. 法律风险

C. 利率风险　　　　　　D. 操作风险

17. 信用风险中，因不能如期、足额收回本金和利息而降低了资产的流动性，影响到资金循环周转计划所造成的损失指的是(　　)。

A. 直接财务损失　　　　B. 间接财务损失

C. "流动性"损失　　　　D. 以上都不对

18. 如果与一国居民发生经济金融交易的他国居民为民间主体，国家通过外汇管制、罚没或国有化等政策法规限制民间主体的资金转移，使之不能正常履行其商业义务，从而使该国居民蒙受经济损失，这种可能性是(　　)。

A. 社会风险　　　　　　B. 政治风险

C. 转移风险　　　　　　D. 主权风险

19. 风险管理的正确流程是(　　)。

A. 风险识别—风险评估—风险分类—风险控制—风险监控—风险报告

B. 风险识别—风险分类—风险评估—风险控制—风险监控—风险报告

C. 风险识别—风险评估—风险监控—风险分类—风险控制—风险报告

D. 风险识别—风险控制—风险评估—风险分类—风险监控—风险报告

20. 在信用风险的过程管理中，商业银行重点关注贷款不被挪用、贷款是否被有效利用、跟踪借款人信用状况的变化、异常情况的及时处理等，是在(　　)阶段。

A. 事前管理　　　　　　B. 事中管理

C. 事后管理　　　　　　D. 统一管理

21. 我国金融风险管理在制度层面上的主要举措不包括(　　)。

A. 在金融机构和一般企业建立科学的公司治理结构

B. 在金融机构和一般企业组织结构的再造中要

求有机融入风险管理组织体系的构建

C. 在金融机构和一般企业建立内部控制制度

D. 注重引进西方国家先进的风险量化模型，并对引进的模型予以本土化，同时也注重独立开发适合我国国情的风险量化模型

22. 我国在金融风险的监管层面重点是(　　)。

A. 关注违规监管　　　　B. 关注风险监管

C. 关注制度监管　　　　D. 以上都不对

23. 将金融危机划分为货币危机、银行危机、外债危机和系统性金融危机的标准是(　　)。

A. 按金融危机爆发的领域

B. 按金融危机爆发的地理范围

C. 按金融危机爆发的时间

D. 以上都不对

24. 1994年底的墨西哥比索危机属于(　　)。

A. 银行危机　　　　　　B. 外债危机

C. 系统性金融危机　　　D. 货币危机

25. 我国建立宏观审慎监管框架的方法不包括(　　)。

A. 完善宏观审慎监管框架

B. 研究如何建立逆周期的机制

C. 理顺监管体系，进一步完善各有关部门之间在宏观层面的协调机制

D. 设立专门的存款保险机构

26. 汇率风险中，有关主体在因实质性经济交易而引致的不同货币的相互兑换中，因汇率在一定时间内发生意外变动，而蒙受实际经济损失的可能性指的是(　　)。

A. 交易风险　　　　　　B. 折算风险

C. 经济风险　　　　　　D. 以上都不对

27. 我国某企业在并购美国本土的某公司时，美国政府以该并购会危及美国国家安全为由而加以阻挠，迫使该企业最终不得不放弃该项并购，则该企业承受了(　　)。

A. 市场风险　　　　　　B. 国家风险

C. 法律风险　　　　　　D. 操作风险

28. 我国某商业银行在向某企业发放贷款后，中国人民银行宣布降息，该商业银行随后下调了对该企业的贷款利率，导致利息收益减少，则该商业银行承受了(　　)。

A. 信用风险　　　　　　B. 法律风险

C. 利率风险　　　　　　D. 操作风险

29. (　　)是由金融机构外部因素变化所导致的操作风险。

A. 操作性失误风险　　　B. 操作性杠杆风险

C. 合规风险　　　　　　D. 交易风险

二、多项选择题

1. 当前我国银行业面临的风险主要有( )。
   - A. 偿付能力风险
   - B. 市场风险
   - C. 流动性风险
   - D. 信用风险
   - E. 操作风险

2. 《巴塞尔新资本协议》认为操作风险的计量方法主要有( )。
   - A. 标准法
   - B. 内部评级法
   - C. 基本指标法
   - D. 内部测量法
   - E. 内部模型法

3. COSO在其《内部控制——整合框架》中正式提出了内部控制由五项要素组成，其中包括( )。
   - A. 控制环境
   - B. 风险评估
   - C. 公平竞争
   - D. 信息与沟通
   - E. 监督

4. 市场风险包括( )。
   - A. 汇率风险
   - B. 利率风险
   - C. 违约风险
   - D. 操作风险
   - E. 投资风险

5. 在经济金融全球化的条件下，一个国家或地区爆发金融危机，往往会通过( )途径传染到与之经济金融联系密切的国家或地区。
   - A. 资本流动
   - B. 市场预期
   - C. 金融市场价格联动
   - D. 国际游资
   - E. 实体经济传导

6. 在金融危机管理中，不同国家或地区政府、中央银行或金融监管当局之间的协调与合作，主要目的有( )。
   - A. 寻求资金救助
   - B. 寻求政策援助
   - C. 协调立场，联合行动，共同应对，或采取以邻为壑的措施
   - D. 开展制定国际金融监管规则的合作
   - E. 开展多边对话协商，寻求建立更为公正合理的国际货币体系

7. 商业银行信用风险管理"3C"法所涉及的因素有( )。
   - A. 偿还能力
   - B. 资本
   - C. 现金流
   - D. 管理
   - E. 事业的连续性

8. 下面有关金融风险要素的描述中正确的是( )。
   - A. 金融风险的风险因素是有关主体从事了金融活动
   - B. 金融风险的风险事故是某些因素发生意外的变动

C. 金融风险中损失的可能性是经济损失的可能性
   - D. 金融风险中损失的可能性是人身伤害的可能性
   - E. 以上都不对

9. 信用风险中的经济损失计量主要包括( )。
   - A. 直接财务损失
   - B. 间接财务损失
   - C. "流动性"损失
   - D. 永久性损失
   - E. 以上都不是

10. 市场风险中借方的利率风险体现在( )。
    - A. 以固定利率的条件贷出长期资金后利率下降，借方蒙受相对于下降后的利率水平而多付利息的经济损失
    - B. 以浮动利率的条件借入长期资金后利率上升，借方蒙受相对于期初的利率水平而多付利息的经济损失
    - C. 连续不断地借入短期资金，而利率不断上升，借方蒙受不断多付利息的经济损失
    - D. 在投资期内股票价格下降，则投资者蒙受相应的资本损失
    - E. 以上都不是

11. 中国银监会有关内部控制的要素构成包括( )。
    - A. 内部控制环境
    - B. 风险识别与评估
    - C. 内部控制措施
    - D. 监督评价与纠正
    - E. 以上都不对

12. 风险管理的流程主要包括( )。
    - A. 风险识别
    - B. 风险评估
    - C. 风险分类
    - D. 风险控制
    - E. 以上都不对

13. 流动性风险管理的主要着眼点有( )。
    - A. 保持资产的流动性
    - B. 保持负债的流动性
    - C. 进行资产和负债流动性的综合管理
    - D. 操作流程的管理
    - E. 以上都对

14. 下面有关国家风险管理的描述中正确的是( )。
    - A. 与他国签订双边投资存进与保护协定
    - B. 设立官方的保险或担保公司对国家风险提供保险或担保
    - C. 积极参与各国际组织、区域性组织的多边投资保护协定的谈判活动

D. 在二级市场上转让国际债权

E. 以上都不对

15. COSO认为全面风险管理的维度有( )。

A. 企业目标 　　　　B. 企业层级

C. 风险管理的要素 　D. 风险管理体系

E. 风险管理流程

16. 金融安全网包括( )。

A. 市场准入管制 　　B. 危机预警机制

C. 业务经营管制 　　D. 最后贷款人制度

E. 存款保险制度

17. 《巴塞尔新资本协议》的内容体现在三大支柱上，即( )。

A. 最低资本要求 　　B. 监管方式与监管重点

C. 市场约束 　　　　D. 过程管理

E. 制度设计

18. 信用风险事中管理的主要方法是( )。

A. 建立不良贷款的分析审查机制

B. 风险转移

C. 建立针对借款人的信用恶化预警机制

D. 帮助借款人开辟市场

E. 行使抵押权或质押权

19. 金融风险的管理流程有( )。

A. 过程管理 　　　　B. 风险识别

C. 风险监控 　　　　D. 风险确认与审计

E. 风险报告

20. 市场风险的评估方法有( )。

A. 标准化法 　　　　B. 概率法

C. 风险价值法 　　　D. 内部测量法

E. 灵敏度法

三、案例分析题

我国某商业银行在某发达国家新设一家分行，获准开办所有的金融业务。该发达国家有发达的金融市场，能够进行所有的传统金融交易和现代金融衍生产品交易。

根据以上资料，回答下列问题：

1. 该分行在将所获利润汇回国内时，承受的金融风险是( )。

A. 信用风险

B. 汇率风险中的交易风险

C. 汇率风险中的折算风险

D. 国家风险中的主权风险

2. 该分行为了控制在当地经营中的利率风险，可以采取的方法是( )。

A. 进行远期外汇交易

B. 进行货币期货交易

C. 进行利率衍生产品交易

D. 进行缺口管理

3. 该分行为了控制在当地贷款中的信用风险，可以采取的方法是( )。

A. 进行持续期管理

B. 对借款人进行信用的"5C""3C"分析

C. 建立审贷分离机制

D. 保持负债的流动性

4. 该分行为了通过风险转移来管理操作风险，可以采取的机制和手段是( )。

A. 对职员定期轮岗

B. 保证信息系统的安全

C. 业务外包

D. 优化管理流程

参考答案及解析

一、单项选择题

1. 【答案】A

【解析】金融风险的基本特征是：客观性、不确定性、相关性、可控性、扩散性、隐蔽性和叠加性。

2. 【答案】B

【解析】2008年以来源自美国次贷危机的这场金融危机属于全球性金融危机。

3. 【答案】C

【解析】市场风险源于市场中的金融市场。市场风险的风险因素是有关主体在金融市场上从事货币资金借贷、金融产品或金融衍生产品交易。市场风险的风险事故是金融市场价格发生意外变动。

4. 【答案】D

【解析】"5C"是指Capacity、Capital、Character、Collateral和Conditions，即偿还能力、资本、品格、担保品和经营环境。

5. 【答案】B

【解析】折算风险，又称会计风险，是指有关主体(主要是跨国公司)在因合并财务报表而引致的不同货币的相互折算中，因汇率在一定时间内发生意外变动而蒙受账面经济损失的可能性。

6. 【答案】B

【解析】在货币资金借贷中，利率是借方的成本，贷方的收益。如果利率发生意外变动，借方的损失是借入资金的成本提高，贷方的损失是贷出资金的收益减少。以固定利率的条件借入长期资金后利率下降，借方蒙受相对于下降后的利率水平而多付利息的经济损失。

7.【答案】A

【解析】流动性风险是指金融机构(特别是商业银行)所掌握的现金资产，以合理价格变现资产所获得的资金，或以合理成本所筹集的资金不足以满足即时支付的需要，从而蒙受经济损失的可能性。

8.【答案】D

【解析】狭义的信用风险是指交易对方在货币资金借贷中还款违约的风险。

9.【答案】C

【解析】金融风险中的偿付能力风险是指在不利事件发生时，保险机构的可用资产不能保证所有保险客户索赔的可能性。

10.【答案】A

【解析】金融风险管理的最终目标是保证货币资金筹集和经营活动的稳健进行。

11.【答案】B

【解析】《巴塞尔新资本协议》对最低资本要求是最低资本充足率要达到8%。

12.【答案】B

【解析】系统风险主要表现为本国政府政策、法律或法规发生变化，本国出现经济危机或金融危机，本国个别银行破产产生多米诺骨牌效应和连锁反应，外国的经济危机或金融危机向本国传递等。

13.【答案】B

【解析】金融风险包含以下三个要素：风险因素、风险事故和损失的可能性。

14.【答案】B

【解析】题干中描述的是间接财务损失，答案选B。

15.【答案】A

【解析】本题考查金融风险中的法律风险，题干描述的是法律风险的定义，答案选A。

16.【答案】A

【解析】本题考查金融风险中的合规风险，题干描述的是合规风险的定义，答案选A。

17.【答案】C

【解析】信用风险中，"流动性"损失指的是因不能如期、足额收回本金和利息而降低了资产的流动性，影响到资金循环周转计划所造成的损失，因此正确答案选C。

18.【答案】C

【解析】本题考查转移风险的相关概念，题干中描述的是转移风险的定义，答案选C。

19.【答案】A

【解析】本题考查风险管理的流程，正确的是选项A。

20.【答案】B

【解析】在信用风险的过程管理中，事中管理中商业银行的关注重点是贷款不被挪用、贷款是否被有效利用、跟踪借款人信用状况的变化、异常情况的及时处理等，答案选B。

21.【答案】D

【解析】选项ABC是我国金融风险管理在制度层面上的重要举措，选项D属于量化管理层面的金融风险管理，所以答案选D。

22.【答案】B

【解析】目前我国在金融风险的监管层面重点是关注风险监管。

23.【答案】A

【解析】题干中描述的金融危机划分方法是按照金融危机爆发的领域进行的，答案选A。

24.【答案】D

【解析】1994年底的墨西哥比索危机属于货币危机，答案选D。

25.【答案】D

【解析】我国建立宏观审慎监管框架的方法主要包括：一是完善宏观审慎监管框架；二是研究如何建立逆周期的机制；三是理顺监管体系；四是进一步完善各有关部门之间在宏观层面的协调机制，选项D是金融安全网的构建中存款保险制度建立的方法，因此答案选D。

26.【答案】A

【解析】汇率风险中，交易风险指的是有关主体在因实质性经济交易而引致的不同货币的相互兑换中，因汇率在一定时间内发生意外变动，而蒙受实际经济损失的可能性，因此正确答案选A。

27.【答案】B

【解析】本题考查对国家风险的理解。从狭义来看，国家风险是指一国居民在与他国居民进行经济金融交易中，因他国经济、政治或社会等政策性或环境性因素发生意外变动，而使自己不能如期、足额收回有关资金，从而蒙受经济损失的可能性。

28.【答案】C

【解析】本题考查对利率风险概念的理解。利率风险是指有关主体在货币资金借贷中，因利率在借贷有效期中发生意外变动，而蒙受经济损失的可能性。本题中，"商业银行随后下调了对该企业的贷款利率，导致利息收益减少"属于利率变动蒙受的经济损失。

29.【答案】B

【解析】操作性杠杆风险是由金融机构外部因素变化所导致的操作风险。

二、多项选择题

1.【答案】BDE

【解析】当前我国银行业面临的主要风险是信用风险、市场风险及操作风险。

2.【答案】ACD

【解析】《巴塞尔新资本协议》认为操作风险的计量方法主要有标准法、基本指标法、内部测量法。

3.【答案】ABDE

【解析】COSO在其《内部控制——整合框架》中正式提出内部控制由五项要素构成：控制环境、风险评估、控制活动、信息与沟通、监督。

4.【答案】ABE

【解析】有关主体在金融市场上从事金融产品、金融衍生产品交易时，因金融市场价格发生意外变动而蒙受经济损失的可能性，就是市场风险。市场风险包括汇率风险、利率风险和投资风险三种类型。

5.【答案】ABCE

【解析】一个国家或地区爆发金融危机，往往会通过四种途径传染到与之经济金融联系密切的国家或地区。这四种途径是：资本流动、市场预期、金融市场价格联动、实体经济传导。

6.【答案】ABDE

【解析】在金融危机管理中，不同国家或地区政府、中央银行或金融监管当局之间的协调与合作，主要目的有：寻求资金救助；寻求政策援助；协调立场，联合行动，共同应对，避免采取以邻为壑的措施；开展制定国际金融监管规则的合作；开展多边对话协商，寻求建立更为公正合理的国际货币体系。

7.【答案】CDE

【解析】"3C"分析是分析借款人的Cash、Control和Continuity，即现金流、管理和事业的连续性。

8.【答案】ABC

【解析】金融风险的要素包括：风险因素，是有关主体从事了金融活动；风险事故，是某些因素发生意外的变动；损失的可能性，是经济损失的

可能性，因此答案选ABC。

9.【答案】ABC

【解析】信用风险中的经济损失计量主要包括：①直接财务损失：未收回的本金和利息的损失；②间接财务损失：机会收益损失，即债权人丧失了在利率上升的条件下将收回的本金和利息再贷放出去获利的机会收益；③"流动性"损失：因不能如期、足额收回本金和利息而降低了资产的流动性，影响到资金循环周转计划，特殊情况下还可能因此而丧失支付能力导致破产倒闭，因此答案选ABC。

10.【答案】ABC

【解析】借方的利率风险一是以固定利率的条件贷出长期资金后利率下降，借方蒙受相对于下降后的利率水平而多付利息的经济损失；二是以浮动利率的条件借入长期资金后利率上升，借方蒙受相对于期初的利率水平而多付利息的经济损失；三是连续不断地借入短期资金，而利率不断上升，借方蒙受不断多付利息的经济损失，因此答案选ABC。

11.【答案】ABCD

【解析】中国银监会有关内部控制的要素构成有五项要素构成，包括内部控制环境、风险识别与评估、内部控制措施、监督评价与纠正、信息交流与反馈，因此答案选ABCD。

12.【答案】ABCD

【解析】风险管理的流程主要包括：风险识别、风险评估、风险分类、风险控制、风险监控、风险报告，因此答案选ABCD。

13.【答案】ABC

【解析】流动性风险管理的主要着眼点有：保持资产的流动性、保持负债的流动性、进行资产和负债流动性的综合管理，选项D不属于流动性风险管理的内容，排除，答案选ABC。

14.【答案】ABCD

【解析】国家风险管理在国家层面主要有：与他国签订双边投资存进与保护协定；设立官方的保险或担保公司对国家风险提供保险或担保；积极参与各国际组织、区域性组织的多边投资保护协定的谈判活动；加强外交对对外经贸活动的支持；金融监管当局在金融监管中要求商业银行对有关国家的债权保持最低准备金。另外，还体现在企业层面上的管理，其中选项D属于企业层面的管理方法，也是正确的，因此答案选ABCD。

15.【答案】ABC

【解析】COSO在《企业风险管理——整合框架》文件中认为：全面风险管理是三个维度的立体系统。这三个维度是：企业目标、风险管理的要素和企业层级。

16.【答案】ADE

【解析】本题考查金融安全网的内容。

17.【答案】ABC

【解析】《巴塞尔新资本协议》的三大支柱是：最低资本要求、监管方式与监管重点、市场约束。

18.【答案】ACDE

【解析】本题考查信用风险事中管理的主要方法。

19.【答案】BCDE

【解析】本题考查金融风险的管理流程。

20.【答案】BCE

【解析】市场风险的评估方法有：风险累积与聚集法、概率法、灵敏度法、波动性法、风险价值法(VaR法)、极限测试法和情景分析。

三、案例分析题

1.【答案】B

【解析】交易风险是指有关主体在因实质性经济交易而引致的不同货币的相互兑换中，因汇率在一定时间内发生意外变动，而蒙受实际经济损失的可能性。

2.【答案】CD

【解析】本题考查利率风险的管理方法。利率风险的管理方法有：选择有利的利率；调整借贷期限；缺口管理；持续期管理；利用利率衍生产品交易。

3.【答案】BC

【解析】选项B属于信用风险事前管理的方法。选项C属于信用风险的管理机制。

4.【答案】C

【解析】风险转移就是充分利用保险和业务外包等机制和手段，将自己应承担的操作风险转移给第三方。

第十一章 金融监管及其协调

　　本章的考试目的在于考查应试人员是否掌握有关金融监管体系的架构和金融监管的主要内容，以及金融监管的国内和国际协调。

　　从近三年考题情况来看，金融监管的框架和内容、金融监管的国内协调等知识点是较易出现的内容，其中银行业监管的主要内容和方法，保险业监管的主要内容和方法，以及金融监管的国际协调中我国金融监管机构与他国、国际性金融监管机构的协调等知识点，也是考题中出现频率较多的内容。

　　本章内容也是最近几年考试中分值占有比例最大的一章，平均分值 20 分，需要考生重点掌握。

本章重要考点分析

　　本章涉及的知识点主要有金融监管的含义、原则及理论，我国金融监管的发展，银行业监管的主要内容和方法，证券业和保险业监管的主要内容和方法，另外，包括金融监管的国内协调与国际协调。

　　本章详细考点分析如图11-1所示。

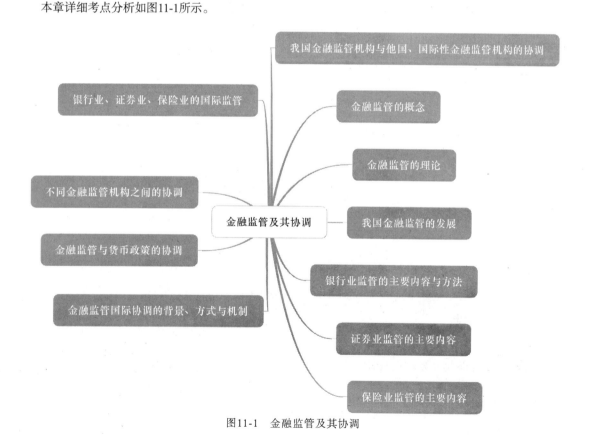

图11-1　金融监管及其协调

本章近三年题型及分值总结

本章知识点内容较多，在近几年的考试中，本章分值所占的比例较大，特别是在2012年的考试中，案例分析题涉及该章知识点的题目有8道，需要考生在学习过程中以理解掌握为主。本章题型分布及分值情况如表11-1所示。

表11-1　金融监管及其协调题型及分值

年　份	单项选择题	多项选择题	案例分析题
2013年	4题	1题	4题
2012年	5题	1题	8题
2011年	5题	1题	4题

第一节　金融监管概述

金融监管是指金融监管机构通过制定市场准入、风险监管和市场退出等标准，对金融机构的经营行为实施有效约束，确保金融机构和金融体系的安全稳健运行。

金融监管目标是国家金融监管指导思想的具体体现，从属于国家金融与货币政策目标。

 思维导图

本节涉及多个知识点和概念，如图11-2所示。

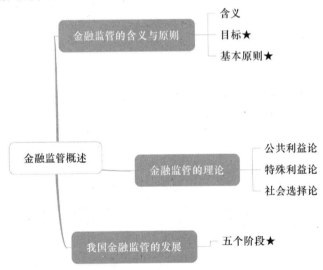

图11-2　金融监管概述

知识点测试

【2010年单选题】金融管制职能由代表社会利益的政府来供给和安排，努力使自己的目标促进一般社会福利。这是基于(　　)。
　　A.公共利益论　　　　B.特殊利益论
　　C.社会选择论　　　　D.经济监管论
　　【答案】C

【解析】社会选择论是从公共选择的角度来解释政府管制的，即政府管制作为政府职能的一部分，是否应该管制，对什么进行管制，如何进行管制等，都属于公共选择问题。管制者并不只是被动地反映任何利益集团对管制的需求，它应该坚持独立性，努力使自己的目标促进一般社会福利。

【2009年单选题】监管是政府对公众要求纠正某些社会组织和个体的不公正、不公平、无效率

或低效率的一种回应,是政府用来改善资源配置和收入分配的一种手段。该观点源自管制理论中的( )。

A.公共利益论　　　　B.特殊利益论

C.社会选择论　　　　D.经济监管论

【答案】A

【解析】公共利益论认为监管是政府对公众要求纠正某些社会组织和个体的不公正、不公平、无效率或低效率的一种回应,被看成是政府用来改善资源配置和收入分配的一种手段。

第二节　金融监管的框架和内容

金融监管的框架和内容主要包括银行监管的主要内容与方法,证券业监管的主要内容,保险业监管的主要内容。

其中,银行监管当局的监管内容主要包括市场准入监管、市场运营监管和市场退出监管。而中国证监会对于证券业的监管,已经初步形成了以证券法律为核心,以部门规章为主体的证券业监管法律法规体系。保险法律体系所规范的对象,主要包括保险监管机关、保险公司、保险中介机构、投保人、被保险人、受益人等。

思维导图

本节涉及多个知识点和概念,如图11-3所示。

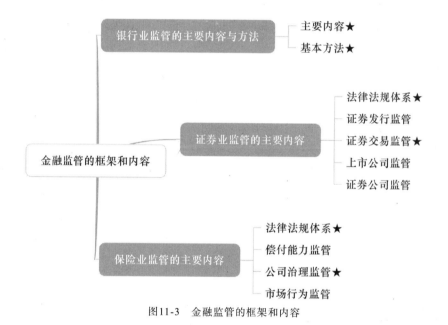

图11-3　金融监管的框架和内容

知识点测试

【2010年单选题】审批业务范围属于( )。

A.市场准入监管

B.市场运营监管

C.处理有问题银行

D.市场退出监管

【答案】A

【解析】市场准入监管应当全面涵盖以下几个环节:(1)审批注册机构。(2)审批注册资本。(3)审批高级管理人员的任职资格。(4)审批业务范围。

【2011年多选题】下列属于附属资本的是( )。

A.重估储备　　　　B.可转换债券

C.一般准备　　　　D.实收资本

E.长期次级债券

【答案】ABCE

【解析】附属资本包括重估储备、可转换债券、一般准备、长期次级债券、优先股。

【2009年单选题】根据《商业银行风险监管核心指标》,我国商业银行不良贷款率,即不良贷款与贷款总额之比不得超过( )。

A. 5%　　　B. 8%　　　C. 10%　　　D. 15%

【答案】A

【解析】不良贷款率，即不良贷款与贷款总额之比，不得高于5%。

【2008年单选题】根据《商业银行风险监管核心指示》，我国衡量商业银行资产安全性的指标中，不良资产率是指(   )之比。

A. 不良贷款与货款总额

B. 不良贷款与总资产

C. 不良信用资产与信用资产总额

D. 不良信用资产与贷款总额

【答案】C

【解析】不良资产率，即不良信用资产与信用资产总额之比，根据《商业银行风险监管核心指标》，不良资产率不得高于4%。

【2011年单选题】成本收入比是(   )。

A. 核心负债与总负债之比，不应低于60%

B. 流动性资产与流动性负债之比，不应低于25%

C. 营业费用与营业收入之比，不应高于35%

D. 净利润与资产平均余额之比，不应低于0.6%

【答案】C

【解析】成本收入比，即营业费用与营业收入之比，不应高于35%。

【2011年多选题】市场运营监管主要是监管(   )。

A. 资产安全性   B. 资本充足率

C. 流动适度性   D. 收益合理性

E. 市场稳定性

【答案】ABCD

【解析】市场运营监管主要是监管资产安全性、资本充足率、流动适度性、收益合理性、内控有效性。

【2008年单选题】根据《商业银行风险监管核心指示》，我国对商业银行关于收益合理性的监管指标中，关于资本利润率的规定是(   )。

A. 净利润与所有者权益总额之比不应低于10%

B. 净利润与所有者权益总额之比不应低于11%

C. 净利润与所有者权益平均余额之比不应低于10%

D. 净利润与所有者权益平均余额之比不应低于11%

【答案】D

【解析】根据《商业银行风险监管核心指标》，我国关于收益合理性的监管指标之一是资本利润率，即净利润与所有者权益平均余额之比，不应低于11%。

【2009年单选题】非现场监管是监管当局分析银行机构经营稳健性和安全性的一种方式，其基础是(   )。

A. 针对银行体系并表

B. 针对银行体系分表

C. 针对单个银行并表

D. 针对单个银行分表

【答案】C

【解析】非现场监管是监管当局针对单个银行在并表的基础上收集、分析银行机构经营稳健性和安全性的一种方式。

【2008年单选题】银行监管的非现场监测的审查对象是(   )。

A. 会计师事务所的审计报告

B. 银行的合规性和风险性

C. 银行的各种报告和统计报表

D. 银行的治理情况

【答案】C

【解析】非现场监测包括审查和分析各种报告和统计报表，这类资料应包括银行机构的管理报告、资产负债表、损益表、现金流量表及各种业务报告和统计报表。

【2010年多选题】银监会现场检查主要是检查(   )。

A. 合规性   B. 盈利性

C. 风险性   D. 安全性

【答案】AC

【解析】现场检查内容一般包括合规性和风险性检查这两个大的方面。

合规性是指商业银行在业务经营和管理活动中执行中央银行、监管当局和国家制定的政策、法律的情况。风险性检查一般包括其资本金的真实状况和充足程度、资产质量、负债的来源、结构和质量，资产负债的期限匹配和流动性，管理层的能力和管理水平，银行的盈利水平和质量，风险集中的控制情况，各种交易风险的控制情况，表外风险的控制水平和能力，内部控制的质量和充分性等等。

【2009年单选题】我国目前对保险公司偿付能力的监管标准适用的是(   )偿付能力原则。

A. 适度   B. 自主   C. 最低   D. 最高

【答案】C

【解析】我国目前对保险公司偿付能力的监管标准使用的是最低偿付能力原则。

第三节　金融监管的国内协调

金融监管的国内协调主要包括金融监管与货币政策的协调、不同金融监管机构之间的协调。

即是说有效的金融监管取决于两方面的因素：

一是金融监管与货币政策的关系，金融监管必须能够有效地配合货币政策从而服务于经济发展。二是金融监管体系内部各种关系的协调配合，包括银监会、证监会、保监会之间的分工和协调机制，直接关系到金融监管的总体效果。

 思维导图

本节涉及多个知识点和概念，如图11-4所示。

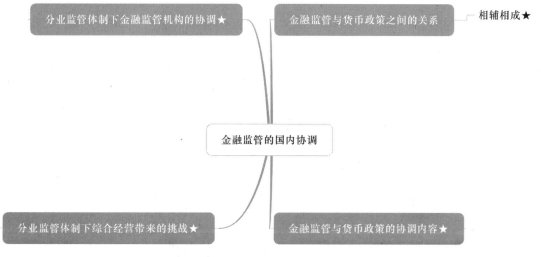

图11-4　金融监管的国内协调

 知识点测试

【2009年多选题】我国金融监管与货币政策的协调内容主要有(　　)。

A.对商业银行监管与宏观传导机制运行的协调

B.对商业银行监管与微观传导机制运行的协调

C.统计数据与信息的协调

D.危机机构处理的协调

E.微观审慎监管与宏观金融稳定的协调

【答案】BCD

【解析】金融监管与货币政策的协调内容主要有：对商业银行监管与微观传导机制运行的协调、统计数据与信息的协调、危机机构处理的协调。

【2010年单选题】在2003年9月，我国对金融控股集团采取(　　)制度。

A.主监管制度

B.重点监管制度

C.分类监管制度

D.综合监管制度

【答案】A

【解析】早在2003年9月，银监会、证监会、保监会已采取主监管制度来实行对金融控股集团的监管。

【2010年多选题】下面选项属于分业监管的缺陷的是(　　)。

A.容易导致金融监管的低效率和官僚主义

B.监管成本较高

C.机构协调困难

D.容易出现重复交叉监管或监管真空问题

【答案】BCD

【解析】分业监管体制具有分工明确、不同监管机构之间存在竞争性、监管效率高等优点。同时也存在由于监管机构多，使得监管成本较高、机构协调困难、容易出现重复交叉监管或监管真空问题等缺陷。

第四节　金融监管的国际协调

金融监管的国际协调主要是指国际经济组织、金融组织与各国以及各国之间，在金融政策、金融行动等方面采取共同步骤和措施，通过相互间的协调与合作，达到协同干预、管理与调节金融运行并提高其运行效益的目的。

金融监管的国际协调主要包括金融监管国际协调的背景、方式与机制。

我国金融监管机构与他国、国际性金融监管机构的协调主要体现在对跨国银行监管的协调；对证券业和保险业监管的协调；积极参与国际金融监管规则的制定，促进我国金融监管标准与国际标准接轨方面。

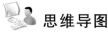 **思维导图**

本节涉及多个知识点和概念，如图11-5所示。

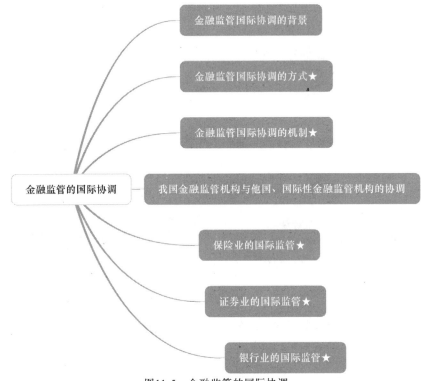

图11-5　金融监管的国际协调

 知识点测试

【2011年多选题】金融全球化迅速发展，主要表现在(　　)。

A. 金融风险加大

B. 金融机构的跨国经营和规模迅速扩张

C. 金融市场的全球联动

D. 金融产品的不断创新

E. 金融资本的频繁跨国流动

【答案】BCDE

【解析】本题考查金融全球化迅速发展的表现。

【2011年多选题】金融监管国际协调的机制包括(　　)。

A. 信息交换　　　　B. 微观传导机制

C. 政策的相互协调　D. 危机管理

E. 联合行动

【答案】ACDE

【解析】本题考查金融监管国际协调的机制。

【2011年多选题】2004年的《巴塞尔新资本协议》提出的银行监管重要支柱是(　　)。

A. 最低资本充足率要求

B. 流动性约束　　　　C. 外部监管

D. 市场约束　　　　　E. 收益性约束

【答案】ACD

【解析】2004年的《巴塞尔新资本协议》提出的银行监管重要支柱是最低资本充足率要求、外部监管、市场约束。

考题预测及强化训练

一、单项选择题

1. 在下列法律关系中，属于保险行政法律规范的是(　　)。
 A. 保险公司与投保人之间的权利义务法律关系
 B. 被保险人与受益人之间的权利义务法律关系
 C. 保险公司与保险代理人之间的权利义务法律关系
 D. 保险监管机构与保险人之间的法律关系

2. 证券监管现场检查的重点是(　　)。
 A. 业务检查　　　　B. 风险检查
 C. 财务检查　　　　D. 合规检查

3. 证券市场"公开原则"是指市场(　　)。
 A. 制度公开化　　　B. 信息公开化
 C. 成交价公开化　　D. 成交量公开化

4. 在市场经济条件下，金融机构承担全部风险和亏损的保证是(　　)。
 A. 资本　　B. 资产　　C. 负债　　D. 存款

5. 根据国际通行的贷款五级分类，属于不良贷款的是(　　)。
 A. 次级、关注、损失贷款
 B. 关注、损失贷款
 C. 次级、可疑、损失贷款
 D. 关注、可疑贷款

6. 存款保险制度的目的是为了保护(　　)的利益。
 A. 银行　　　　　　B. 存款人
 C. 国家　　　　　　D. 投资者

7. 证券发行的注册制度是指向有关机关申请(　　)的一种制度。
 A. 备案登记　　　　B. 立案登记
 C. 查案登记　　　　D. 审案登记

8. 我国银行法规定，设立商业银行的注册资本最低限额为(　　)人民币。
 A. 10亿元　B. 20亿元　C. 50亿元　D. 100亿元

9. 下列属于银行附属资本的是(　　)。
 A. 长期次级债券　　B. 资本公积
 C. 盈余公积　　　　D. 未分配利润

10. 2004年4月，中国人民银行公布了新的存款准备金管理办法，开始执行(　　)。
 A. 统一存款准备金率　B. 差别存款准备金率
 C. 固定存款准备金率　D. 浮动存款准备金率

11. 认为政府管制为被管制者留下了"猫鼠追逐"余地的理论是(　　)。
 A. 特殊利益论　　　B. 经济监管论
 C. 公共利益论　　　D. 社会选择论

12. 金融监管机构实施有效金融监管的基本前提是(　　)。
 A. 监管主体独立性原则
 B. 依法监管原则
 C. 外部监管与自律并重原则
 D. 安全稳健与经营效率结合原则

13. 目前，国际上通行的银行统一评级制度即"骆驼评级制度(CAMELS)"中的L代表的是(　　)。
 A. 资产质量　　　　B. 资本
 C. 收益　　　　　　D. 流动性

14. 根据2004年3月1日起施行的《商业银行资本充足率管理办法》，我国商业银行资本充足率计算方法是(　　)。
 A. 资本/(风险加权资产+市场风险资本)
 B. (资本-扣除项)/(风险加权资产+市场风险资本)
 C. (资本-扣除项)/(风险加权资产+7.5倍的市场风险资本)
 D. (资本-扣除项)/(风险加权资产+12.5倍的市场风险资本)

15. 银行的流动性风险通常来源于(　　)。
 A. 资产负债期限结构匹配不合理
 B. 对不利事件发生的可能性预估不足
 C. 对负债业务的发展预期偏低
 D. 对未来市场利率预期偏低

16. 流动性比率是(　　)。
 A. 核心负债与总负债之比，不应低于60%
 B. 流动性资产与流动性负债之比，不应低于25%
 C. 流动性缺口率，即流动性缺口与90天以内到期表内外流动性资产之比，不得低于-10%
 D. 净利润与资产平均余额之比，不应低于0.6%

17. 金融监管属于(　　)理论范畴。
 A. 经济　　　　　　B. 市场经济
 C. 管制　　　　　　D. 哲学

18. 衡量银行机构资本安全的尺度是(　　)。
 A. 资产盈利能力　　B. 资本流动性
 C. 资本充足性　　　D. 资产保全性

19. 银行( )就是监管当局要最大限度地评估银行机构的风险。
    A. 风险评估　　　　　　B. 审慎监管
    C. 估计损益　　　　　　D. 审计监督

20. 某商业银行,其资本充足率为13.2%,核心资本充足率为3.8%。中国银监会应当将该商业银行列为( )。
    A. 资本充足的商业银行
    B. 资本较为充足的商业银行
    C. 资本不足的商业银行
    D. 资本严重不足的商业银行

21. 金融监管的基本目标是( )。
    A. 安全稳健与经营效率结合原则
    B. 适度竞争原则
    C. 统一性原则
    D. 依法监管原则

22. 计入附属资本的长期次级债券不得超过核心资本的( )。
    A. 100%　　　　　　　B. 50%
    C. 20%　　　　　　　　D. 10%

23. 《根据商业银行风险监管核心指标》,核心资本充足率最低为( )。
    A. 10%　　　　　　　　B. 8%
    C. 6%　　　　　　　　 D. 4%

24. 我国于( )年通过《关于国务院机构改革方案的决定》成立银监会。
    A. 2003年　　　　　　 B. 2002年
    C. 2008年　　　　　　 D. 2004年

25. 以下不属于市场准入监管的是( )。
    A. 审批资本充足率
    B. 审批注册机构
    C. 审批注册资本
    D. 审批高级管理人员任职资格

26. 商业银行对单一集团客户授信集中度不得高于( )。
    A. 5%　　B. 15%　　C. 4%　　D. 10%

27. 银行业监管中非现场监督的目的不包括( )。
    A. 评估银行机构的总体状况
    B. 对有问题的银行机构进行密切跟踪
    C. 通过对同组银行机构的比较,关注整个银行业的经营状况
    D. 验证银行的治理结构是否完善

28. 流动性比例,衡量商业银行流动性的总体水平,不应( )。
    A. 低于25%　　　　　　B. 低于30%

C. 低于50%　　　　　　D. 低于75%

29. 证券公司市场准入条件规定:持有或者实际控制证券公司( )以上股权的,要经证监会批准。
    A. 5%　　　　　　　　B. 2%
    C. 3%　　　　　　　　D. 10%

30. 我国目前对偿付能力的监管标准使用的是( )。
    A. 最低偿付能力原则
    B. 最高偿付能力原则
    C. 最早偿付时间原则
    D. 最长偿付时间原则

二、多项选择题

1. 金融监管的基本原则包括( )。
    A. 依法监管原则
    B. 单纯追求利益原则
    C. 监管主体独立性原则
    D. 适度竞争原则
    E. 外部监管与自律并重原则

2. 衡量我国银行机构流动性指标的内容有( )。
    A. 准备金比例指标
    B. 拆借资金比例指标
    C. 存贷款比例指标
    D. 国际商业银行借款比例指标
    E. 资产流动性指标

3. 国际证监会公布的证券监管目标是( )。
    A. 保护国家的利益
    B. 保护投资者的利益
    C. 增强市场透明度
    D. 增加证券监管力度
    E. 降低系统风险

4. 我国衡量银行收益合理性的监管指标包括( )。
    A. 成本收入比不应高于35%
    B. 不良贷款率不得高于4%
    C. 资产利润率不应低于0.6%
    D. 资本利润率不应低于11%
    E. 流动性缺口率不应低于-10%

5. 资产安全性监管是监管当局对银行机构监管的重要内容,资产安全性监管的重点应该是( )。
    A. 经营状况　　　　　　B. 关系人贷款
    C. 银行机构风险的分布　D. 资产集中程度
    E. 盈利状况

6. 银行监管的原则有( )。
    A. 适度竞争原则　　　　B. 审慎监管原则
    C. 依法监管原则　　　　D. 增收节支原则
    E. 效率原则

7. 银行监管的基本方法是( )。
   A. 现场检查
   B. 分业监管
   C. 集中监管
   D. 非现场监督
   E. 市场准入

8. 金融监管的依法监管原则体现在( )。
   A. 国家必须以法律的形式确定金融监管机构的法定地位和职责
   B. 金融监管机构必须依据有关法律、法规和规定实施金融监管
   C. 金融机构应合法经营，依法接受尽管当局的监督，确保监管的有效性
   D. 金融监管必须与金融机构的内部控制有机结合
   E. 以上都是

9. 证券公司经营风险防范机制主要包括( )。
   A. 证券公司应当建立有关隔离制度
   B. 证监会对证券公司财务及审计的监管制度
   C. 内控制度的建设
   D. 依照规定，建立健全组织机构，明确决策、执行、监督机构的职权
   E. 市场退出制度

10. 上市公司监管主要包括( )。
    A. 上市公司信息披露
    B. 上市公司治理
    C. 上市公司并购
    D. 上市公司重组
    E. 以上都不对

11. 当前在我国分业监管体制下综合经营带来的挑战有( )。
    A. 金融控股集团的监管制度
    B. 金融控股集团的资本监管
    C. 金融控股集团的公司治理
    D. 金融监管与货币政策的协调
    E. 机构监管与功能监管的挑战

12. 金融监管国际协调的机制包括( )。
    A. 信息交换
    B. 微观传导机制
    C. 政策的相互协调
    D. 危机管理
    E. 联合行动

13. 并表监管包括的业务有( )。
    A. 境内外业务
    B. 表内外业务

C. 本外币业务
D. 资产负债业务
E. 以上选项都对

14. 国际上通行的"骆驼评级制度"的主要内容是( )。
    A. 资本充足性   B. 资产质量
    C. 负债质量   D. 盈利水平
    E. 流动性

15. 处置倒闭银行的措施主要有( )。
    A. 收购   B. 兼并
    C. 中央银行救助   D. 依法结算
    E. 银行同业救助

16. 内部控制评价应遵循的原则包括( )。
    A. 适度性原则   B. 统一性原则
    C. 独立性原则   D. 公正性原则
    E. 重要性原则

17. 银行监管的内容主要包括( )。
    A. 市场竞争监管
    B. 市场准入监管
    C. 市场运营监管
    D. 市场准则监管
    E. 市场退出监管

18. 根据我国2004年3月1日起实施的《商业银行资本充足率管理办法》，以下属于我国商业银行核心资本的有( )。
    A. 普通股   B. 优先股
    C. 资本公积   D. 可转换债券
    E. 未分配利润

19. 计算核心资本充足率时，核心资本的扣除项包括( )。
    A. 商誉
    B. 商业银行对非自用不动产和企业资本投资的30%
    C. 商业银行对非自用不动产和企业资本投资的50%
    D. 商业银行对未并表金融机构资本投资的50%
    E. 商业银行对未并表金融机构资本投资的30%

20. 我国衡量银行机构流动性的指标有( )。
    A. 资本利润率
    B. 成本收入比
    C. 流动性比率
    D. 流动性缺口
    E. 流动负债依存度

21. 市场运营监管主要是监管( )。
    A. 资产安全性

B. 资本充足率

C. 流动适度性

D. 收益合理性

E. 市场稳定性

22. 金融监管的目标是(   )。

A. 保护金融机构实现更多利润

B. 减少金融风险，确保经营安全

C. 实现公平有效的竞争

D. 促进金融业健康发展

E. 实现金融业经营活动与国家金融货币政策的统一

三、案例分析题

(一) 2013年末，按照贷款五级分类的口径，我国某商业银行各类贷款余额及贷款损失准备的情况是：正常贷款1000亿元；关注贷款100亿元；次级贷款20亿元；可疑贷款10亿元；损失贷款10亿元；贷款损失准备100亿元。

根据上述资料，回答下列问题：

1. 该商业银行的不良贷款总额是(   )亿元。

A. 10   B. 20

C. 40   D. 100

2. 该商业银行的不良贷款率是(   )。

A. 12.28%   B. 3.51%

C. 1.75%   D. 0.88

3. 该商业银行的贷款拨备率是(   )。

A. 14.4%   B. 10%

C. 8.77%   D. 4%

4. 根据我国《商业银行风险监管核心指标》和《商业银行贷款损失准备管理办法》的监管要求，该商业银行的(   )。

A. 不良贷款率高于监管指标要求

B. 不良贷款率低于监管指标要求

C. 贷款拨备率高于监管指标要求

D. 贷款拨备率低于监管指标要求

(二) 金融监管不力是当前国际金融危机爆发和蔓延的重要根源之一。危机发生后国际社会强烈呼吁强化金融监管，改革国际金融秩序。2009年6月17日，美国奥巴马政府公布金融监管改革计划，构建新的监管体制框架：成立金融服务管理理事会(FSOC)，负责宏观审慎监管；强化美联储的监管权力，由美联储对一级金融控股公司进行并表监管；在财政部设立全国保险办公室(ONI)，弥补保险业监管在联邦层面的真空；取消证券交易委员会对投资银行的监管，并将监管权力转移至美联储。证券交易委员会和商品期货交易委员会专注于市场监管

和投资者保护；成立消费者金融保护局，以此来加强对消费者的金融保护。奥巴马政府的改革计划一经推出，便引起激烈的争论和多方面的批评。

根据上述资料，回答下列问题：

5. 2009年美国的金融监管体制属于(   )。

A. 集中统一   B. 分业监管

C. 不完全集中统一   D. 完全不集中统一

6. 2003年9月以来，我国对金融控股集团的监管采取(   )制度。

A. 中央银行监管   B. 主监管

C. 统一监管   D. 集体监管

参考答案及解析

一、单项选择题

1. 【答案】D

【解析】选项ABC均属于保险民事法律关系，只有D为保险行政法律的规范范畴。

2. 【答案】D

【解析】合规检查是证券监管现场检查的重点。合规检查主要是针对证券市场的违规行为进行调查、取证和处罚等。

3. 【答案】B

【解析】公开原则是指证券市场的信息公开化。公开原则的主要内容包括：证券发行者在遵循法律规定和接受监管的情况下，办理有关发行审核手续，将其财务资料及其他对投资人决策有影响的信息向社会披露；证券发行者必须对信息的真实性、准确性承担法律责任。

4. 【答案】A

【解析】金融机构承担全部风险和亏损的保证是资本。

5. 【答案】C

【解析】国际通行的贷款五级分类是正常贷款、关注贷款、次级贷款、可疑贷款、损失贷款，通常认为后三类贷款是不良贷款。

6. 【答案】B

【解析】为了保护存款人的利益，西方发达国家相继建立了存款保险制度。

7. 【答案】A

【解析】注册制度是指向有关机关申请备案登记的一种制度。

8. 【答案】A

【解析】我国银行法规定，设立商业银行的注册资本最低限额为10亿元人民币。

9.【答案】A

【解析】附属资本包括重估储备、贷款损失、一般准备、优先股、可转换债券和长期次级债券。

10.【答案】B

【解析】2004年4月，中国人民银行公布了新的存款准备金管理办法，从过去所有金融机构执行统一的存款准备金率改为执行差别存款准备金率。

11.【答案】A

【解析】特殊利益论认为政府管制为被管制者留下了"猫鼠追逐"的余地，从而仅仅保护主宰了管制机关的一个或几个特殊利益集团的利益，对整个社会并无助益。

12.【答案】A

【解析】监管主体独立性原则是金融监管机构实施有效金融监管的基本前提，答案选A。

13.【答案】D

【解析】CAMELS：capital(资本)、asset(资产质量)、management(管理)、earnings(收益)、liquidity(流动性)、sensitivity(市场敏感性)的简称，L即liquidity，指流动性。

14.【答案】D

【解析】我国资本充足率的计算应建立在充分计提贷款损失准备等各项损失准备的基础之上，商业银行资本充足率的计算公式为：资本充足率=(资本-扣除项)/(风险加权资产+12.5倍的市场风险资本)。

15.【答案】A

【解析】流动性风险是金融风险之一，流动性不足通常源于资产负债期限结构匹配不合理。

16.【答案】B

【解析】流动性比率是流动性资产与流动性负债之比，不应低于25%。

17.【答案】C

【解析】金融监管属于管制理论范畴。

18.【答案】C

【解析】资本充足性的最普遍定义是指资本对风险资产的比例，是衡量银行机构资本安全的尺度，一般具有行业的最低规范标准。

19.【答案】B

【解析】银行审慎监管就是监管当局要最大限度地评估银行机构的风险。

20.【答案】C

【解析】根据资本充足率的状况，中国银监会将商业银行分为三类：①资本充足的商业银行(资本充足率不低于8%，核心资本充足率不低于4%)；②资本不足的商业银行(资本充足率不足8%，或核心资本充足率不足4%)；③资本严重不足的商业银行(资本充足率不足4%，或核心资本充足率不足2%)。

21.【答案】A

【解析】安全稳健与经营效率结合原则是金融监管的基本目标，答案选A。

22.【答案】B

【解析】计入附属资本的长期次级债券不得超过核心资本的50%。

23.【答案】D

【解析】根据《商业银行风险监管核心指标》，我国商业银行核心资本充足率必须大于等于4%。

24.【答案】A

【解析】本题考查银监会成立时间。答案选A。

25.【答案】A

【解析】市场准入监管包括以下环节：审批注册机构、审批注册资本、审批高级管理人员任职资格和审批业务范围。

26.【答案】B

【解析】商业银行对单一集团客户授信集中度不得高于15%。

27.【答案】D

【解析】银行业监管中非现场监督的目的有：评估银行机构的总体状况；对有问题的银行机构进行密切跟踪；通过对同组银行机构的比较，关注整个银行业的经营状况，选项D是现场检查的目的之一，因此答案选D。

28.【答案】A

【解析】流动性比例，即流动性资产与流动性负债之比，不应低于25%。

29.【答案】A

【解析】本题考查证券公司市场准入条件规定，其中一项规定是持有或者实际控制证券公司5%以上股权的，要经证监会批准。

30.【答案】A

【解析】本题考查我国目前对偿付能力的监管标准，使用的是最低偿付能力原则，答案选A。

二、多项选择题

1.【答案】ACDE

【解析】金融监管的基本原则包括：监管主体独立性原则、依法监管原则、外部监管与自律并重原则、安全稳健与经营效率结合原则、适度竞争原则、统一性原则。

2. 【答案】ABCE

【解析】衡量我国银行机构流动性指标的内容有：准备金比例指标；拆借资金比例指标；存贷款比例指标；资产流动性指标。

3. 【答案】BCE

【解析】国际证监会(IOSCO)公布的《证券监管目标和原则》，列出了作为证券监管基础的三项目标：保护投资者；确保市场公平、有效和透明；减少系统风险。

4. 【答案】ACD

【解析】根据《商业银行风险监管核心指标》，我国关于收益合理性的监管指标包括：其一，成本收入比，即营业费用与营业收入之比，不应高于35%。其二，资产利润率，即净利润与资产平均余额之比，不应低于0.6%。其三，资本利润率，即净利润与所有者权益平均余额之比，不应低于11%。

5. 【答案】BCD

【解析】资产安全性监管的重点包括：银行机构风险的分布、资产集中程度和关系人贷款。

6. 【答案】ABCE

【解析】银行监管的原则包括：①依法监管的原则；②公开、公正的原则；③效率原则；④适度竞争原则；⑤审慎监管原则。

7. 【答案】AD

【解析】银行监管的基本方法是现场检查和非现场监督。

8. 【答案】ABC

【解析】金融监管的依法监管原则体现在国家必须以法律的形式确定金融监管机构的法定地位和职责；金融监管机构必须依据有关法律、法规和规定实施金融监管；金融机构应合法经营，依法接受尽管当局的监督，确保监管的有效性。选项D是外部监管与自律并重原则的体现，排除不选，答案选ABC。

9. 【答案】ABCD

【解析】本题考查证券公司经营风险防范机制。

10. 【答案】ABCD

【解析】上市公司监管主要包括上市公司信息披露、上市公司治理、上市公司并购、上市公司重组，答案选ABCD。

11. 【答案】ABE

【解析】本题考查我国分业监管体制下综合经营带来的挑战。分业监管体制下综合经营带来的挑战有：金融控股集团的监管制度、金融控股集团的资本监管、机构监管与功能监管的挑战。

12. 【答案】ACDE

【解析】本题考查金融监管国际协调的机制。

13. 【答案】ABC

【解析】并表监管包括的业务有：境内外业务、表内外业务和本外币业务。

14. 【答案】ABDE

【解析】目前，世界上很多国家的金融监管当局采用了"骆驼评级制度(CAMELS)"，来对银行的经营状况进行检查和评价。检查主要是围绕资本充足性、资产质量、经营管理能力、盈利水平、流动性及市场敏感性进行。

15. 【答案】ABD

【解析】本题考查的是处置倒闭银行的主要措施。

16. 【答案】BCDE

【解析】本题考查内部控制评价应遵循的原则。

17. 【答案】BCE

【解析】银行监管的内容主要包括：市场准入监管、市场运营监管、市场退出监管。

18. 【答案】ACE

【解析】核心资本包括实收资本或普通股、资本公积、盈余公积、未分配利润和少数股权。选项BD都属于附属资本。

19. 【答案】ACD

【解析】计算核心资本充足率时，核心资本的扣除项包括：商誉、商业银行对未并表金融机构资本投资的50%、商业银行对非自用不动产和企业资本投资的50%。

20. 【答案】CDE

【解析】我国衡量银行机构流动性的指标有：流动性比率、流动性缺口、流动负债依存度。

21. 【答案】ABCD

【解析】市场运营监管的主要内容包括：资本充足率、资产安全性、流动适度性、收益合理性、内控有效性。

22. 【答案】BCDE

【解析】本题考查金融监管的目标。

三、案例分析题

(一)

1. 【答案】C

【解析】不良贷款是次级、可疑、损失类贷款的总和，是40亿。

2.【答案】B

【解析】不良贷款率是40/1140=3.51%。

3.【答案】C

【解析】贷款拨备率是100/1140=8.77%。

4.【答案】BC

【解析】不良贷款率的监管标准是5%,该商业银行3.51%的不良贷款率低于监管指标要求;贷款拨备率监管标准是2.5%,该商业银行的该指标为8.77%,高于监管指标的要求。

(二)

5.【答案】B

【解析】本题间接考查对分业监管体制的理解。

分业监管体制主要是在银行、证券和保险等不同金融领域分别设立专职的监管机构,负责对各行业进行审慎监管。从案例资料看,美国目前存在美联储、金融服务管理理事会、全国保险办公室、证券交易委员会和商品期货交易委员会、消费者金融保护局等多个机构,分别对金融业不同主体及业务范围的监管。

6.【答案】B

【解析】早在2003年9月,银监会、证监会、保监会已采取主监管制度来实行对金融控股集团的监管。

第十二章 国际金融及其管理

　　本章考试目的在于考查应试人员是否掌握有关汇率及其决定与变动的原理、汇率制度的知识、国际收支及其调节的知识、国际储备及其管理的原理、国际货币体系的知识、离岸金融市场及其结构、外汇管理与外债管理的知识。

　　从近三年考题情况来看，本章主要考查汇率及其制度，国际收支、国际储备、国际货币体系、离岸金融市场、外汇与外债等。

📖 本章重要考点分析

　　本章涉及的考点主要包括汇率的概念、汇率的决定与变动、汇率制度；国际收支与国际收支平衡表、国际收支均衡与不均衡、国际收支不均衡的调节、我国的国际收支不均衡及其调节；国际储备的概念、功能、管理及我国的国际储备及其管理；国际金本位制、布雷顿森林体系、牙买加体系及欧洲货币一体化；离岸金融市场概述、欧洲货币市场；外汇管理概述、货币可兑换、我国的外汇管理体制；外债管理概述、我国外债管理体制。其中汇率的决定与变动、汇率制度、国际收支均衡与不均衡、国际储备功能、欧洲货币市场、我国的外汇管理体制、外债管理概述及我国外债管理体制是高频考点与重要学习内容，考生需要注意。

　　详细考点分析如图12-1所示。

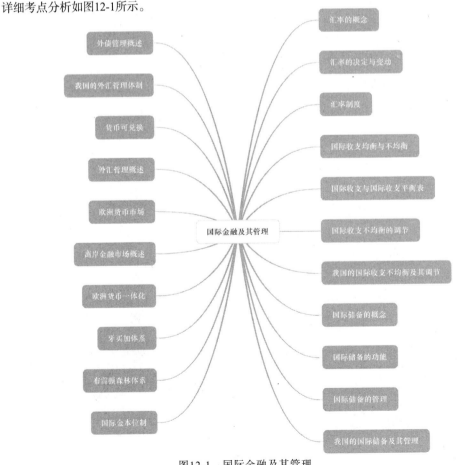

图12-1　国际金融及其管理

本章近三年题型及分值总结

本章知识点内容较多，在近几年的考试中，本章分值所占的比例较大，近年来案例分析题的概率也很高，单项选择题与多项选择题都有多道题目涉及本章的内容。需要考生在学习过程中以理解掌握为主，本章平均分值15分。本章题型分布及分值情况如表12-1所示。

表12-1　国际金融及其管理题型及分值

年　份	单项选择题	多项选择题	案例分析题
2013年	5题	1题	0题
2012年	6题	2题	4题
2011年	6题	2题	4题

第一节　汇率

汇率又称汇价，是指一种货币与另一种货币之间兑换或折算的比率，也称一种货币用另一种货币所表示的价格。

汇率有直接标价法和间接标价法两种标价方法。在金本位制下和在纸币制度下汇率的决定基础不尽相同。汇率变动的决定因素包括物价的相对变动、国家收支差额的变化、市场预期的变化和政府干预汇率等方面。

而汇率制度是指一国货币当局对本国货币汇率确定与变动的基本模式所做的一系列安排。这些制度性安排包括中心汇率水平、汇率的波动幅度、影响和干预汇率变动的机制和方式等。

 思维导图

本节涉及多个知识点和概念，如图12-2所示。

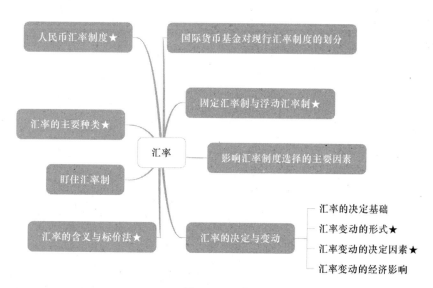

图12-2　汇率

 知识点测试

【2011年多选题】如果一国出现国际收支逆差，该国外汇供不应求，则该国本币兑外汇的汇率的变动将表现为（　　）。

A.外汇汇率下跌　　　B.外汇汇率上涨
C.本币汇率上涨　　　D.本币升值
E.本币贬值

【答案】BE

【解析】国际收支逆差，外汇供不应求，则外汇汇率上升，本币贬值。

【2009年多选题】汇率变动的决定因素包括（　）。

A. 物价的相对变动

B. 国际收支差额的变化

C. 国际储备余额的变化

D. 市场预期的变化

E. 政府干预汇率

【答案】ABDE

【解析】汇率变动的决定因素有：物价的相对变动、国际收支差额的变化、市场预期的变化、政府干预汇率。

【2012年单选题】某企业未来有一笔100万美元的出口收入，市场普遍预期美元将贬值，如果该企业采取提前或延期结汇方法管理汇率风险，那么正确的做法是（　）。

A. 提前付汇　　　　B. 提前收汇

C. 延期付汇　　　　D. 延期收汇

【答案】B

【解析】首先，这100万美元是企业的收入，所以只可能是收汇，不可能是付汇，所以选项AC排除；由于市场预期美元将贬值，所以应该采用提前收汇的做法。

【例题　单选题】（　）指的是根据本国的基本汇率和所选定的关键货币对其他外国货币的汇率，经过套算而制定的本国货币对其他外国货币的汇率。

A. 基本汇率　　　　B. 套算汇率

C. 买入汇率　　　　D. 卖出汇率

【答案】B

【解析】本题考查套算汇率的概念。套算汇率指的是根据本国的基本汇率和所选定的关键货币对其他外国货币的汇率，经过套算而制定的本国货币对其他外国货币的汇率。

【例题　多选题】按外汇交易的支付通知方式划分可以把汇率分为（　）。

A. 电汇汇率　　　　B. 信汇汇率

C. 票汇汇率　　　　D. 基本汇率

E. 套算汇率

【答案】ABC

【解析】按外汇交易的支付通知方式划分可以把汇率分为电汇汇率、信汇汇率、票汇汇率，选项DE的基本汇率和套算汇率属于是按汇率的制定方法划分的。

【例题　单选题】按汇率制度的性质划分，汇率基本保持固定不变，即使有所变动，也被约束在一个狭小的界限之内，指的是（　）。

A. 信汇汇率　　　　B. 票汇汇率

C. 固定汇率　　　　D. 浮动汇率

【答案】C

【解析】按汇率制度的性质，汇率基本保持固定不变，即使有所变动，也被约束在一个狭小的界限之内，指的是固定汇率。

【例题　单选题】按汇率水平研究的需要，根据物价变动率和有效汇率而计算出来的一国货币与其他两国以上货币之间的汇率指数指的是（　）。

A. 浮动汇率　　　　B. 双边汇率

C. 有效汇率　　　　D. 实际有效汇率

【答案】D

【解析】按汇率水平研究的需要，实际有效汇率指的是根据物价变动率和有效汇率而计算出来的一国货币与其他两国以上货币之间的汇率指数。

【例题　多选题】汇率变动产生的直接经济影响体现在（　）。

A. 汇率变动直接影响经常项目收支

B. 汇率变动直接影响资本与金融项目收支

C. 汇率变动影响外汇储备

D. 汇率变动形成汇率风险

E. 汇率变动影响产业竞争力和产业结构

【答案】ABCD

【解析】汇率变动产生的直接经济影响体现在：汇率变动直接影响经常项目收支；汇率变动直接影响资本与金融项目收支；汇率变动影响外汇储备；汇率变动形成汇率风险。选项E属于间接影响。

第二节　国际收支及其调节

国际收支是一个宏观的经济范畴。伴随历史的演进和国际经济交易的发展，国际社会对国际收支的界定经历了由狭义到广义的发展。国际收支平衡表是按照一定会计原理和方法编制的系统记录国际收支的统计报表，按照复式簿记的借贷记账法编制。

另外本节涉及国际收支不均衡及其调节、我国的国际收支不均衡及其调节等内容。

思维导图

本节涉及多个知识点和概念，如图12-3所示。

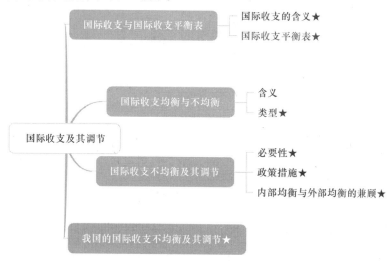

图12-3　国际收支及其调节

 知识点测试

【2009年单选题】如果一国的国际收支因为本国的通货膨胀率高于他国的通货膨胀率而出现不均衡，则称该国的国际收支不均衡是(　　)。

A. 收入性不均衡

B. 货币性不均衡

C. 周期性不均衡

D. 结构性不均衡

【答案】B

【解析】货币性不均衡是由一国的货币供求失衡引起本国通货膨胀率高于他国通货膨胀率，进而刺激进口、限制出口而导致的国际收支不均衡。

【例题 多选题】国际收支不均衡调节的必要性体现在(　　)。

A. 国际收支不均衡的调节是稳定物价的要求

B. 国际收支不均衡的调节是财政要求

C. 国际收支不均衡的调节是稳定汇率的要求

D. 国际收支不均衡的调节是保有适量外汇储备的要求

E. 国际收支不均衡的调节是结构性调节的要求

【答案】ACD

【解析】本题考查国际收支不平衡调节的必要性，主要体现在：

(1) 国际收支不均衡的调节是稳定物价的要求；

(2) 国际收支不均衡的调节是稳定汇率的要求；

(3) 国际收支不均衡的调节是保有适量外汇储备的要求。

第三节　国际储备及其管理

国际储备是指一国货币当局所持有的、为世界各国所普遍接受的货币资产。国际储备总量管理的目标是使国际储备总量适度，既不能少也不能多。确定国际储备总量时依据一定的因素，测度国际储备总量是否适度也有相应的经验指标。

我国是国际货币基金组织的成员国，因此，我国的国际储备由黄金储备、外汇储备、在基金组织的储备头寸和特别提款权四部分组成。

 思维导图

本节涉及多个知识点和概念，如图12-4所示。

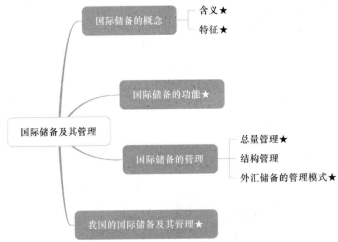

图12-4 国际储备及其管理

知识点测试

【2010年单选题】基金组织以25%黄金、指定外币、( )缴纳的份额为基础提供储备部分贷款，可由成员国自由提用。

A. 外汇储备

B. 特别提款权

C. 在基金组织的储备头寸

D. 国际储备

【答案】B

【解析】基金组织以25%黄金、指定外币、特别提款权缴纳的份额为基础提供储备部分贷款，可由成员国自由提用。

【2009年单选题】在国际储备管理中，力求降低软币的比重，提高硬币的比重，是着眼于( )。

A. 国际储备总量的适度

B. 国际储备资产结构的优化

C. 外汇储备资产结构的优化

D. 外汇储备货币结构的优化

【答案】D

【解析】为了追求安全性，需要将外汇储备的货币结构与未来外汇支出的货币结构相匹配，从而在未来的外汇支出中，将不同储备货币之间的兑换降低到最低程度；为了追求盈利性，需要尽量提高储备货币中硬币的比重，降低储备货币中软币的比重。

【例题 多选题】国际储备的功能体现在( )。

A. 降低对出口的激励范围和力度，改变外贸增长方式，调整外贸出口结构

B. 优化利用外资结构

C. 弥补国际收支逆差

D. 稳定本币汇率

E. 维持国际资信和投资环境

【答案】CDE

【解析】本题考查国际储备的功能，国际储备的功能主要体现在：

(1) 弥补国际收支逆差。这是国际储备的基本功能；

(2) 稳定本币汇率；

(3) 维持国际资信和投资环境。

【例题 多选题】积极的外汇储备管理模式实现路径主要有( )。

A. 货币当局本身的外汇管理转型，由传统的外汇储备管理转向积极的外汇储备管理，将超额的外汇储备置于货币当局建立的投资组合之中，通过投资风险相对较高的金融资产，获取较高的投资回报

B. 由国家成立专门的投资公司或部门，将超额的外汇储备转给其进行市场化运作和管理，通过多元化的资产配置，分散风险，延长投资期限，提高投资回报

C. 采取向国际货币基金或其他国家争取短期信用融资

D. 直接动用本国的国际储备

E. 调节内部均衡

【答案】AB

【解析】本题考查积极的外汇储备管理模式的实现途径：

(1) 货币当局本身的外汇管理转型，由传统的

外汇储备管理转向积极的外汇储备管理，将超额的外汇储备置于货币当局建立的投资组合之中，通过投资风险相对较高的金融资产，获取较高的投资回报。

(2) 由国家成立专门的投资公司或部门，将超额的外汇储备转给其进行市场化运作和管理，通过多元化的资产配置，分散风险，延长投资期限，提高投资回报。

第四节　国际货币体系

金融监管的国际协调主要是指国际经济组织、金融组织与各国以及各国之间，在金融政策、金融行动等方面采取共同步骤和措施，通过相互间的协调与合作，达到协同干预、管理与调节金融运行并提高其运行效益的目的。

金融监管的国际协调主要包括金融监管国际协调的背景、方式与机制。

我国金融监管机构与他国、国际性金融监管机构的协调主要体现在对跨国银行监管的协调；对证券业和保险业监管的协调；积极参与国际金融监管规则的制定，促进我国金融监管标准与国际标准接轨方面。

思维导图

本节涉及多个知识点和概念，如图12-5所示。

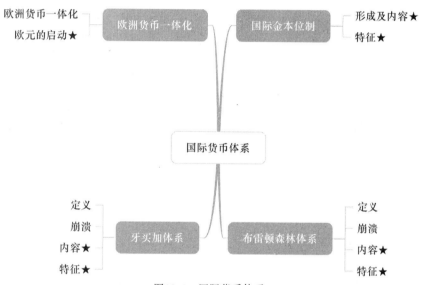

图12-5　国际货币体系

知识点测试

【2008年单选题】在金本位制度下，汇率的决定基础是(　　)。

　　A.购买力平价　　　　B.黄金输送点
　　C.铸币平价　　　　　D.利率平价

【答案】C

【解析】金本位制度下的汇率是自发的固定汇率制度。铸币平价是各国汇率的决定基础。

【2007年单选题】布雷顿森林体系所实行的汇率制度属于(　　)。

A.人为的可调整的固定汇率制
B.人为的不可调整的固定汇率制
C.自发的不可调整的固定汇率制
D.自发的可调整的固定汇率制

【答案】A

【解析】布雷顿森林体系是二战后的一个国际汇率制度，即是以美元为中心的固定汇率，可以调整。

【例题　多选题】下列选项中对于布雷顿森林体系的特征描述正确的是(　　)。

A. 布雷顿森林体系属于金汇兑本位制，美元

等同于黄金

　　B. 该体系实行浮动汇率制度

　　C. 游戏规则不对称，美国以外的国家需要承担本国货币与美元汇率保持稳定的义务

　　D. 在该体系下，实行可调整的固定汇率制度

　　E. 国际货币基金组织作为一个新兴机构成为国际货币体系的核心

　　【答案】ACDE

　　【解析】本题考查布雷顿森林体系的特征。布雷顿森林体系的特征有：

　　(1) 布雷顿森林体系属于金汇兑本位制，美元等同于黄金；

　　(2) 游戏规则不对称，美国以外的国家需要承担本国货币与美元汇率保持稳定的义务；

　　(3) 在该体系下，实行可调整的固定汇率制度；

　　(4) 国际货币基金组织作为一个新兴机构成为国际货币体系的核心。

第五节　离岸金融市场

　　离岸金融市场是指在非居民与非居民之间，从事离岸货币(也称境外货币)借贷的市场。

　　最初的离岸金融市场就是欧洲货币市场，后来才衍生出欧洲债券市场等其他离岸市场。

　　离岸金融市场是由众多分布在世界各地的金融中心组成。在这些金融中心，离岸金融业务比较集中，所以称为离岸金融中心。从地理分布看，欧洲有伦敦、巴黎和英属维尔京群岛等，北美洲有纽约和芝加哥等，亚洲有香港、东京、新加坡和中东的巴林等，加勒比海地区有巴哈马、开曼、巴拿马和百慕大等，此外地中海、大西洋和太平洋等地还有众多新兴的区域性金融中心。

 思维导图

　　本节涉及多个知识点和概念，如图12-6所示。

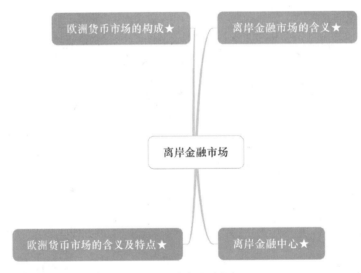

图12-6　离岸金融市场

 知识点测试

　　【2009年单选题】在管理上，对境外货币和境内货币严格分账，是(　　)离岸金融中心的特点。

　　A. 伦敦型　　　　　　B. 纽约型

　　C. 避税港型　　　　　D. 巴哈马型

　　【答案】B

　　【解析】纽约型中心的特点是：欧洲货币业务包括市场所在国货币的非居民之间的交易；管理上对境外货币和境内货币严格分账。

　　【2009年单选题】某国在英国发行的美元债券属于(　　)。

　　A. 欧洲债券　　　　　B. 英国债券

　　C. 国内债券　　　　　D. 美国债券

　　【答案】A

　　【解析】欧洲债券是指在某货币发行国以外，以该国货币为面值发行的债券。特别提款权不是任何国家的法定货币，因此以其为面值的国际债券都是欧洲债券。

【例题　多选题】伦敦型离岸金融中心的特点有(　　)。

A. 交易的货币币种是不包括市场所在国货币的其他货币

B. 经营范围比较宽泛,市场的参与者可以同时经营在岸金融业务和欧洲货币等离岸金融业务

C. 对经营离岸业务没有严格的申请程序

D. 各种金融业务融为一体,非居民之间的交易和居民与非居民之间的交易没有严格的界限

E. 管理上对境外货币和境内货币严格分账

【答案】ABCD

【解析】本题考查伦敦型离岸金融中心的特点,主要表现在以下几个方面:

(1) 交易的货币币种是不包括市场所在国货币的其他货币。

(2) 经营范围比较宽泛,市场的参与者可以同时经营在岸金融业务和欧洲货币等离岸金融业务。

(3) 对经营离岸业务没有严格的申请程序。

这使得各种金融业务融为一体,非居民之间的交易和居民与非居民之间的交易没有严格的界限,所以又称为一体型中心。

【例题　单选题】日本东京的海外特别账户是(　　)离岸金融中心。

A. 伦敦型中心　　　　B. 纽约型中心

C. 避税港型中心　　　D. 亚洲型中心

【答案】B

【解析】本题考查纽约型中心离岸金融中心的概念。日本东京的海外特别账户属于纽约型中心离岸金融中心。

第六节　外汇管理与外债管理

在我国,具体的外汇管理由国家外汇管理局这一专门机构负责。改革开放以前,我国一直实行比较严格的外汇管制。

1996年12月我国实现了人民币经常项目可兑换、对资本项目外汇进行严格管理,初步建立了适应社会主义市场经济的外汇管理体制。

1996年实现人民币经常项目可兑换后,经常项目外汇管理仍然实行真实性审核。

 思维导图

本节涉及多个知识点和概念,如图12-7所示。

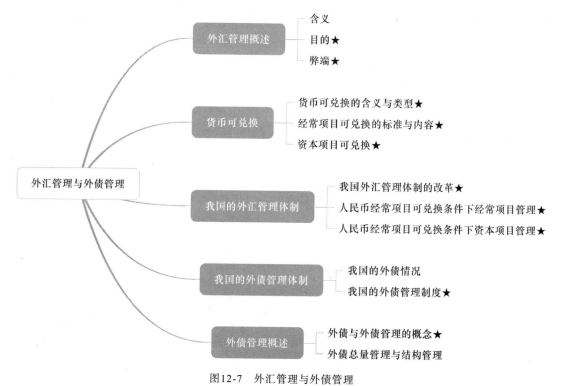

图12-7　外汇管理与外债管理

知识点测试

【2012年单选题】 根据国际货币基金组织协定的第8条款的规定，货币可兑换的含义主要指（　　）。

A. 货币对内可兑换

B. 资本项目可兑换

C. 经常项目可兑换

D. 完全可兑换

【答案】 C

【解析】 根据国际货币基金组织协定，成员国接受其第8条款规定，即成为国际货币基金组织第8条款成员国，其货币将视为可兑换货币。其主要含义是指经常项目可兑换。

【2011年单选题】 外债结构管理的核心是（　　）。

A. 保持适当外债总量

B. 优化外债结构

C. 强化偿债能力

D. 强化营运能力

【答案】 B

【解析】 外债结构管理的核心是优化外债结构。外债结构是指外债的各构成部分在外债总体中的排列组合与相互地位。

【2008年单选题】 在监测外债总量是否适度的指标中，偿债率等于（　　）。

A. 当年未清偿外债余额/当年国民生产总值×100%

B. 当年未清偿外债余额/当年货物服务出口总额×100%

C. 当年外债还本付息总额/当年货物服务出口总额×100%

D. 当年外债还本付息总额/当年国民生产总值×100%

【答案】 C

【解析】 偿债率，即当年外债还本付息总额与当年货物服务出口总额的比率，其公式为：偿债率=当年外债还本付息总额/当年货物服务出口总额×100%。

【2006年单选题】 用来监测外债总量是否适度的偿债率指标的警戒线是（　　）。

A. 20%　　B. 25%　　C. 50%　　D. 100%

【答案】 B

【解析】 根据国际上通行的标准，20%的负债率，100%的债务率，25%的偿债率和25%的短期债务率是债务国控制外债总量的警戒线。

考题预测及强化训练

一、单项选择题

1. 美元等同于黄金，实行可调整的固定汇率制度，是（　　）的特征。

A. 布雷顿森林体系

B. 国际金本位制

C. 牙买加体系

D. 国际金块—金汇兑本位制

2. 目前，我国人民币汇率制度是（　　）。

A. 货币局制度

B. 传统的盯住安排

C. 固定汇率制

D. 有管理浮动汇率制

3. 阐明货币贬值对贸易收支影响的国际收支学说是（　　）。

A. 吸收说　　　　　　　B. 弹性说

C. 货币说　　　　　　　D. 政策搭配说

4. 金本位制下汇率的标准是（　　）。

A. 铸币平价　　　　　　B. 黄金输出点

C. 黄金输入点　　　　　D. 黄金输送点

5. 假设美国和欧元区年利率分别为3%和7%，则6个月的远期美元（　　）。

A. 升水2%　　　　　　B. 贴水2%

C. 升水4%　　　　　　D. 贴水4%

6. 如果一国出现国际收支逆差，该国外汇供不应求，则该国本币兑外汇的汇率的变动将表现为（　　）。

A. 外汇汇率下跌　　　　B. 外汇汇率上涨

C. 本币汇率上涨　　　　D. 本币法定升值

7. 我国的银行间外汇市场——中国外汇交易中心成立于（　　）。

A. 1994年4月1日　　　B. 1998年9月15日

C. 1995年3月15日　　　D. 2000年1月1日

8. 从2005年7月21日开始，我国开始实行以市场供求为基础的、参考一揽子货币进行调节、（　　）浮动汇率制。

A. 双重官方的

B. 官方汇率与调剂市场汇率并存的

C. 无管理的

D. 有管理的

9. 目前，实行货币局安排汇率制度的国家或地区是（　　）。

A. 法国　　　　　　　　B. 美国

C. 中国香港　　　　　　D. 欧盟

10. 国际借贷说认为影响外汇汇率的最主要因素是(　　)。
    A. 物价水平　　　　　B. 国际借贷
    C. 信用状况　　　　　D. 利率水平

11. 某国未清偿外债余额为1200亿美元,国民生产总值为8000亿美元,货物服务出口总额为1600亿美元,当年外债还本付息总额为400亿美元,则该国外债偿债率为(　　)。
    A. 15%　　　　　　　B. 75%
    C. 25%　　　　　　　D. 5%

12. 按汇率水平研究的需要,以双边贸易额占全部贸易额的比重为权重而计算出来的一国货币与其他两国以上货币之间的汇率指数指的是(　　)。
    A. 有效汇率　　　　　B. 实际有效汇率
    C. 双边汇率　　　　　D. 以上都不是

13. 在金本位制下货币制度下汇率的决定基础是(　　)。
    A. 各国单位货币所具有的价值量
    B. 资本总量
    C. 各国单位货币的法定含金量或购买力
    D. 以上都不是

14. 按照一定会计原理和方法编制的系统记录国际收支的统计报表指的是(　　)。
    A. 国际收支平衡表
    B. 国际收支表
    C. 资本与金融账户
    D. 以上都不对

15. 在管理上,对境外货币和境内货币严格分账,是(　　)离岸金融中心的特点。
    A. 伦敦型　　　　　　B. 纽约型
    C. 避税港型　　　　　D. 巴哈马型

16. (　　)是指非居民在异国债券市场上以市场所在地货币为面值发行的国际债券。
    A. 外国债券　　　　　B. 欧洲债券
    C. 亚洲债券　　　　　D. 国际债券

17. 根据我国现行有关规定,银行对客户的美元挂牌汇价实行价差幅度管理,美元现汇卖出价与买入价之差不得超过交易中间价的(　　)。
    A. 0.5%　　　　　　　B. 1%
    C. 3%　　　　　　　　D. 4%

18. 假设美元的年利率为6%,人民币的年利率为2%,则3个月的远期美元对人民币(　　)。
    A. 升水4%　　　　　　B. 贴水4%
    C. 升水1%　　　　　　D. 贴水1%

19. 在签订对外经济贸易合同时控制汇率风险的首要步骤是(　　)。
    A. 选择有利的合同货币
    B. 加列合同条款
    C. 进行即期外汇交易
    D. 提前或延期结汇

20. 在独立浮动汇率制度下,中央银行在外汇市场干预的目的是(　　)。
    A. 防止汇率过度波动
    B. 确立合理的汇率水平
    C. 防止货币投机性冲击
    D. 保持货币的独立性

21. 从短期看,利率影响汇率的主要途径是(　　)。
    A. 推动供给
    B. 影响通货膨胀率
    C. 资本流动
    D. 拉动需求

22. 货币对外可兑换的目的和实质是(　　)。
    A. 消除资本管制
    B. 消除复汇率制
    C. 消除外汇管制
    D. 杜绝外汇黑市

23. 政府在不特别指明或事先承诺汇率目标的情况下,通过积极干预外汇市场来影响汇率变动。按国际货币基金的划分,这种汇率制度是(　　)。
    A. 传统的盯住汇率制度
    B. 爬行区间内盯住汇率制度
    C. 单独浮动制度
    D. 有管理浮动制度

24. 根据国际货币基金组织的划分,比传统盯住安排弹性小的汇率安排是(　　)。
    A. 水平区间内盯住汇率制
    B. 爬行盯住汇率制
    C. 货币局制
    D. 爬行区间内盯住汇率制

25. 我国银行间外汇市场的调控者是(　　)。
    A. 国家外汇管理局
    B. 中国人民银行
    C. 中国外汇交易中心
    D. 银监会

26. 在法定的复汇率制中,与金融汇率相比,本币在贸易汇率中相对低估,其目的是(　　)。
    A. 鼓励资本流入
    B. 抑制资本流入
    C. 刺激出口抑制进口

D. 刺激进口抑制出口

27. 在下列项目中,应计入国际收支平衡表借方的是( )。
    A. 货物出口
    B. 外商投资企业利润再投资
    C. 外汇储备减少
    D. 对外提供无偿援助

28. 在国际金本位的黄金时期,( )是汇率变动的上下限。
    A. 购买力平价   B. 利率平价
    C. 黄金输送点   D. 铸币平价

29. 国际收支平衡表中记录资产和资本的国际流动的账户是( )。
    A. 经常账户
    B. 资本与金融账户
    C. 错误与遗漏账户
    D. 以上都不是

30. 国际储备总量管理的目标是( )。
    A. 使国际储备总量适度,既不能少也不能多
    B. 使国际储备总量适度小于实际需求量
    C. 使国际储备总量适度大于实际需求量
    D. 以上都不对

二、多项选择题

1. 世界各国用来监测外债总量是否适度的指标主要有( )。
    A. 投资收益率   B. 负债率
    C. 债务率   D. 偿债率
    E. 短期债务率

2. 目前,国际货币基金组织会员国的国际储备一般可分为( )。
    A. 外汇储备   B. 货币性黄金
    C. 外债   D. 特别提款权
    E. IMF的储备头寸

3. 要医治国际收支失衡,货币说的政策主张是,要采用( )来调节。
    A. 货币政策
    B. 财政政策
    C. 汇率政策
    D. 外贸管制和外汇管制
    E. 以上都对

4. 内部不均衡与外部不均衡的组合的情形包括( )。
    A. 经济衰退、失业与国际收支逆差
    B. 经济衰退、失业与国际收支顺差
    C. 通货膨胀与国际收支逆差
    D. 通货膨胀与国际收支顺差

E. 内部均衡与外部不均衡

5. 经常项目收支包括( )。
    A. 证券投资   B. 单方转移收支
    C. 直接投资   D. 要素报酬收支
    E. 贸易收支

6. 国际收支的本质特征是( )。
    A. 国际收支是流量概念
    B. 国际收支是一定时点的发生额
    C. 国际收支是一个收支的概念
    D. 国际收支是一个总量的概念
    E. 国际收支是一个国际的概念

7. 汇率理论主要有( )。
    A. 国际借贷说   B. 汇兑心理说
    C. 利率平价说   D. 购买力评价说
    E. 流动偏好理论

8. 汇率变动的间接经济影响有( )。
    A. 影响经济增长   B. 影响产业竞争力
    C. 影响产业结构   D. 影响外汇储备
    E. 影响国际收支

9. 根据汇率适用的外汇交易背景,可以将汇率分为( )。
    A. 即期汇率   B. 远期汇率
    C. 双边汇率   D. 有效汇率
    E. 实际有效汇率

10. 汇率制度选择的"经济论"认为,一国汇率制度的选择取决于( )。
    A. 经济开放程度
    B. 对外经济、政治、军事等诸方面联系的特征
    C. 相对的通货膨胀率
    D. 国内金融市场的发达程度及其与国际金融市场的一体化程度
    E. 进出口贸易的商品结构和地域分布

11. 根据国际货币基金组织的划分,目前的汇率安排主要有( )。
    A. 货币局制
    B. 爬行盯住汇率制
    C. 单独浮动
    D. 自发的固定汇率安排
    E. 事先不公布汇率目标的管理浮动

12. 利率平价说反映了( )之间的关系。
    A. 物价水平   B. 远期汇率
    C. 通货膨胀率   D. 即期汇率
    E. 短期利率

13. 汇率变动的决定因素包括( )。
    A. 物价的相对变动

B.国际收支差额的变化

C.国际储备余额的变化

D.市场预期的变化

E.政府干预汇率

14.下列因素中会导致一国货币升值的是(　　)。

A.高通货膨胀

B.提高利率

C.国际收支顺差

D.总需求增长快于总供给

E.从紧货币政策

15.资本流动对资本流出国的积极影响主要有(　　)。

A.提高资本收益

B.引进先进技术设备和管理经验

C.带动商品出口

D.增加就业机会

E.提高国际地位

16.按商业银行报出汇率的时间可以把汇率划分为(　　)。

A.开盘汇率　　　　B.收盘汇率

C.即期汇率　　　　D.远期汇率

E.以上都不对

17.一国当前汇率制度是水平区间的盯住安排,现在要扩大汇率弹性,可供选择的汇率安排有(　　)。

A.货币局制　　　　B.爬行盯住汇率制

C.单独浮动　　　　D.传统的盯住汇率制

E.事先不公布汇率目标的管理浮动

18.从离岸金融业务与国内金融业务的关系看,离岸金融中心的类型有(　　)。

A.伦敦型中心　　　B.纽约型中心

C.避税港型中心　　D.欧洲型中心

E.亚洲型中心

19.非市场化的汇率形成机制对外汇市场和宏观经济运行带来的问题主要有(　　)。

A.市场缺乏价格发现功能

B.绝大部分外汇资金不能被企业运用

C.外汇资金的成本被人为降低

D.外汇市场运行效率低下

E.中央银行干预外汇市场的被动性导致货币政策失去自主性

20.下列选项属于汇率制度的内容的有(　　)。

A.规定影响和干预汇率变动的方式

B.规定本国货币对外价值

C.规定汇率的波动幅度

D.规定本国货币与其他货币的汇率关系

E.规定本国货币的升值或贬值

参考答案及解析

一、单项选择题

1.【答案】A

【解析】布雷顿森林体系下人为规定金平价。即美元按照每盎司黄金35美元的官价与黄金挂钩,其他国家的货币与美元挂钩。此外,还人为规定实行可调整的固定汇率制度。

2.【答案】D

【解析】本题考查我国人民币汇率制度。

3.【答案】B

【解析】弹性说是阐明货币贬值对贸易收支影响的国际收支学说。

4.【答案】A

【解析】在国际金本位制下,铸币平价是各国汇率的决定基础,黄金输送点是汇率变动的上下限。

5.【答案】A

【解析】美国利率3%<欧元区利率7%,根据高利率货币远期贴水,低利率货币远期升水的结论,得到:6个月远期美元升水(7%-3%)/2=2%。

6.【答案】B

【解析】国际收支逆差,外汇供不应求,则外汇汇率上升,本币贬值。

7.【答案】A

【解析】1994年4月1日,银行间外汇市场——中国外汇交易中心在上海成立。

8.【答案】D

【解析】从2005年7月21日开始,我国开始实行以市场供求为基础的、参考一揽子货币进行调节、有管理的浮动汇率制。

9.【答案】C

【解析】中国香港实行的汇率制度是一种货币局安排制度。

10.【答案】B

【解析】国际借贷说认为影响外汇汇率的最主要因素是国际借贷。

11.【答案】C

【解析】外债偿债率=400/1600=25%。

12.【答案】A

【解析】按汇率水平研究的需要,可以将汇率分为双边汇率、有效汇率、实际有效汇率,有效汇率是指以双边贸易额占全部贸易额的比重为权重而计算出的一国货币与其他两国以上货币之间的汇率指数。

13.【答案】A

【解析】在金本位制下货币制度下汇率的决定基础是各国单位货币所具有的价值量。

14.【答案】A

【解析】本题考查国际收支平衡表的概念，答案选A。

15.【答案】B

【解析】本题考查纽约型中心的特点。纽约型中心的特点是：欧洲货币业务包括市场所在国货币的非居民之间的交易；管理上对境外货币和境内货币严格分账。

16.【答案】A

【解析】本题考查外国债券的定义。

17.【答案】B

【解析】在我国，银行对客户美元挂牌汇价实行价差幅度管理，美元现汇卖出价与买入价之差不得超过交易中间价的1%；现钞卖出价与买入价之差不得超过交易中间价的4%；银行可在规定价差幅度内自行调整当日美元挂牌价格。

18.【答案】D

【解析】根据抛补利率平价说，高利率的货币远期贴水，低利率的货币远期升水，年升贴水率等于两国的利差。6%-2%=4%，全年贴水4%，换成3个月则是1%。

19.【答案】A

【解析】在对外贸易中选择有利的货币是汇率风险管理的首要步骤。

20.【答案】A

【解析】在独立浮动汇率制度下，外汇干预的目的是减小汇率波动以防止汇率过度波动，而不是确立一个汇率水平。

21.【答案】C

【解析】提高利率会吸引资本流入，在外汇市场上形成对该国货币的需求，导致本币升值。当前国际金融市场上存在大量对利率变动异常敏感的国际游资，所以从短期来看，资本流动是利率影响汇率的主要途径。

22.【答案】C

【解析】对外可兑换是指居民可以在境外自由持有外汇资产和自由对外支付，但并不一定意味着居民可以在境内自由持有外汇资产和兑换外汇。对外可兑换的目的和实质是消除外汇管制。

23.【答案】D

【解析】有管理浮动汇率制度，指政府在不特别指明或事先承诺汇率目标的情况下，通过积极干预外汇市场来影响汇率变动。

24.【答案】C

【解析】国际浮动汇率制度下的汇率安排体系，按照汇率弹性由小到大划分依次为：货币局制、传统的盯住汇率制、水平区间内盯住汇率制、爬行盯住汇率制、爬行区间内盯住汇率制、事先不公布汇率目标的管理浮动、单独浮动，比传统的盯住汇率制弹性小的只有货币局制。

25.【答案】B

【解析】中央银行是市场的调控者，它负责实施货币政策，采取利率和信贷等间接调控手段，影响外汇供求，从而影响汇率水平。

26.【答案】C

【解析】法定的复汇率制即政府同时规定两种或两种以上的官方汇率。一些国家规定不同的贸易汇率和金融汇率。与金融汇率相比，本币在贸易汇率中相对低估，以刺激出口抑制进口。

27.【答案】D

【解析】复式记账法是编制国际收支平衡表的一种方法，其计入国际平衡表借方的项目是：货物和服务的进口、收益支出、对外提供的货物和资金无偿援助，金融资产的增加和金融负债的减少。

28.【答案】C

【解析】在国际金本位黄金时期，黄金输送点是汇率变动的上下限。

29.【答案】B

【解析】本题考查国际收支平衡表的账户，国际收支平衡表中记录资产和资本的国际流动的账户是资本与金融账户，答案选B。

30.【答案】A

【解析】国际储备总量管理的目标是使国际储备总量适度，既不能少也不能多，答案选A。

二、多项选择题

1.【答案】BCDE

【解析】本题考查外债衡量指标。

2.【答案】ABDE

【解析】本题考查国际储备的构成。

3.【答案】AC

【解析】要医治国际收支失衡，货币说的政策主张是，要采用货币政策、汇率政策来调节。

4.【答案】ABCD

【解析】本题考查内部不均衡与外部不均衡的组合的情形。

5. 【答案】BDE

【解析】国际收支经常项目收支包括：贸易收支、服务收支、单方转移收支、要素报酬收支。

6. 【答案】ACDE

【解析】本题考查国际收支的本质特征。

7. 【答案】ABCD

【解析】汇率理论主要有：国际借贷说、汇兑心理说、利率平价说、购买力平价说、资产市场说。

8. 【答案】ABC

【解析】本题考查汇率变动的间接经济影响。

9. 【答案】AB

【解析】根据汇率适用的外汇交易背景，可以将汇率分为即期汇率和远期汇率。

10. 【答案】ACDE

【解析】本题考查影响汇率制度选择的主要因素。

11. 【答案】ABCE

【解析】本题考查汇率安排包括的内容。

12. 【答案】BDE

【解析】利率平价说阐明了远期汇率、即期汇率和短期利率之间的关系。

13. 【答案】ABDE

【解析】汇率变动的决定因素有：物价的相对变动、国际收支差额的变化、市场预期的变化、政府干预汇率。

14. 【答案】BCE

【解析】本题考查决定汇率变动的主要因素。

15. 【答案】ACE

【解析】国际资本流动对资本流出国的积极影响有：①有利于提高资本收益；②有利于带动商品出口；③有利于提高国际地位。

16. 【答案】AB

【解析】按商业银行报出汇率的时间可以把汇率划分为开盘汇率和收盘汇率。因此正确答案选AB。

17. 【答案】BCE

【解析】根据国际货币基金的划分，按照汇率弹性由小到大，目前的汇率制度安排主要有：货币局制、传统的盯住汇率制、水平区间内盯住汇率制、爬行盯住汇率制、爬行区间内盯住汇率制、事先不公布汇率目标的管理浮动、单独浮动。比水平区间的盯住安排汇率弹性大的汇率制度有爬行盯住汇率制、爬行区间内盯住汇率制、事先不公布汇率目标的管理浮动、单独浮动。

18. 【答案】ABC

【解析】从离岸金融业务与国内金融业务的关系来看，离岸金融中心有三种类型：伦敦型中心、纽约型中心、避税港型中心。

19. 【答案】ABDE

【解析】非市场化的汇率形成机制下的汇率是官方汇率，其对外汇市场和宏观经济运行带来的问题主要有：市场缺乏价格发现功能；绝大部分外汇资金不能被企业运用；外汇市场运行效率低下；中央银行干预外汇市场的被动性导致货币政策失去自主性。

20. 【答案】ABCD

【解析】汇率制度是指货币当局对本国货币汇率变动的基本方式所做的一系列安排或规定，包括：规定本国货币对外价值、规定汇率的波动幅度、规定本国货币与其他货币的汇率关系、规定影响和干预汇率变动的方式等。